合规管理
制度设计与规范办法

孙宗虎　陶光辉　王文龙——编著

电子工业出版社
Publishing House of Electronics Industry
北京·BEIJING

内容简介

本书立足企业合规，涵盖制度、规范、办法、细则、规定，结合22大合规事项，设计了106个合规管理范本，是合规管理设计者的参考书、参照书、范本书。

本书分为25章，主要介绍了22大合规事项的规范管理范本，给出了制度、规范、办法、细则、规定的设计示范，集中于重点领域、重点环节、重点人群、重点业务、重点项目、重点事项、重点决策、重点部门、重点岗位的制度规范建设，帮助企业降低、规避、化解合规风险，提升企业的合规管理水平。

本书适合企业高层管理人员、合规管理人员、企业合规工作人员、合规咨询师、财务管理人员、律师、会计师、法务工作者、咨询师及高等院校师生阅读和使用。

未经许可，不得以任何方式复制或抄袭本书之部分或全部内容。
版权所有，侵权必究。

图书在版编目（CIP）数据

合规管理制度设计与规范办法 / 孙宗虎，陶光辉，王文龙编著 . — 北京：电子工业出版社，2024.7
（弗布克企业合规管理三部曲）
ISBN 978-7-121-48003-4

Ⅰ . ①合… Ⅱ . ①孙… ②陶… ③王… Ⅲ . ①企业管理制度 Ⅳ . ① F272.9

中国国家版本馆 CIP 数据核字（2024）第 110832 号

责任编辑：张　毅
印　　刷：三河市鑫金马印装有限公司
装　　订：三河市鑫金马印装有限公司
出版发行：电子工业出版社
　　　　　北京市海淀区万寿路173信箱　邮编：100036
开　　本：787×1092　1/16　印张：23　字数：413千字
版　　次：2024年7月第1版
印　　次：2024年7月第1次印刷
定　　价：89.00元

凡所购买电子工业出版社图书有缺损问题，请向购买书店调换。若书店售缺，请与本社发行部联系，联系及邮购电话：（010）88254888，88258888。

质量投诉请发邮件至 zlts@phei.com.cn，盗版侵权举报请发邮件至 dbqq@phei.com.cn。
本书咨询联系方式：（010）68161512，meidipub@phei.com.cn。

前　言

2022年10月1日，《中央企业合规管理办法》正式施行，我国的合规管理基本制度和管理框架基本形成，而制度体系化的工作在合规管理工作的不断推进中仍需逐步完善。企业合规管理不仅是国有企业及其下属单位管理的重点，很多合规管理事项的内容也涉及民营企业经营的方方面面，因此如何建设完善的合规管理制度是企业管理者及合规管理人员进行合规管理工作的重中之重。

《合规管理制度设计与规范办法》是一本涵盖企业合规全事项的合规管理范本全集，包含涉及企业经营的合规管理制度体系、企业治理、市场交易、产权管理、资本运作、投融资与担保、租赁性资产、债务管理、产品质量、工程建设、安全环保、合同管理、劳动合同、财务税收、知识产权、商业伙伴、信息安全、礼品与接待、捐赠与赞助、跨境贸易、重点环节、重点人员、境外投资经营、合规管理运行和合规管理保障共25章内容，通过对4大管理层合规管理职责分解、106个合规管理制度示例给读者提供了拿来即用的合规制度、合规规范、合规办法、合规细则、合规规定模板。

1. 建设5大合规制度体系

本书针对合规管理总制度体系、合规管理职责制度体系、合规管理重点制度体系、合规管理运行制度体系、合规管理保障制度体系，分别从制度的层面进行建设和设计，落实管理层合规管理工作要点，并形成各自的制度，促进企业的合规管理事项的落实。

2. 集中于9大重点方向

本书对重点领域、重点环节、重点人群、重点业务、重点项目、重点事项、重点决策、重点部门、重点岗位进行制度规范设计，以突出重点，把握重点，控制重点。

3. 落实 22 大合规事项

本书对合规管理 22 大合规事项中涉及的合规制度、合规规范、合规办法、合规细则、合规规定进行具体设计，一章章，一条条，一款款，一项项，读者可拿来即用、拿来即改、拿来即参。

4. 设计 106 个合规管理范本

本书针对 22 大合规事项，设计了 106 个合规管理范本。在使用本书时，读者可根据企业实际情况和工作的具体要求，对书中的范例进行参照、参考、适用性修改，以使其更符合企业的工作实际，提高合规管理工作效率。

书中不足之处，敬请广大读者批评指正。

孙宗虎　陶光辉　王文龙

2024 年 1 月

目 录

第 1 章 企业合规管理制度体系 / 1

1.1 企业合规制度体系 / 2
- 1.1.1 企业合规管理总体制度体系 / 2
- 1.1.2 企业合规管理职责制度体系 / 3
- 1.1.3 企业合规管理重点制度体系 / 3
- 1.1.4 企业合规管理运行制度体系 / 5
- 1.1.5 企业合规管理保障制度体系 / 5

1.2 企业合规制度设计 / 6
- 1.2.1 企业合规管理制度设计程序 / 6
- 1.2.2 如何设计合规管理职责 / 8
- 1.2.3 如何设计企业合规管理制度 / 10

第 2 章 企业合规——企业治理 / 15

2.1 "三重一大" / 16
- 2.1.1 "三重一大"事项决策制度 / 16
- 2.1.2 制度文件合规审查制度 / 21

2.2 管理职责 / 23
- 2.2.1 党委会管理职责分解表 / 23
- 2.2.2 董事会管理职责分解表 / 24
- 2.2.3 监事会管理职责分解表 / 24
- 2.2.4 经理层管理职责分解表 / 25

第 3 章 企业合规——市场交易 / 27

3.1 交易管理 / 28
- 3.1.1 资产交易操作规范 / 28

  3.1.2 招投标管理规范 / 31

  3.1.3 关联交易管理规范 / 38

3.2 诚信与决策 / 42

  3.2.1 自律诚信管理规范 / 42

  3.2.2 交易决策审批制度 / 44

第 4 章 企业合规——产权管理 / 49

4.1 产权规范 / 50

  4.1.1 资产评估制度 / 50

  4.1.2 产权交易规范 / 52

4.2 产权监管 / 55

  4.2.1 产权交易管理办法 / 55

  4.2.2 产权变动监管办法 / 57

第 5 章 企业合规——资本运作 / 61

5.1 证券监管 / 62

  5.1.1 证券监管落实实施细则 / 62

  5.1.2 上市公司股权变动管理办法 / 64

5.2 信息披露 / 67

  5.2.1 发债企业信息披露制度 / 67

  5.2.2 上市公司信息披露制度 / 69

第 6 章 企业合规——投融资与担保 / 73

6.1 投融资 / 74

  6.1.1 投资监管制度 / 74

  6.1.2 投后管理工作制度 / 76

  6.1.3 违规投融资责任追究制度 / 78

  6.1.4 跨境投融资管理制度 / 80

6.2 担保 / 82

  6.2.1 企业担保管理制度 / 82

  6.2.2 违规担保责任追究制度 / 86

第 7 章　企业合规——租赁性资产 / 89

7.1　租赁性资产管理 / 90
7.1.1　租赁性资产管理制度 / 90
7.1.2　租赁性资产运行审计与监督制度 / 93

7.2　租赁资产处理 / 96
7.2.1　租赁资产处理实施细则 / 96
7.2.2　防止国有资产流失管理办法 / 98

第 8 章　企业合规——债务管理 / 103

8.1　负债约束 / 104
8.1.1　企业负债与资金安全管理制度 / 104
8.1.2　资金拆借与担保管理规范 / 106

8.2　债务监管 / 108
8.2.1　债务监督检查管理制度 / 108
8.2.2　债务问题责任追究制度 / 111

第 9 章　企业合规——产品质量 / 113

9.1　质量体系 / 114
9.1.1　产品管理质量体系建设制度 / 114
9.1.2　服务管理质量体系建设制度 / 117

9.2　质量控制 / 119
9.2.1　质量过程控制管理制度 / 119
9.2.2　质量过程检验管理制度 / 121

第 10 章　企业合规——工程建设 / 125

10.1　项目过程管理 / 126
10.1.1　工程建设项目质量管理办法 / 126
10.1.2　工程建设项目进度管理办法 / 129
10.1.3　工程建设项目资金管理办法 / 132

10.2　项目合同履行 / 135
10.2.1　施工合同履行管理办法 / 135
10.2.2　监理合同履行管理办法 / 137

10.2.3　设计合同履行管理办法 / 139

第 11 章　企业合规——安全环保 / 143

11.1　安全 / 144
11.1.1　企业安全生产规范 / 144
11.1.2　安全生产监督检查制度 / 148
11.1.3　安全生产违规整改办法 / 150

11.2　环保 / 152
11.2.1　企业环境保护制度 / 152
11.2.2　环境保护监督检查制度 / 156
11.2.3　环境保护违规整改办法 / 158

第 12 章　企业合规——合同管理 / 163

12.1　合同签订 / 164
12.1.1　合同签订合规审查管理制度 / 164
12.1.2　合同承办部门合规责任管理制度 / 166

12.2　合同执行 / 169
12.2.1　合同履行管理制度 / 169
12.2.2　合同执行评价制度 / 172

第 13 章　企业合规——劳动合同 / 175

13.1　劳动合同签订与履行 / 176
13.1.1　劳动合同签订管理制度 / 176
13.1.2　劳动合同履行管理办法 / 179

13.2　劳动合同变更与解除 / 181
13.2.1　劳动合同变更管理制度 / 181
13.2.2　劳动合同解除管理办法 / 184

第 14 章　企业合规——财务税收 / 189

14.1　财务 / 190
14.1.1　财务规范化管理制度 / 190
14.1.2　财务审批管理办法 / 193

14.2　税收 / 195
　　14.2.1　税收与纳税管理制度 / 195
　　14.2.2　税务审计管理办法 / 197

第 15 章　企业合规——知识产权 / 201

15.1　知识产权取得 / 202
　　15.1.1　知识产权注册管理制度 / 202
　　15.1.2　商业秘密与商标保护管理制度 / 204

15.2　知识产权使用 / 206
　　15.2.1　知识产权许可和转让管理制度 / 206
　　15.2.2　知识产权侵权处理办法 / 208

第 16 章　企业合规——商业伙伴 / 213

16.1　商业伙伴行为合规 / 214
　　16.1.1　商业伙伴合规调查管理办法 / 214
　　16.1.2　商业伙伴行为合规管理办法 / 217

16.2　商业伙伴信息保护 / 219
　　16.2.1　商业伙伴保密信息管理办法 / 219
　　16.2.2　商业伙伴信息使用管理办法 / 221

第 17 章　企业合规——信息安全 / 225

17.1　企业与客户信息安全 / 226
　　17.1.1　企业信息安全保护制度 / 226
　　17.1.2　客户信息安全保护制度 / 228

17.2　个人信息安全 / 231
　　17.2.1　个人信息采集、处理、保存制度 / 231
　　17.2.2　个人信息使用管理办法 / 233

第 18 章　企业合规——礼品与接待 / 237

18.1　礼品 / 238
　　18.1.1　礼品接受管理制度 / 238
　　18.1.2　礼品送出管理制度 / 241

18.2 接待 / 243
    18.2.1 商务接待管理制度 / 243
    18.2.2 接受招待管理制度 / 247

第 19 章 企业合规——捐赠与赞助 / 251

19.1 捐赠 / 252
    19.1.1 捐赠管理制度 / 252
    19.1.2 捐赠审批制度 / 255

19.2 赞助 / 257
    19.2.1 赞助管理制度 / 257
    19.2.2 赞助审批制度 / 260

第 20 章 企业合规——跨境贸易 / 265

20.1 跨境货物贸易 / 266
    20.1.1 跨境货物贸易管理办法 / 266
    20.1.2 跨境货物贸易海关监管和出口管制规范 / 269

20.2 跨境服务贸易 / 271
    20.2.1 跨境服务贸易管理办法 / 271
    20.2.2 跨境服务贸易风险预防办法 / 273

第 21 章 企业合规——重点环节 / 277

21.1 制度制定环节 / 278
    21.1.1 制度与文件合规审查管理办法 / 278
    21.1.2 制度制定与颁布管理办法 / 281

21.2 经营决策环节 / 284
    21.2.1 经营决策管理制度 / 284
    21.2.2 决策事项合规论证制度 / 287

21.3 生产运营环节 / 290
    21.3.1 合规生产管理制度 / 290
    21.3.2 重点流程监督检查制度 / 293

第 22 章 企业合规——重点人员 / 297

22.1 管理人员 / 298

22.1.1　合规管理职责制度 / 298
22.1.2　合规管理问责制度 / 301
22.2　重要风险岗位人员 / 303
22.2.1　重要风险岗位人员培训制度 / 303
22.2.2　重要风险岗位人员监督问责制度 / 306
22.3　境外人员 / 309
22.3.1　境外人员上岗培训制度 / 309
22.3.2　境外人员境外工作规定 / 311

第 23 章　企业合规——境外投资经营 / 313
23.1　境外经营合规风险管理 / 314
23.1.1　境外经营合规风险排查与评估制度 / 314
23.1.2　境外经营合规风险应对管理办法 / 316
23.2　境外合规经营 / 319
23.2.1　境外合规经营管理制度 / 319
23.2.2　境外机构经营行为规范 / 322

第 24 章　企业合规——合规管理运行 / 327
24.1　制度、机制与应对 / 328
24.1.1　合规行为规范 / 328
24.1.2　风险识别预警制度 / 331
24.2　审查、问责与评估 / 333
24.2.1　合规审查制度 / 333
24.2.2　违规问责制度 / 336
24.2.3　合规评估制度 / 341

第 25 章　企业合规——合规管理保障 / 343
25.1　制度保障 / 344
25.1.1　合规考核评价制度 / 344
25.1.2　合规报告管理制度 / 346
25.2　队伍保障 / 348
25.2.1　合规培训管理制度 / 348
25.2.2　合规文化管理制度 / 351

第1章

企业合规管理制度体系

1.1 企业合规制度体系

1.1.1 企业合规管理总体制度体系

企业合规管理总体制度体系是指企业为确保其经营活动符合法律法规、行业规范和内部规章制度，从而降低法律风险、保护企业利益而建立的一套完整的管理体系。图 1-1 是一个一般性企业的合规管理总制度体系，具体企业可根据自身规模、行业特点和风险状况进行调整和细化。

企业合规管理总制度体系：

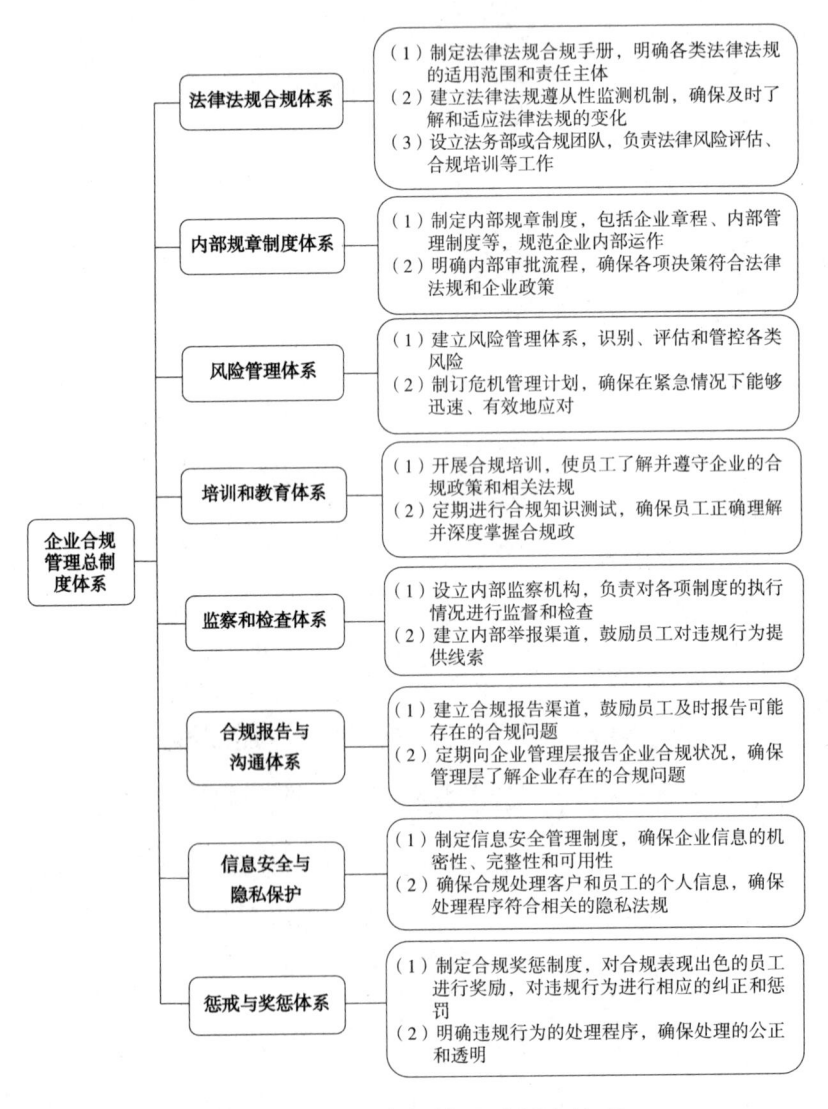

- **法律法规合规体系**
  - (1) 制定法律法规合规手册，明确各类法律法规的适用范围和责任主体
  - (2) 建立法律法规遵从性监测机制，确保及时了解和适应法律法规的变化
  - (3) 设立法务部或合规团队，负责法律风险评估、合规培训等工作

- **内部规章制度体系**
  - (1) 制定内部规章制度，包括企业章程、内部管理制度等，规范企业内部运作
  - (2) 明确内部审批流程，确保各项决策符合法律法规和企业政策

- **风险管理体系**
  - (1) 建立风险管理体系，识别、评估和管控各类风险
  - (2) 制订危机管理计划，确保在紧急情况下能够迅速、有效地应对

- **培训和教育体系**
  - (1) 开展合规培训，使员工了解并遵守企业的合规政策和相关法规
  - (2) 定期进行合规知识测试，确保员工正确理解并深度掌握合规政

- **监察和检查体系**
  - (1) 设立内部监察机构，负责对各项制度的执行情况进行监督和检查
  - (2) 建立内部举报渠道，鼓励员工对违规行为提供线索

- **合规报告与沟通体系**
  - (1) 建立合规报告渠道，鼓励员工及时报告可能存在的合规问题
  - (2) 定期向企业管理层报告企业合规状况，确保管理层了解企业存在的合规问题

- **信息安全与隐私保护**
  - (1) 制定信息安全管理制度，确保企业信息的机密性、完整性和可用性
  - (2) 确保合规处理客户和员工的个人信息，确保处理程序符合相关的隐私法规

- **惩戒与奖惩体系**
  - (1) 制定合规奖惩制度，对合规表现出色的员工进行奖励，对违规行为进行相应的纠正和惩罚
  - (2) 明确违规行为的处理程序，确保处理的公正和透明

图 1-1 企业合规管理总制度体系

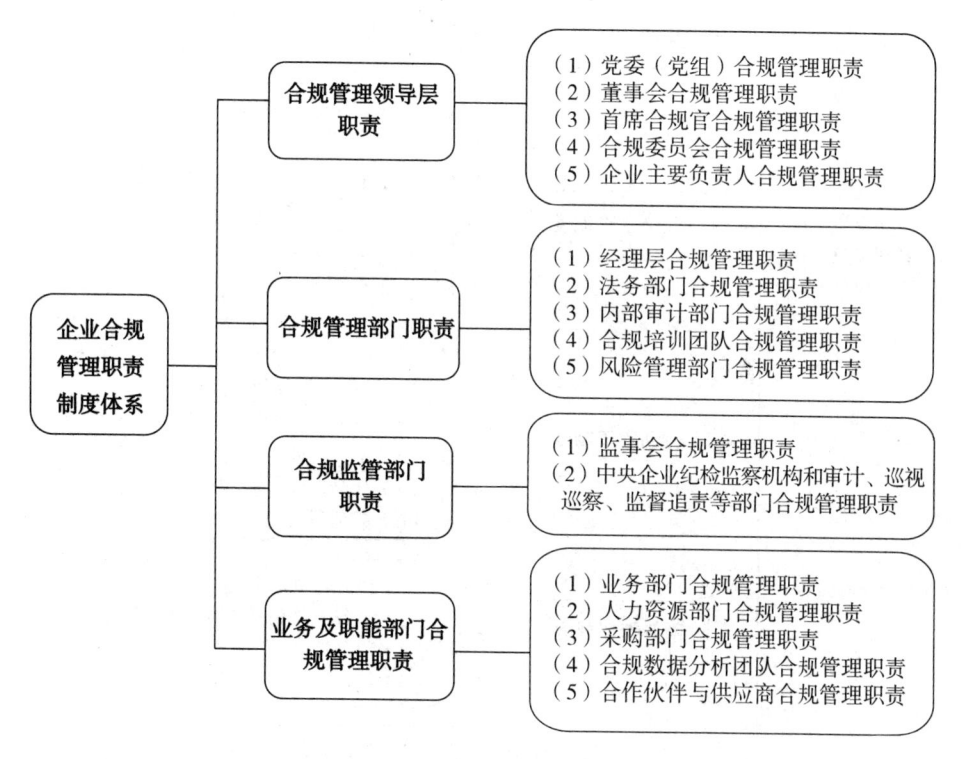

1.1.2 企业合规管理职责制度体系

制定完善的合规管理架构，明确合规管理相关主体的具体责任，是有效开展合规管理工作的前提条件。依照《中央企业合规管理指引》（试行），企业建设合规管理职责制度体系应按照法人治理结构，规定企业党委（党组）、董事会、经理层、首席合规官等主体的合规管理职责，进一步明确业务及职能部门、合规管理部门和合规监管部门合规管理"三道防线"职责。

图1-2是一个一般性企业的合规管理职责制度体系，具体企业可根据自身规模、行业特点和风险状况等进行调整和细化。

企业合规管理职责制度体系：

- 合规管理领导层职责
  - （1）党委（党组）合规管理职责
  - （2）董事会合规管理职责
  - （3）首席合规官合规管理职责
  - （4）合规委员会合规管理职责
  - （5）企业主要负责人合规管理职责

- 合规管理部门职责
  - （1）经理层合规管理职责
  - （2）法务部门合规管理职责
  - （3）内部审计部门合规管理职责
  - （4）合规培训团队合规管理职责
  - （5）风险管理部门合规管理职责

- 合规监管部门职责
  - （1）监事会合规管理职责
  - （2）中央企业纪检监察机构和审计、巡视巡察、监督追责等部门合规管理职责

- 业务及职能部门合规管理职责
  - （1）业务部门合规管理职责
  - （2）人力资源部门合规管理职责
  - （3）采购部门合规管理职责
  - （4）合规数据分析团队合规管理职责
  - （5）合作伙伴与供应商合规管理职责

图1-2 企业合规管理职责制度体系

1.1.3 企业合规管理重点制度体系

企业合规管理重点制度体系是企业保证其经营活动符合国家法律法规、商业道德以及企业内部规章制度的一种重要机制。企业合规管理重点制度体系应包含如图1-3所示的7个方面内容。图1-3是一个一般性企业的合规管理重点制度体系，具体企业可根据自身规模、行业特点和风险状况等进行调整和细化。

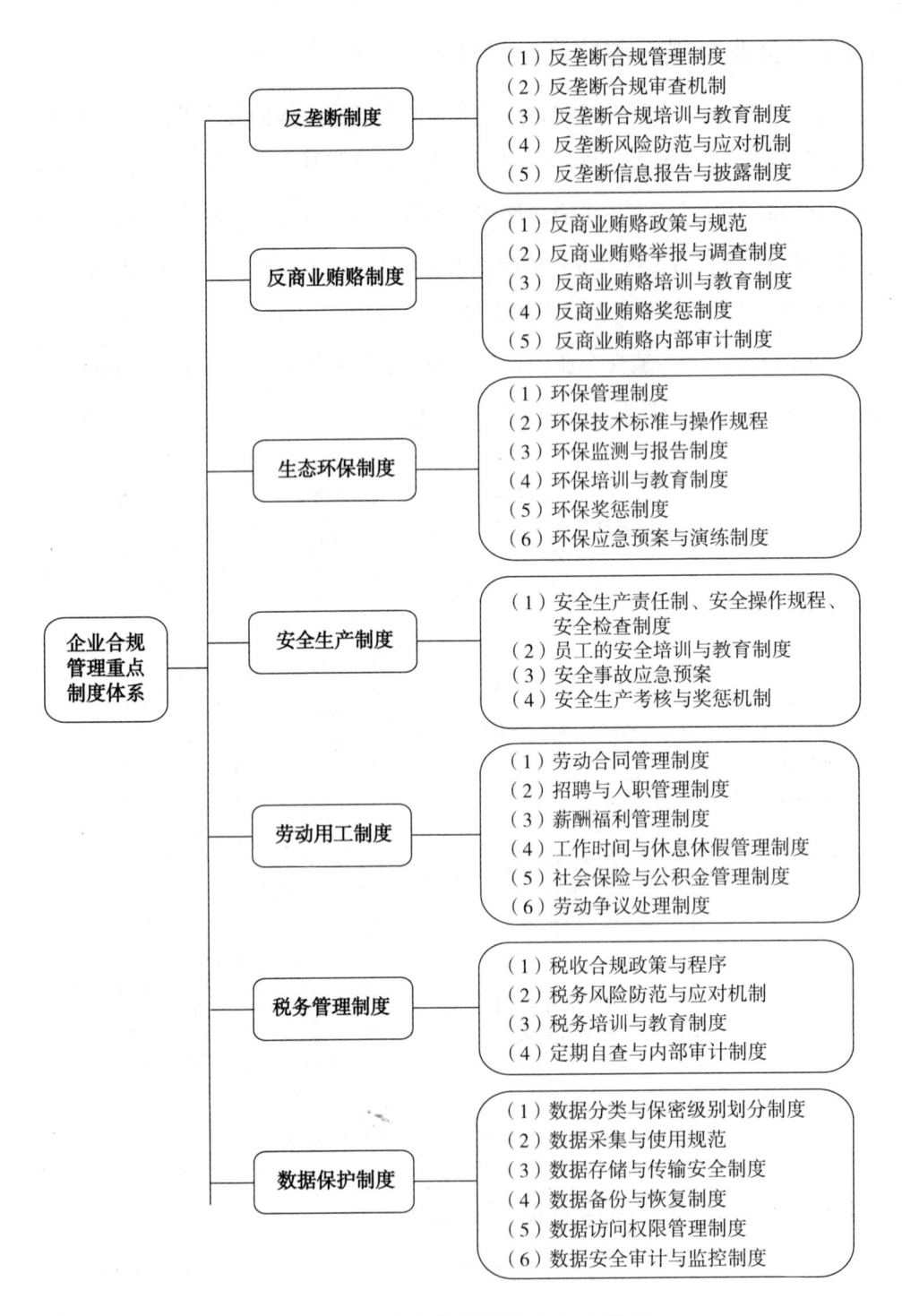

```
企业合规管理重点制度体系
├── 反垄断制度
│   ├── (1) 反垄断合规管理制度
│   ├── (2) 反垄断合规审查机制
│   ├── (3) 反垄断合规培训与教育制度
│   ├── (4) 反垄断风险防范与应对机制
│   └── (5) 反垄断信息报告与披露制度
├── 反商业贿赂制度
│   ├── (1) 反商业贿赂政策与规范
│   ├── (2) 反商业贿赂举报与调查制度
│   ├── (3) 反商业贿赂培训与教育制度
│   ├── (4) 反商业贿赂奖惩制度
│   └── (5) 反商业贿赂内部审计制度
├── 生态环保制度
│   ├── (1) 环保管理制度
│   ├── (2) 环保技术标准与操作规程
│   ├── (3) 环保监测与报告制度
│   ├── (4) 环保培训与教育制度
│   ├── (5) 环保奖惩制度
│   └── (6) 环保应急预案与演练制度
├── 安全生产制度
│   ├── (1) 安全生产责任制、安全操作规程、安全检查制度
│   ├── (2) 员工的安全培训与教育制度
│   ├── (3) 安全事故应急预案
│   └── (4) 安全生产考核与奖惩机制
├── 劳动用工制度
│   ├── (1) 劳动合同管理制度
│   ├── (2) 招聘与入职管理制度
│   ├── (3) 薪酬福利管理制度
│   ├── (4) 工作时间与休息休假管理制度
│   ├── (5) 社会保险与公积金管理制度
│   └── (6) 劳动争议处理制度
├── 税务管理制度
│   ├── (1) 税收合规政策与程序
│   ├── (2) 税务风险防范与应对机制
│   ├── (3) 税务培训与教育制度
│   └── (4) 定期自查与内部审计制度
└── 数据保护制度
    ├── (1) 数据分类与保密级别划分制度
    ├── (2) 数据采集与使用规范
    ├── (3) 数据存储与传输安全制度
    ├── (4) 数据备份与恢复制度
    ├── (5) 数据访问权限管理制度
    └── (6) 数据安全审计与监控制度
```

图1-3 企业合规管理重点制度体系

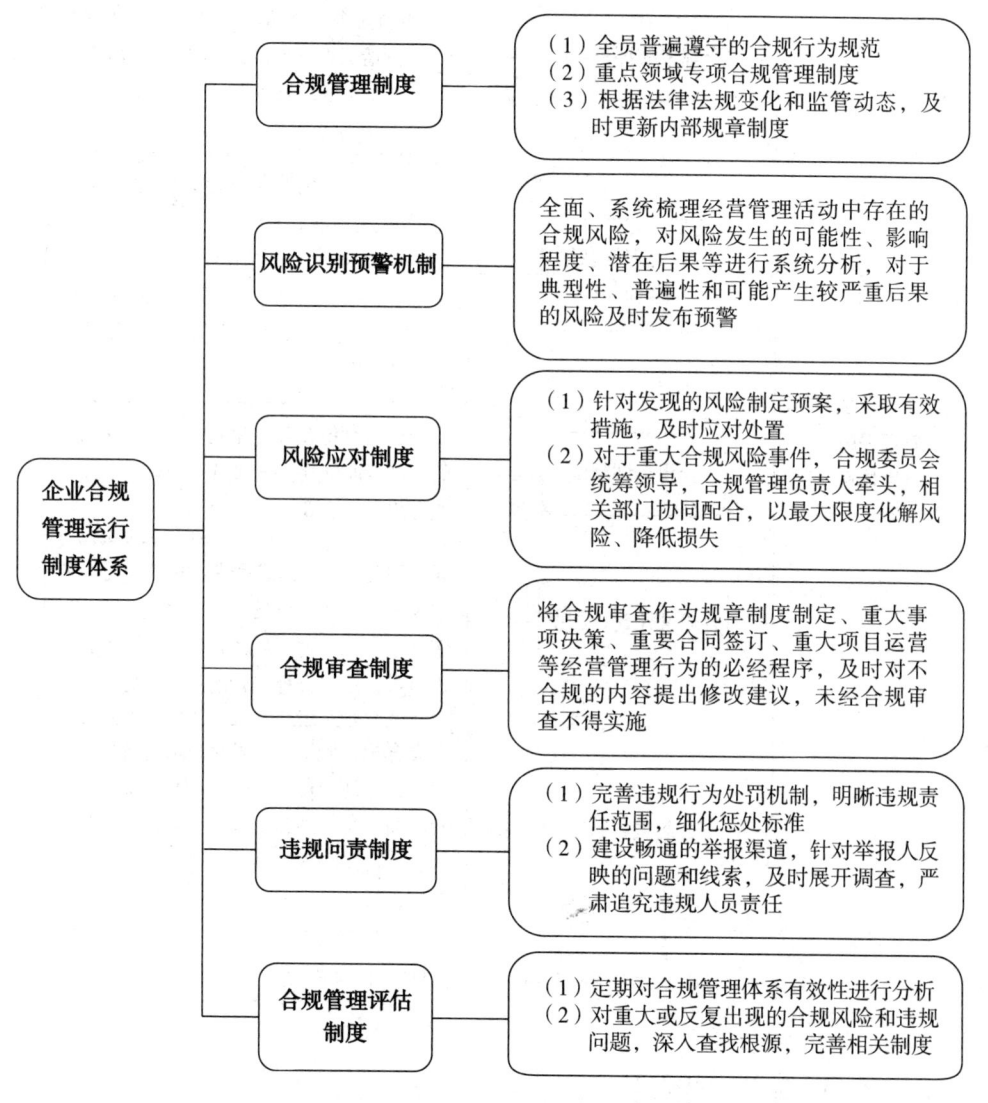

1.1.4 企业合规管理运行制度体系

企业合规管理运行制度体系建设的重点在于通过设立风险识别预警机制、风险应对机制、合规审查机制、违规问责制度及合规管理评估制度，保障企业合规运行管理的长久有效。图 1-4 是一个一般性企业的合规管理运行制度体系，具体企业可根据自身规模、行业特点和风险状况等进行调整和细化。

企业合规管理运行制度体系：

- 合规管理制度
  - （1）全员普遍遵守的合规行为规范
  - （2）重点领域专项合规管理制度
  - （3）根据法律法规变化和监管动态，及时更新内部规章制度

- 风险识别预警机制
  - 全面、系统梳理经营管理活动中存在的合规风险，对风险发生的可能性、影响程度、潜在后果等进行系统分析，对于典型性、普遍性和可能产生较严重后果的风险及时发布预警

- 风险应对制度
  - （1）针对发现的风险制定预案，采取有效措施，及时应对处置
  - （2）对于重大合规风险事件，合规委员会统筹领导，合规管理负责人牵头，相关部门协同配合，以最大限度化解风险、降低损失

- 合规审查制度
  - 将合规审查作为规章制度制定、重大事项决策、重要合同签订、重大项目运营等经营管理行为的必经程序，及时对不合规的内容提出修改建议，未经合规审查不得实施

- 违规问责制度
  - （1）完善违规行为处罚机制，明晰违规责任范围，细化惩处标准
  - （2）建设畅通的举报渠道，针对举报人反映的问题和线索，及时展开调查，严肃追究违规人员责任

- 合规管理评估制度
  - （1）定期对合规管理体系有效性进行分析
  - （2）对重大或反复出现的合规风险和违规问题，深入查找根源，完善相关制度

图 1-4 企业合规管理运行制度体系

1.1.5 企业合规管理保障制度体系

企业合规管理保障制度体系是指企业在建立和完善合规管理制度时，根据

实际情况和需求，建立一套科学、完整的保障机制，确保合规制度的有效执行和落实。图 1-5 是一个一般性企业的合规管理保障制度体系，具体企业可根据自身规模、行业特点和风险状况等进行调整和细化。

企业合规管理保障制度体系：

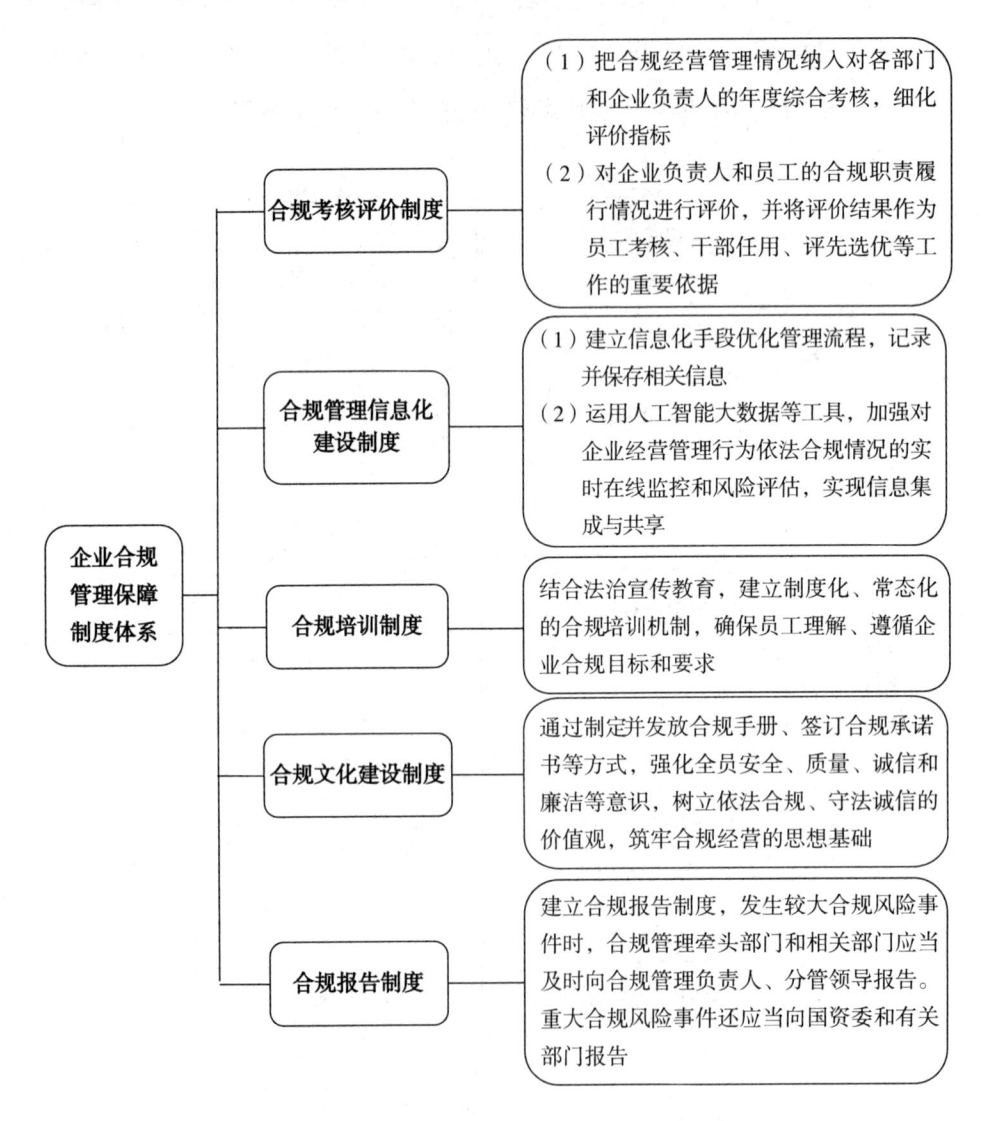

- 合规考核评价制度
  （1）把合规经营管理情况纳入对各部门和企业负责人的年度综合考核，细化评价指标
  （2）对企业负责人和员工的合规职责履行情况进行评价，并将评价结果作为员工考核、干部任用、评先选优等工作的重要依据

- 合规管理信息化建设制度
  （1）建立信息化手段优化管理流程，记录并保存相关信息
  （2）运用人工智能大数据等工具，加强对企业经营管理行为依法合规情况的实时在线监控和风险评估，实现信息集成与共享

- 合规培训制度
  结合法治宣传教育，建立制度化、常态化的合规培训机制，确保员工理解、遵循企业合规目标和要求

- 合规文化建设制度
  通过制定并发放合规手册、签订合规承诺书等方式，强化全员安全、质量、诚信和廉洁等意识，树立依法合规、守法诚信的价值观，筑牢合规经营的思想基础

- 合规报告制度
  建立合规报告制度，发生较大合规风险事件时，合规管理牵头部门和相关部门应当及时向合规管理负责人、分管领导报告。重大合规风险事件还应当向国资委和有关部门报告

图 1-5　企业合规管理保障制度体系

1.2　企业合规制度设计

1.2.1　企业合规管理制度设计程序

企业合规管理制度的设计程序是一个系统性的过程，需要考虑组织的特定

需求、行业要求和法规环境。因此,企业应根据具体情况进行定制,确保制定的合规管理制度既符合国家法律法规要求,又能够有效地适应企业的实际运营需求。

制度设计人员应按照相应的步骤,循序渐进地开展制度设计工作。一般来说,合规管理制度设计工作应包括如图1-6所示的7个步骤。

第1步	第2步	第3步	第4步	第5步	第6步	第7步
明确目标和范围	分析法规和政策	评估潜在合规风险	相关方参与	设计制度框架	编制制度文档	改进和更新

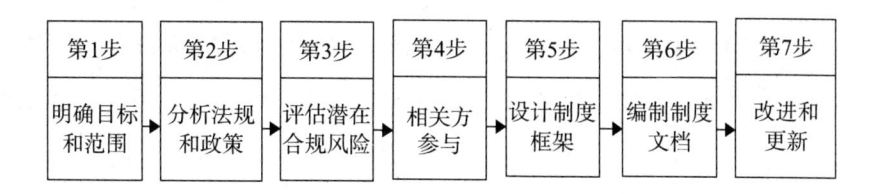

图1-6 企业合规管理制度设计步骤

第1步:明确目标和范围

制度设计人员应确定企业合规管理制度的目标,明确其适用范围,包括制度覆盖的业务范围、所涵盖的法规和政策以及期望达到的合规水平等。

第2步:分析法规和政策

制度设计人员应对法规和政策进行分析,特别是与企业相关的行业法规。以更准确识别适用的法律、法规和制定相应的政策。

第3步:评估潜在合规风险

制度设计人员应评估企业面临的潜在合规风险,包括财务、法务、运营等方面的风险。通过风险评估,可以确定合规管理制度需要关注的重点领域。

第4步:相关方参与

确定与合规管理相关的各方利益相关者,包括内部员工、监管机构、股东、客户等,并在制度设计的过程中纳入他们的意见和反馈。

第5步:设计制度框架

设计企业合规管理制度的框架,包括核心原则、责任分配、流程和程序等。确保设计的制度框架符合法规的要求,并能够在企业内部有效实施。

第6步:编制制度文档

编制具体的合规管理制度文档,包括政策、程序、流程和相关表格等。这些文件应该清晰、简明,并易于理解和执行。

第 7 步：改进和更新

不断评估合规管理制度的实施效果，收集反馈意见，进行必要的调整和改进，包括对合规管理制度的定期审查，以确保其与国家法律法规、企业业务和风险环境的变化保持一致。

1.2.2　如何设计合规管理职责

合规管理职责是企业合规管理制度的组成部分，企业在设计合规管理职责时，必须明确企业各层级管理人员之间管理职责的划分情况，否则制度无法得到有效执行，其执行情况也得不到监督。

1. 合规管理职责的划分

制度设计人员在设计合规管理职责时需要考虑到企业的特定需求、规模、行业和法规环境。在掌握或重新设计本企业的组织结构后，明确划分各层级管理人员的合规管理职责及其所管辖部门的职能，以明确分工和协作、界定责任与义务，从而为企业的合规管理建立协调机制。

对于大部分企业来说，一般可将合规管理职责划分为 7 大模块，如图 1-7 所示。

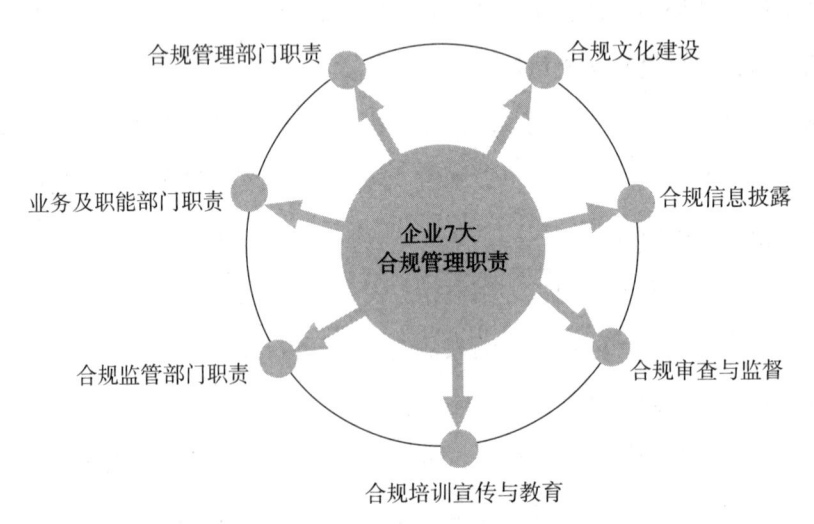

图 1-7　企业 7 大合规管理职责

不同行业的企业可在上述 7 大合规管理职责的基础上，根据本企业的实际需要进行合规管理职责的添加、删除、合并或拆分，从而形成本企业的合规管理职责模块。

2. 合规管理职责的描述

在明确划分合规管理职责分工的基础上，制度设计人员需要详细描述合规管理职责的具体内容。一般来说，合规管理职责涉及的内容主要包括工作目标、职责范围、任务描述、考核指标、胜任素质要求等项目，同时，还需根据需要注明管理人员的职级、责任程度、上级与下辖员工、工作沟通关系等项目。

上述所列的项目一般可归纳总结于一张表或一张图中呈现。

3. 具体责任的设计

具体责任设计工作主要是指在划分合规管理职责的基础上，分别就不同的管理岗位进行具体岗位职责的描述，如图 1-8 以总经理为例进行说明。

职位名称　总经理	上级　董事会 下级　所有副总经理
工作目标 确保企业业绩与成长，以及各项经营管理指标的实现	**主要工作关系** （1）上级　向董事长汇报企业的合规工作执行情况 （2）下级　监督各副总经理的合规管理工作，接受各副总经理的工作汇报 （3）外部　政府机构、行业组织、关系企业、客户
管理职责概述 　　依据企业中长期合规战略规划，组织执行企业合规管理计划、合规制度建设、定期风险评估、推动合规培训等，通过各种合规管理手段进行企业合规管理	**关键业绩指标（KPI）** （1）合规体系建设情况 （2）合规风险评估与管理结果 （3）合规培训与宣传效果 （4）合规监管与报告情况 （5）合规政策与程序执行情况
主要工作内容 （1）组织执行企业合规战略，确保企业在业务运作中符合法律法规、行业规范和企业内部规章制度要求 （2）确保企业内部建立合规制度，包括但不限于法律合规制度、企业政策和程序，以指导员工的行为 （3）领导并推动合规培训计划，确保员工了解企业的合规政策和程序，提高合规意识 （4）主导对企业的业务进行风险评估，确定可能存在的合规风险，并采取相应措施进行预防和管理 （5）设立和领导专门的合规团队，确保企业在合规事务上有专业的团队负责监督、协调和执行	**技能与经验要求** （1）大学本科以上学历，掌握管理学相关专业知识，熟悉国家宏观经济政策、法律知识 （2）10年相关行业工作经验，5年企业经营管理经验 （3）全面掌握本行业在国际、国内的商业运作模式、市场动向，熟悉相关法律法规，具有一定的风险评估能力、沟通协调能力、内部审计和监控能力等

图 1-8　总经理管理职责概要图

1.2.3 如何设计企业合规管理制度

企业合规管理制度是提高企业基础管理水平、形成企业核心竞争力的前提，它的设计和实施应着眼于企业管理的需要，同时需要应对环境的变化。制度设计人员可以以制度设计的规范、制度的结构与形式、制度内容的设计作为设计的切入点。

1. 制度设计的规范

制度设计人员在进行每个合规管理制度的设计工作时，应遵循一定的编写规范。这些规范具体表现在 5 个方面，如图 1-9 所示。

法规遵从	（1）制度设计应确保企业业务遵循所有适用的法律法规和行业标准 （2）制度应该明确规定企业的合规义务，并详细说明如何遵循这些义务
全面完善	（1）制度设计应全面覆盖企业的所有关键业务领域，包括但不限于财务、法务、人力资源、环境、健康与安全等。确保合规管理的全面性可以有效降低潜在的法规风险 （2）制度设计应以风险管理为导向，通过风险评估来识别和评估潜在的合规风险。根据风险评估的结果，制定相应的控制和管理措施
形式美观	（1）制度框架要统一，如要有总则、主体内容、附件、相关制度与资料 （2）制度格式要统一，统一字体、字号、目录排列方式、纸张大小及边距、页码格式等 （3）制度编写要简明扼要和易操作，保证最简洁、最直接、无缺漏
语言简练	（1）语言简洁明了、通俗易懂，不产生歧义 （2）条例清晰、前后一致、不矛盾，符合行文逻辑 （3）对难以穷尽事项用技术性术语概括规定
其他规范	（1）制度的可操作性要强 （2）注意与其他规章制度的衔接 （3）应规定制度涉及的各种文本的效力，并用书面或电子文件的形式向员工公示或向员工提供接触标准文本的机会

图 1-9 制度设计规范

2. 制度的结构与形式

制度的内容结构常采用"一般规定—具体制度—附则"的模式，一个规范、完整的制度所需具备的内容要点包括制度名称、总则/通则、正文/分则、附则与落款、附件这 5 大部分。管理制度设计人员应注意每一要点，以使所制定的制度内容完备、合法、合规。

需要说明的是，对于针对性强、内容较单一、业务操作性较强的制度，正文中可不用分章，直接分条列出，而总则与附则中有关条目则不可省略。

3. 制度内容的设计

制度内容的设计是企业合规管理体系的核心，关键的内容要能够明确规定各方的责任、流程和程序，以确保企业在业务运作中合法、合规。

以下是设计企业合规管理制度内容时应考虑的关键元素。

（1）制度"总则"设计

"总则"是对制度的整体概述，具体内容包括但不限于图1-10所示内容。

1. 引言和目的：简明扼要地介绍合规管理制度的背景、目的和重要性，为员工提供一个整体的理解框架

2. 法规和政策引用：列举适用的法规、政策、标准和法律框架，确保企业在业务运作中能够遵守所有相关的法规和政策

3. 合规职责和组织结构：明确各个职能部门和相关人员在合规管理中的职责，包括合规主管、合规团队等

4. 适用对象、受约对象或对其行为的界定

5. 定义或解释制度中出现的重要术语

6. 制度中受约单位（或个人）及相关单位（或个人）的职责描述

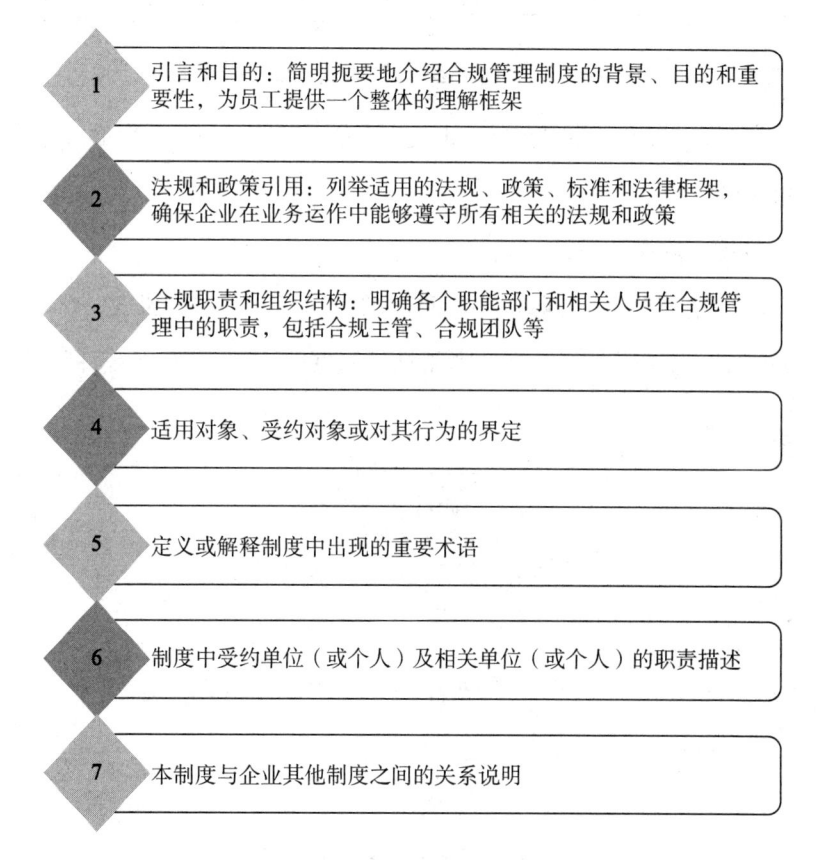

7. 本制度与企业其他制度之间的关系说明

图1-10 制度"总则"内容说明图

对于受约单位（或个人）及相关单位（或个人）的职责描述，可根据制度的内容架构情况将其编写成独立于"总则"之外一章的内容。但无论采用哪种处理方式，都须注意主要责任部门（或个人）、辅助责任部门（或个人）的先后逻辑关系，更须注意职责之间的逻辑关系。

（2）制度"正文"设计

"正文"是制度的主体部分，主要包括对受约对象或具体事项的详细约束内容，其设计思路主要有 2 种，如图 1-11 所示。

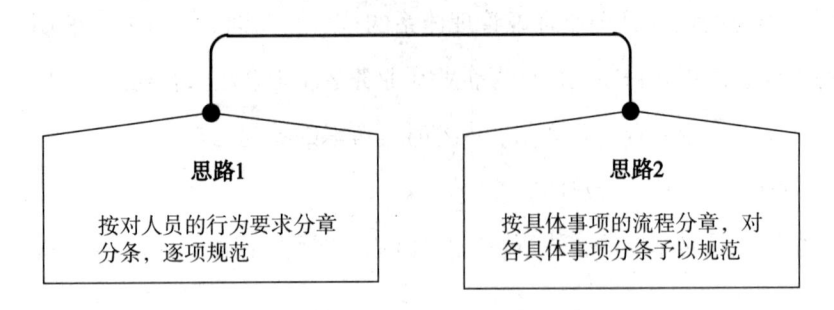

```
思路1                          思路2
按对人员的行为要求分章          按具体事项的流程分章，对
分条，逐项规范                  各具体事项分条予以规范
```

图 1-11　制度"正文"设计思路说明图

无论采取哪种思路，在对制度"正文"分章分条时，一定要全面、合乎逻辑，语言表述要清晰，没有歧义。

（3）制度"附则"设计

制度条文在自然结束的时候，应对制度的制定、审批、实施、修订、使用日期进行说明，以增强其真实性、严肃性。制度"附则"包括但不限于图 1-12 所示的 4 项内容。

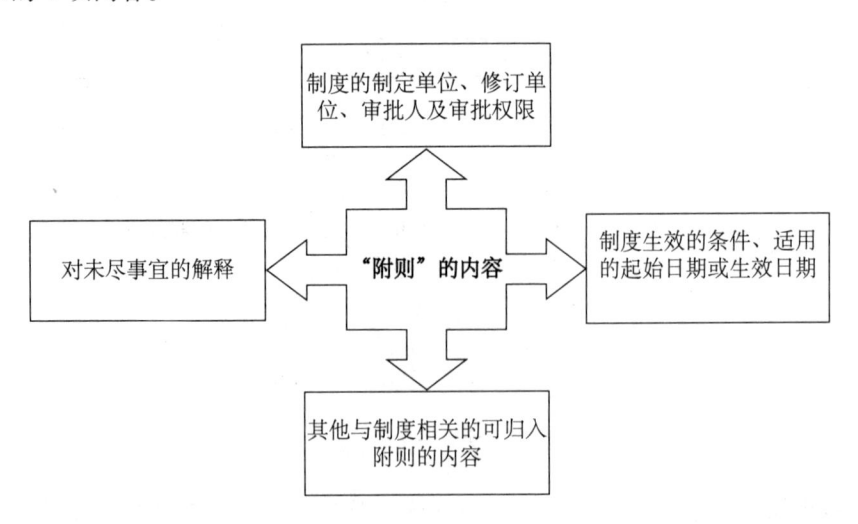

```
                制度的制定单位、修订单
                位、审批人及审批权限
                         ↑
对未尽事宜的解释 ← "附则"的内容 → 制度生效的条件、适用
                                    的起始日期或生效日期
                         ↓
                其他与制度相关的可归入
                    附则的内容
```

图 1-12　制度"附则"内容说明图

（4）制度"附件"设计

制度"附件"的内容一般包括制度执行中需要用到的表单、附表、文件等，主要包括以下 5 个方面。

① 相关表格和模板。包括用于合规报告、合规事项审批等的相关表格和模板。

② 相关制度。即与本制度密切相关的制度体系内的其他制度。

③ 补充说明。提供对制度内容的补充说明，以解释特定条款和程序。

④ 促进制度执行的方法及程序。包括行政措施、精神激励办法、经济激励措施等。

⑤ 相关资料。即指与此项工作相关但更新频繁、无须列入制度的文件。

第 2 章

企业合规——企业治理

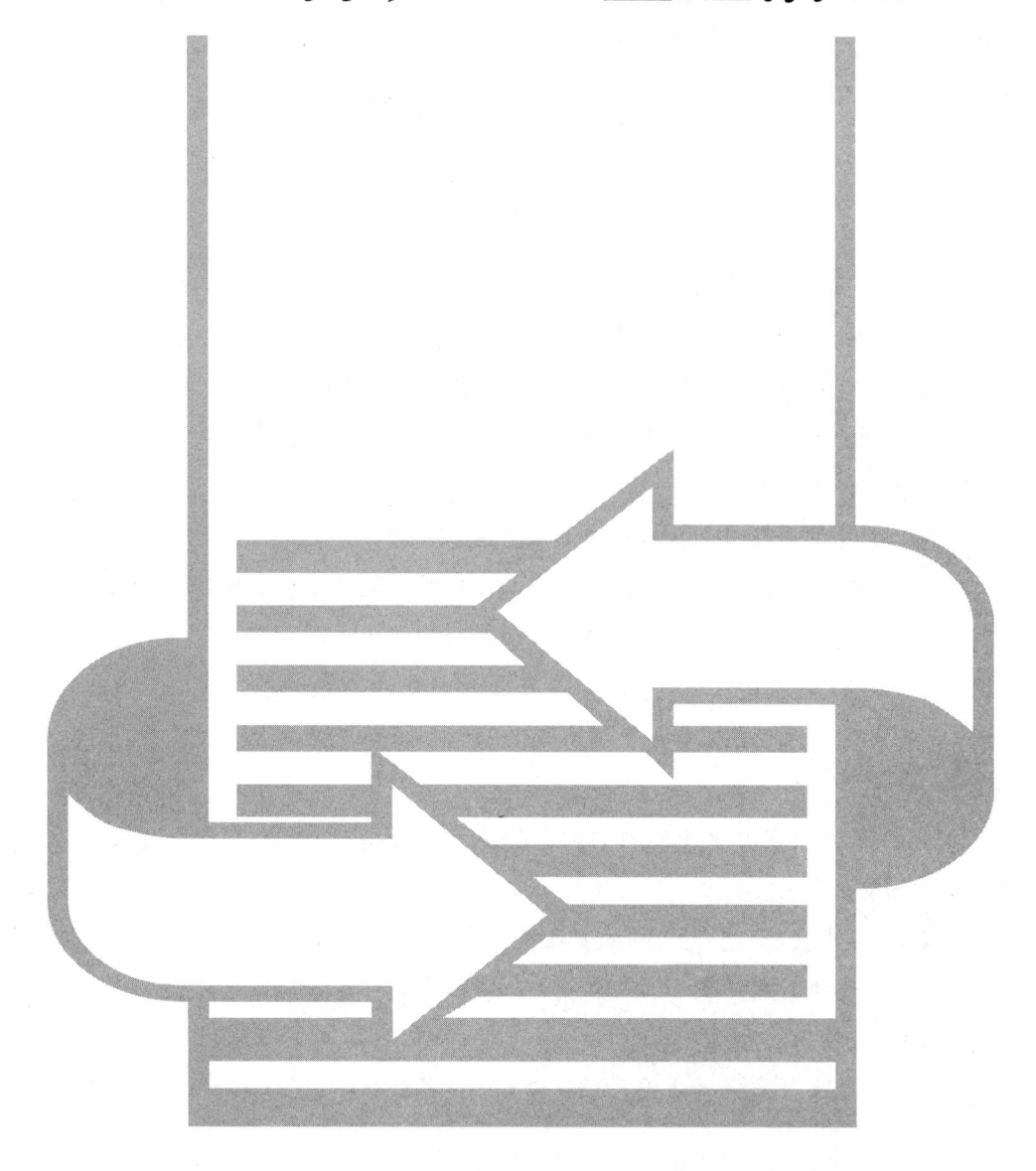

2.1 "三重一大"

2.1.1 "三重一大"事项决策制度

"三重一大"决策制度是规范企业在重大事项决策、重要干部任免、重大项目决策和大额资金使用等事项的决策要求。在实施"三重一大"事项决策时必须遵循国家的法律法规，遵循党的方针政策和党的纪律；必须按照职责和权限进行；必须实行集体讨论决定，充分发扬民主，广泛论证，科学决策。以下是"三重一大"事项决策制度，仅供参考。

"三重一大"事项决策制度

第一章 总则

第一条【目的】 为了落实重大事项决策、重要干部任免、重大项目决策和大额资金使用（以下简称"三重一大"）事项决策，进一步健全和完善党内监督，增强拒腐防变和抵御风险能力，依据《中国共产党章程》《党政领导干部选拔任用工作条例》《中国共产党党内监督条例》《中华人民共和国公司法》等法律法规，参照《中央企业合规管理指引（试行）》等监管规定，结合企业实际情况，制定本制度。

第二条【适用范围】 本制度适用于以下事项的决策。

（1）研究决定贯彻落实党的路线方针政策、党内重要法规和国家重要法律法规及上级组织重大决策、重要工作部署的意见和措施。

（2）研究决定企业战略规划及涉及长远发展的重大问题。

（3）研究决定企业重要管理干部的推荐、提名、录用、任免、奖惩和后备干部人选。

（4）研究决定职责范围内的财务预算、大额度资金管理使用、重要项目的安排等重大事项。

（5）研究决定职责范围内的其他重大事项。

第三条【决策原则】 "三重一大"事项决策应遵循以下原则。

（1）坚持依法依纪决策

"三重一大"事项的决策，必须遵循党的路线方针政策和党的纪律，遵守国家法律法规。实现决策权的行使依法有据，决策行为和程序依法进行，对违法决策依法追究责任。

（2）坚持科学民主决策

"三重一大"事项的决策，必须坚持科学发展和民主集中，优化决策流程，完善议事规则，提高决策的质量和水平，保证决议、决定得到正确贯彻执行。

（3）坚持集体决策

除遇重大突发事件和紧急情况外，"三重一大"事项必须按照"集体领导、民主集中、个别酝酿、会议决定"的要求，由企业党政领导班子以联席会议的形式集体讨论决定。

（4）坚持实事求是决策

对于"三重一大"事项的决策，必须尊重客观、符合实际，有利于企业的发展和稳定。

第二章 决策事项

第四条【重大事项决策】 重大事项决策是指事关企业改革、发展和稳定全局，依据有关规定应当由领导班子集体研究决定的重要事项。

主要包括：

（1）贯彻落实党和国家的路线、方针、政策以及上级重要决策、重要工作部署、重要指示的意见和措施；

（2）党的建设、党风廉政建设、社会主义精神文明建设等重大问题；

（3）企业经营计划和投资方案、发展战略以及中长期发展规划等重大战略决策、年度财务预算方案、决算方案、利润分配方案和亏损弥补方案等事项；

（4）企业的改制、兼并、重组、破产或者变更、投资参股、国有产权转让等重大资本运营管理事项；

（5）企业的资产损失核销、资产处置、国有产权变更、利润分配和亏损弥补等重大资产（产权）管理事项；

（6）涉及企业发展的重大事件处理、重大事故处理和重要突发事件应急处置等方面的重大事项；

（7）企业内部管理机构设置、职能调整及企业分支机构的设置、基本管理制度的制定、重大收入分配方案，包括企业工资总额预算与决算方案，企业年金方案以及涉及职工收入分配等切身利益的其他重大利益调配事项；

（8）重大改革重组事项，包括企业内部业务结构调整方案，企业劳动、人事、分配制度改革方案；

（9）风险管理与内部控制方案，包括风险评估、财务控制、内部审计、法律风险控制等方案；

（10）其他有关企业全局性、方向性、战略性的重大事项。

第五条【重要干部任免】 重要干部任免事项是指企业党政管理干部任免事项和需要报送上级主管机关审批的重要干部事项。重要干部任免事项包括以下4项。

（1）企业后备干部的推荐、管理。

（2）企业中层以上管理人员的任免、聘用（解聘）、奖惩和向控股、参股企业委派股东代表，推荐董事会、监事会成员和主要管理人员等。

（3）企业有业务处置权或重要管理岗位人员（包括项目负责人）的调整。

（4）其他需要集体决策的涉及人事方面的事项。

第六条【重大项目决策】 重大项目安排事项是指对企业经营生产有重要影响的项目设立和安排，包括以下5项内容。

（1）年度投资计划和融资项目。

（2）国有或集体资产、资源的处置。

（3）重大活动项目的安排实施。

（4）应当向上级主管部门报告的重大投资管理事项。

（5）其他需要集体研究决定的重大项目安排。

第七条【大额资金使用】 大额资金使用主要包括以下5项内容。

（1）年度预算的编制、执行和调整。

（2）企业年度预算中大额资金的调动和使用，超预算资金的调动和使用。

（3）各专项资金的安排、使用和管理。

（4）其他需要集体研究决定的开支项目。

（5）企业其他大额资金的使用。

第三章 决策程序

第八条【论证调研】 论证调研程序应遵循如下要求。

（1）"三重一大"事项决策前，必须进行广泛、深入的调查研究，充分听取各方面意见。对专业性、技术性较强的事项，应进行专家论证、技术咨询、决策评估。对与企业发展和利益密切相关的事项，应实行听证和公示制度，加强企业员工的参与度。

（2）在充分征求各方面意见的基础上，按规定程序提出初步议题，并将议题的有关材料在领导班子会议召开前送达参加人员，保证其有充分时间了解相关情况，最后提交领导班子集体研究。

（3）提请党政领导班子联席会议审议的"三重一大"事项议题应按规定程序提出，除遇突发事件和紧急情况外，不得临时动议。

第九条【集体决策】 集体决策程序应遵循如下要求。

（1）讨论决定"三重一大"事项时，董事会成员应全部列席，领导层成员原则上不得少于三分之二，以超过到会领导人数的二分之一通过形成决定。

（2）在决策"三重一大"事项的会议上，班子成员应对决策建议逐个明确表示同意、不同意或保留意见，并说明理由。因故未到会的领导层成员可以书面形式表达意见。班子成员的表决意见和理由等情况，应形成会议纪要。

（3）对讨论中意见分歧较大或发现存在重大问题且尚不清楚的，除在紧急情况下按多数意见执行外，应暂缓决策，待进一步调查研究后再作决策。

第十条【执行决策】 执行决策应遵循以下要求。

（1）"三重一大"事项决策后，企业应当按照工作分工组织实施，并明确牵头领导、工作部门和责任人。"三重一大"事项应严格按照决策意见执行，有不同意见的，应按规定程序提出。

（2）个人对集体决策有不同意见的，可以保留，但在没有作出新的决策前，应无条件执行。同时，可按组织程序向上级党组织反映意见。

（3）个人不得擅自改变集体决策，确需变更的，应由党政领导班子联席会议重新作出决策。如遇重大突发事件和紧急情况作出临时处置的，应在事后及时向班子成员通报，未完成事项如需重新作出决策的，经再次决策后，按新的决策执行。

第四章 决策依据

第十一条【国家法律法规】 企业在决策"三重一大"事项时应遵守《中华人民共和国公司法》《中国共产党章程》《国有企业领导人员廉洁从业若干规定》《中华人民共和国会计法》等相关的国家法律法规，确保决策的合法性和合规性。

第十二条【企业章程和规章制度】 企业在决策"三重一大"事项时应依据企业章程和规章制度，明确决策的程序和标准，确保决策的规范性和合规性。

第十三条【内部控制制度】 企业在决策"三重一大"事项时应依据企业

相关内部控制制度，包括风险管理、内部审计、内部监督等方面，确保决策的风险控制能力和合规性。

第十四条【经营计划和预算】 企业应制订经营计划和预算，明确"三重一大"事项决策的依据和标准，确保决策的科学性和合理性。

第十五条【专业意见和建议】 企业应征求专业意见和建议，包括法律、财务、风险管理等方面，确保决策的科学性和合规性。

第五章 监督追责

第十六条【监督检查】 企业党政领导班子应根据分工和职责督促职能部门严格执行并及时向董事会报告"三重一大"事项决策的执行情况，就"三重一大"事项决策执行情况进行跟踪与反馈，建立重大决策后评价机制，并将"三重一大"事项纳入企业党政领导班子党风廉政建设责任制考核的重要内容。

第十七条【责任追究】 企业党政领导班子出现以下情形的，企业应依据《中国共产党纪律处分条例》等有关规定，根据职责权限，追究相关责任人的责任。

（1）未按规定内容、范围、程序报企业党政领导班子联席会议集体研究决定的。

（2）擅自泄露集体研究决定的保密事项的。

（3）因上报不实情况或漏报、瞒报，影响党政领导班子联席会议作出正确决策的。

（4）由个人或少数人决定"三重一大"事项的。

（5）拒不执行或擅自改变集体决策的。

（6）集体决策执行不力或错误执行并造成严重损失的。

第十八条【处罚措施】 根据不同责任人采取不同的处罚措施，具体如下。

（1）属于个人责任且情节轻微的，对主要责任人予以批评教育、诫勉谈话。情节较重并造成一定损失的，责令主要责任人写出书面检查或通报批评。情节严重、造成恶劣影响和重大损失的，应依据《中国共产党纪律处分条例》有关规定，报上级主管部门给予主要责任人党纪政纪处分。

（2）属于领导集体责任且情节轻微的，要召开专题会议，开展批评与自我批评，并限期纠正。情节较重、造成一定损失的，领导集体要向上级作出书面检讨。情节严重、造成恶劣影响和重大损失的，领导集体要请求上级作出调整。

第六章 附则

第十九条【解释权】 本制度由董事会授权合规管理部负责解释。

第二十条【生效日期】 本制度自印发之日起生效。

2.1.2 制度文件合规审查制度

企业"三重一大"事项决策制度文件不仅要符合法律法规、政策要求,还要符合企业自身管理需要。因此,应对所有与"三重一大"事项决策相关的制度文件进行合规审查,包括但不限于企业章程,党委(党组)、董事会、监事会、总经理办公会、职工代表大会的议事规则,从而帮助企业建立合规、规范、科学、有效的企业制度文件合规审查制度。以下是制度文件合规审查制度,仅供参考。

制度文件合规审查制度

第一章 总则

第一条【目的】 为全面推进企业"三重一大"事项决策的合规管理,提升企业合规审查水平,有效防范合规风险,培育良好的合规文化,促进企业持续、健康、稳定发展,根据《中华人民共和国公司法》《中华人民共和国企业国有资产法》等法律法规,参照《中央企业合规管理指引(试行)》等监管规定,依据《企业章程》《合规管理办法》等内部规定,特制定本制度。

第二条【相关概念】 本制度所称制度文件合规审查是指合规管理部依据有关法律法规、外部监管规定及企业内部规章制度,对本制度所规定的企业经营中关于"三重一大"事项决策制度文件的合法合规性进行实质和形式的审查,对"三重一大"事项决策的相关合规风险进行识别、提示,并提出合规风险防控措施或建议的专项工作。

第三条【审查主体】 合规管理部依据法律法规或企业内部规定,对"三重一大"事项决策的制度性文件的制定程序和内容是否合法合规、是否存在合规风险等问题进行审查,出具审查意见,并根据送审制度的具体情况及疑难复杂程度指派审查人员对送审事项开展独立审查。

第二章 实质性审查

第四条【审查规范】 对于涉及重大事项决策、重要干部任免、重大项目决策和大额资金使用的相关制度性文件的合规性进行实质性审查。未经审查,不得提交决策和实施。

第五条【合法合规性审查】 对于涉及重大决策事项、重要干部任免、重大项目决策和大额资金使用等事项的制度性文件管理规定,合规管理部须审查以下实质性事项。

（1）合法性审查

确保制度内容符合国家法律法规、行业规定和《企业章程》等要求，不得违反相关法律法规，避免出现违法违规行为。

（2）程序合规性审查

审查制度制定和修改的程序是否合规，是否经过充分的讨论和征求意见，是否经过法务部的审核等，确保程序合法、公正、透明。

（3）内容合规性审查

对制度的具体内容进行审查，包括制度中涉及的职责、权限、流程、标准等，确保内容明确、具体、可操作，并且与企业的实际情况和业务需求相符合。

（4）语言规范性审查

审查制度中使用的语言是否规范、准确、清晰，避免出现歧义或模糊不清的情况，确保员工能够准确理解并遵守制度。

（5）逻辑性审查

对制度的逻辑结构进行审查，确保制度中的各个部分之间逻辑严谨、相互关联，形成一个完整的制度体系。

（6）风险控制审查

对制度中可能存在的风险进行审查，包括合规风险、法律风险、操作风险等。

第六条【适配性、可操作性审查】 审查制度是否适用于企业的实际情况和业务需求，是否能够解决实际问题，是否具有可操作性和可执行性，是否与企业的规模、目标、战略规划、发展模式、管理需求等相一致。制度中的定性描述尽量用可量化的规定内容进行表述，如对于"严重""重大"等描述类词汇用具体数字明确范围。

第三章 形式性审查

第七条【送审】 由业务部负责起草需送审的相关制度性文件，经部门负责人审阅同意后将文件提交合规管理部进行审查。

第八条【审查规范】 合规管理部及合规审查人员应依据法律法规或企业内部规定，对有关制度内容、制度制定程序是否合法合规，是否存在风险等问题进行审查，做到有理有据。

第九条【审查事项】 对于涉及重大事项决策、重要干部任免、重大项目决策和大额资金使用等事项的制度性文件管理规定，合规管理部应审查以下程序性事项。

（1）审查是否符合企业内部授权及决策体系。

（2）审查制定的流程、审批的流程是否符合企业内部规定。

（3）审查业务部针对合规风险防范的内控流程是否恰当、有效。

第十条【文件审查与补充】 制度文件审查应履行以下程序。

（1）合规管理部收到业务部提交的合规审查相关资料和文件后，如果发现资料和文件不完整或有疑问的，可要求业务部予以补充或作出说明。

（2）对于重大、复杂的制度审查，合规管理部可征询企业监管机构或外部律师的意见，作为审查的参考依据。

第十一条【审查意见反馈】 业务部在收到合规审查意见后，根据审查意见形成最终版本。在提请有权审批人审批前，最终版本应提交合规管理部进行复核。

第十二条【复审要求】 若合规管理部已经针对审查事项出具审查意见，但相关审查事项发生变动，需要再次提交审查的，应向合规管理部提供上次合规审查意见的采纳情况，并按本制度规定重新履行审查流程。

第四章 责任追究

第十三条【违规责任确认】 合规审查人员在审查制度文件的过程中，因玩忽职守造成企业损失的，有关责任人应当承担相应的责任。

第十四条【建立追究机制】 企业建立违规责任追究工作机制，合规审查人员在合规审查过程中如发现制度文件涉嫌违规的情况，应按照违规责任追究机制向有关部门进行汇报或通报。

第五章 附则

第十五条【解释权】 本制度由董事会授权合规管理部负责解释。

第十六条【生效日期】 本制度自印发之日起生效。

2.2 管理职责

2.2.1 党委会管理职责分解表

依照《中央企业合规管理指引（试行）》，把坚持党的领导当作中央企业合规管理工作中应遵循的第一原则，强化党委（党组）在合规治理中的责任和作用。明确了中央企业党委（党组）发挥把方向、管大局、促落实的领导作用。党委会管理职责具体可参考表2-1。

表 2-1　党委会管理职责分解表

序号	一级职责	二级职责分解
1	把方向	（1）认真贯彻党的路线、方针、政策，保证监督党和国家的方针政策在企业中的贯彻执行 （2）坚持党的领导，坚决贯彻党的理论和路线、方针、政策，坚决落实党中央的战略决策和企业党委部署要求
2	管大局	（1）对合规管理的重大事项研究提出意见 （2）支持董事会、监事会和总经理依法行使职权，动员职工完成改革与发展的任务
3	促落实	在职责范围内积极推进合规管理工作，保障党中央关于深化法治建设、加强合规管理的重大决策部署在企业得到全面贯彻落实

2.2.2　董事会管理职责分解表

董事会作为企业的决策层，应当尽最大努力确保企业以合法、合规的方式运营。依照《中央企业合规管理指引（试行）》，董事会在合规管理中的主要管理职责体现在战略制定、人事任免、重大事项决策及其他合规管理职责等方面，具体可参考表 2-2。

表 2-2　董事会管理职责分解表

序号	一级职责	二级职责分解
1	战略制定	（1）推动完善合规管理体系、统筹协调企业合规管理工作 （2）批准企业合规管理战略规划、基本制度、体系建设方案和年度报告
2	人事任免	（1）决定合规管理负责人的任免 （2）决定合规管理（牵头）部门的设置及职责 （3）按照权限决定对有关违规人员的处理事项
3	重大事项决策	研究决定合规管理有关重大事项
4	其他合规管理职责	（1）保证合规负责人独立与董事会或董事会专业委员会沟通 （2）法律法规、《企业章程》等规定的其他合规管理职责

2.2.3　监事会管理职责分解表

监事会是企业的内部监督机构，主要作用是防止董事会、高级管理层滥用职权损害企业和股东利益，监事会的合规管理职能主要是监督董事会和高级管理层合规管理职责的履行情况。依照《中央企业合规管理指引（试行）》，监事会的合规管理职责有监督、罢免建议及其他职责，具体可参考表 2-3。

表 2-3　监事会管理职责分级表

序号	一级管理职责	二级管理职责分解
1	合规管理监督	（1）监督董事会的决策与流程是否合规 （2）监督董事和高级管理人员合规管理职责的履行情况 （3）监督企业合规管理实施，了解企业合规政策的实施情况和存在的问题，并向董事会提出意见和建议
2	罢免建议	（1）对引发重大合规风险负有主要责任的董事、高级管理人员提出罢免建议 （2）向董事会提出撤换企业合规管理负责人的建议
3	其他职责	《企业章程》规定的其他合规职责

2.2.4　经理层管理职责分解表

经理层在合规管理体系中承担着上传下达的作用，负责具体事项的决策与执行，并向董事会负责，受监事会监督管理。依照《中央企业合规管理指引（试行）》，经理层的合规管理职责包括但不限于组织架构建设，方案、制度的拟定与实施，合规决策意见及其他合规管理职责等，具体可参考表 2-4。

表 2-4　经理层管理职责分解表

序号	一级职责	二级职责分解
1	组织架构建设	根据董事会的决定，建立健全企业合规管理组织架构，设立合规管理部，并为合规负责人和合规管理部履行职责提供充分条件
2	方案、制度的拟定与实施	（1）拟订合规管理体系建设方案，经董事会批准后组织实施 （2）拟订合规管理基本制度，批准年度计划等，组织制定合规管理具体制度
3	合规决策意见	（1）批准合规管理计划，采取措施确保合规管理制度得到有效执行 （2）明确合规管理流程，确保合规要求融入业务领域 （3）及时制止并采取措施纠正不合规的经营行为，按照权限对违规人员进行责任追究或提出处理建议
4	其他合规管理职责	（1）组织应对重大合规风险事件 （2）指导监督各部门和所属企业合规管理工作 （3）《企业章程》中规定的或者经董事会授权的其他合规管理职责

第 3 章

企业合规——市场交易

3.1 交易管理

3.1.1 资产交易操作规范

企业在资产交易操作规范方面需要严格遵循法律法规和相关行业标准，建立一套完整、科学的操作规范和流程，确保所有的资产交易行为符合相关法律法规和企业内部规定，增强资产交易活动的透明度和合规性。以下是资产交易操作规范，仅供参考。

资产交易操作规范

第一章 总则

第一条【目的】 为规范企业资产交易行为，确保企业资产交易依法、合规、有序，防止国有资产流失，依据《中华人民共和国企业国有资产法》《中华人民共和国公司法》《国有资产交易管理办法》《"三重一大"事项决策制度》等有关规定，结合企业实际，制定本操作规范。

第二条【适用范围】 本规范适用于企业本部及所属各企业。

第三条【相关概念】 本规范所称国有资产交易包括以下内容。

（1）集团企业及所属各企业转让其对标的企业各种形式出资所形成权益的行为（以下简称"产权转让"）。

（2）企业及所属各企业增加资本金的行为（以下简称"企业增资"）。

（3）企业及所属各企业转让固定资产、存货、在建工程、工程物资、土地使用权、债权、知识产权等资产的行为（以下简称"企业资产转让"）。

第四条【资产交易原则】 企业资产交易标的应当权属清晰，不存在法律法规禁止或限制交易的情形。已设定担保物权的资产交易，应当符合《中华人民共和国物权法》《中华人民共和国担保法》等有关法律法规规定。

第五条【其他规定】 企业资产交易涉及的资产评估事项，按照集团企业《资产评估管理办法》执行。

第二章 职责分工

第六条【归口管理部门】 国有资产监督管理部门是企业产权转让、资产转让、以资本运作和资产重组为目的增资以及股比变动增资事项、其他经营类同比例增资事项的归口管理部门。其他同比例增资事项由企业主管业务部门归口管理。企业归口管理部门负责对业务的合规性进行审查。

第七条【管理审批权限】 企业和所属各企业是资产交易的管理主体和责任主体。企业在集团企业授权范围内组织开展资产交易的方案拟定、审批、实施、监督等相关工作。所属各企业负责按照上级单位批复意见或授权开展资产交易相关工作。

涉及跨区域上市企业的资产交易事项，须同时按照上市企业有关监管规定，严格履行上市企业相应决策审批程序。

第三章 产权转让操作规范

第八条【产权转让原则】 产权转让应遵循以下原则。

（1）符合集团企业利益和企业战略。

（2）有利于优化集团企业管控。

（3）有利于优化集团企业资产结构。

（4）有利于盘活存量资产，提升资产价值，控制投资风险。

（5）依法合规，程序完善。

第九条【转让方式】 在开展清产核资、审计评估的基础上，采取公开挂牌（下同）等方式，对外转让以下事项。

（1）转让控股企业全部或部分股权，转让后丧失控股权的。控股企业资产总额小于＿＿亿元（最近一期审计报告确认的资产总额，不含＿＿亿元，下同）。

（2）转让控股企业部分股权，转让后不丧失控股权的。拟转让股权对应的投资成本评估值小于＿＿亿元。

（3）转让参股企业股权。拟转让股权对应的投资成本评估值小于＿＿亿元。

第十条【评估备案】 企业决策后，应当按规定将评估报告报集团企业履行备案程序，取得资产评估备案表后，方可在产权交易机构挂牌交易。

第十一条【转让方案论证】 企业应当按照相关规定做好产权转让方案的可行性论证。并逐级上报产权转让请示文件，内容包含但不限于以下事项。

（1）相关企业基本情况。转让标的物的历史沿革、股权结构、主营业务和主要财务数据等。转让方和受让方（仅适用于协议转让情况）的相关情况。

（2）产权转让的必要性和可行性分析。是否符合集团企业战略规划；是否有意向受让方；债权人对于产权转让的约束条款及相关意见；产权转让涉及职工分流安置事项的，应包含对分流安置方案的可行性分析；转让中对企业债权债务的处理情况，对系统内委托贷款、担保的解除方法。转让产权存在质押的，质权人对质押情况地说明等。

第十二条【审批流程】 转让方案审批流程。

（1）《产权转让可行性方案》应当经企业总经理办公会讨论形成初步意见，经党政联席会形成决定，按照《企业章程》的规定报董事会，形成书面决议。

（2）将董事会书面决议报集团企业审核，其中，因产权转让致使国家不再拥有所出资企业控股权的，须报国资委批准。

第十三条【其他转让要求】 产权转让事项经批准后，由企业委托会计师事务所对受让标的企业进行审计。涉及参股权转让不宜单独进行专项审计的，应当取得受让标的企业最近一期年度审计报告。

第四章 企业增资操作规范

第十四条【制定增资方案】 企业增资应当符合本企业和所出资企业的发展战略，归口管理部门应做好可行性研究并制定《增资方案》，明确募集资金金额、用途、投资方应具备的条件、选择标准等。增资后企业的股东数量须符合国家相关法律法规的规定。

第十五条【增资方案审批】 企业《增资方案》审批流程。

（1）《增资方案》应当经企业总经理办公会讨论形成初步意见，经党政联席会形成决定，按照《企业章程》的规定报董事会，形成书面决议。

（2）将董事会书面决议报集团企业审核。其中，因增资致使国家不再拥有所出资企业控股权的，须报国资委批准。

第十六条【企业增资工作流程】 企业增资实施工作流程。

（1）股东对本企业增资的，由本企业持股比例最大的股东负责履行相关批准程序。本企业对控股或实际控制企业增资的，由本企业负责履行相关批准程序。

（2）企业增资在完成决策批准程序后，应当由本企业或本企业增资企业委托具有相应资质的中介机构开展审计和资产评估。

（3）按照《企业国有资产交易监督管理办法》的有关规定进行信息披露、确定投资方、签订增资协议，完成增资和相关登记变更、备案工作。

第五章 企业资产转让操作规范

第十七条【制定资产转让方案】 本企业或控股企业、实际控制企业以一定金额以上的生产设备、房产、在建工程以及土地使用权、债权、知识产权等资产对外转让的，应当在履行相应决策程序后，在产权交易机构公开进行。

当本企业需要对外进行资产转让时，由归口管理部门提出《资产转让方案》。涉及债权债务处置事项的，应当符合国家法律法规有关规定。

本企业控股企业、实际控制企业需要进行重大资产转让的，由控股企业、实际控制企业提出《资产转让方案》，形成书面决议报董事会。

第十八条【资产转让方案审批】 本企业进行资产转让的，应当将《资产转让方案》提交总经理办公会讨论形成初步意见，经党政联席会议形成决定，按照《企业章程》的规定报董事会，形成书面决议。本企业控股企业、实际控制企业需要进行重大资产转让的，应将其形成的书面决议提交本企业党政联席会议审议，并形成书面决议提交董事会。

第六章 附则

第十九条【解释权】 本规范由董事会授权合规管理部负责解释。

第二十条【生效日期】 本规范自印发之日起生效。

3.1.2 招投标管理规范

招投标管理是企业合规管理的重要内容，也是合规管理关注的重点领域。因此，规范招投标管理，可以帮助企业全面掌握关于投标管理、合同管理、项目履约、风险管理、债务管理、反腐败、反贿赂等方面的具体事项，确保企业经营活动全流程、全方位合规。以下是招投标管理规范，仅供参考。

招投标管理规范

第一章 总则

第一条【目的】 为加强企业对招标、投标行为的规范管理，有效防范招标、投标合规风险，根据《中华人民共和国民法典》《中华人民共和国招标投标法》《中华人民共和国招标投标法实施条例》等有关规定，结合企业实际，制定本规范。

第二条【适用范围】 本规范适用于企业采用招标方式进行的工程建设项目、货物或服务采购，以及企业作为投标人参与项目投标的活动。

第三条【招投标管理原则】 企业应当按照以下原则建立健全招标投标合规管理体系。

（1）公开、公正、公平、透明原则。招投标过程应当公开、公正、公平、透明，不得有任何形式的歧视、偏袒、利益输送等行为。

（2）诚实信用原则。招投标各方应当遵守诚实信用原则，不得有虚假宣传、欺诈行为。

（3）保密原则。招投标各方应当确保招投标信息的机密性，不得泄露招投标信息。

（4）合法合规原则。招投标各方应当遵守国家法律法规、行业规范和企业内部规定，确保招投标过程合法合规。

第二章 招标管理规范

第四条【招标方式】 本管理规范所称招标，主要包括：

（1）公开招标。指招标人以招标公告的方式邀请不特定的法人或者其他组织投标。

（2）邀请招标。指招标人以投标邀请书的方式邀请特定的法人或者其他组织投标。

（3）竞争性谈判。指采购人或代理机构通过与多家供应商（不少于3家）进行谈判，经过两轮或多轮报价，最后从中确定中标供应商的一种采购方式。

（4）竞争性磋商。指采购人、采购代理机构通过组建竞争性磋商小组与符合条件的供应商进行磋商，采购人从竞争性磋商小组评审后提供的候选供应商名单中确定成交供应商的采购方式。

（5）单一来源。也称直接招标采购，指采购人向唯一供应商进行采购的采购方式。

（6）询价。指采购人向有关供应商发出询价单让其报价，在报价基础上进行比较，并从中选择最优供应商的采购方式。

第五条【招标范围】 根据有关法律规定，满足本条款规定标准的，依法必须进行招标。

（1）勘察、设计、施工、监理以及与工程建设有关的重要设备、材料等的采购达到下列标准之一的，依法必须进行招标。

①施工单项合同估算价在 ___ 万元人民币以上的工程建设项目。

②工程建设项目中，重要设备、材料等货物的采购，单项合同估算价在 ___ 万元人民币以上的。

③工程建设项目中，勘察、设计、监理等服务的采购，单项合同估算价在 ___ 万元人民币以上的。

④依法必须进行招标的其他项目。

（2）企业可在本管理规范规定的依法必须进行招标的项目之外，对于满足以下标准的项目，要求采用招标方式进行采购。

①各类基建与改造及综合设备购置项目超过___万元人民币的。

②各类信息化建设软硬件采购超过___万元人民币的。

③各类生活辅助与保障项目超过___万元人民币的。

④各类研发项目超过___万元人民币的。

⑤各类生产经营过程中的劳务外包、运输等超过___万元人民币的。

⑥其他超过___万元人民币的项目，包括但不限于办公用品、检测服务、劳防用品、食堂采购等。

除法定应当公开招标的项目外的其他项目，可采用邀请招标方式进行。

第六条【招标审批】 业务部在充分开展市场调研的基础上，在本管理规范招标适用的范围内进行招标立项申请并报请该业务部负责人及财务部负责人审批，招标立项申请应包含立项原因、时间安排和项目预算明细等。若属于企业重大招标项目的，还应由招标决策机构审批。

项目立项申请通过后，招标工作由招标执行机构负责，业务部和其他部门予以协助。

第七条【资格预审】 资格预审方式适合于技术难度较大或投标文件编制费用较高或潜在投标人数量较多的招标项目。资格预审的程序包括：

（1）编制资格预审文件。资格预审文件的主要内容应当包括：

①招标项目名称、内容、范围、规模、资金来源。

②投标资格能力要求，以及是否接受联合体投标。

③获取资格预审文件的时间、方式。

④递交资格预审申请文件的截止时间、方式。

⑤招标单位的名称、地址、联系人及联系方式。

⑥采用电子招标投标方式的，潜在投标人访问电子招标投标交易平台的网址和方法。

⑦其他依法应当载明的内容。

（2）企业招标执行机构或招标代理机构应当按照资格预审文件规定的方式和内容发布资格预审公告。依法必须招标的项目的资格预审公告，应当在"中国招标投标公共服务平台"或者项目所在地省级电子招标投标公共服务平台发布。企业要求进行招标且采用公开招标方式的招标资格预审公告，可以在国家指定媒介或企业指定的媒介发布。

（3）企业招标执行机构或招标代理机构按照资格预审公告规定的时间、地点发售资格预审文件，资格预审文件发售期不得少于5日。依法必须进行招标的项目提交资格预审申请文件的时间，自资格预审文件停止发售之日起不得少于5日。

（4）潜在投标人或者其他利害关系人对资格预审文件有异议的，应当在提交资格预审申请文件截止时间3日前提出。企业招标执行机构或招标代理机构收到异议后应对相关问题进行研究并于收到异议之日起3日内作出答复。作出答复前，应当暂停招标活动。

（5）资格预审文件发出后，若发现资格预审文件中存在内容不清楚、含义不明确的地方，须进一步澄清说明或修改的，企业招标执行部门或招标代理机构可对已经发出的资格预审文件进行必要的澄清或修改。澄清或者修改的内容可能影响资格预审申请文件编制的，资格预审文件的澄清或修改应当在提交资格预审申请文件截止时间至少3日前通过书面形式通知所有获取资格预审申请文件的潜在投标人，不足3日的，应当顺延提交资格预审申请文件的截止时间。

（6）企业招标执行机构或招标代理机构按照资格预审文件对资格预审申请文件进行评审后，确认通过资格预审的投标申请人并通知资格预审申请人。

（7）通过资格预审的申请人少于3个的，应当重新招标。

第八条【编制招标文件】 招标文件由业务部牵头编制，招标文件的主要内容应当包括：投标单位须知；招标项目对投标人的资格审查要求；招标项目的技术要求、业务要求、时间要求、报价要求、评标办法等实质性要求和条件；投标文件的标准和格式；企业招标项目负责人及其联系方式等。

依法必须招标的项目的招标文件应按规定使用标准文本。

第九条【招标文件发售】 企业招标执行部门或招标代理机构应按照招标文件规定的时间、地点发售招标文件。招标文件的发售期不得少于5日。依法必须进行招标的项目，自招标文件开始发售之日起至投标人提交投标文件截止之日止，不得少于20日。

第十条【招标文件答疑】 投标人可就资格预审文件或招标文件等招标有关事宜进行提问，提问须以书面形式在投标截止时间10日前提出。企业招标执行部门或招标代理机构应在自收到提问之日起的3日内作出统一回复。如有必要现场沟通的，可先通过答疑会形式沟通后再统一答复。作出答复前，应暂停招标活动。

第十一条【招标文件的澄清与修改】 企业招标执行部门或招标代理机构可以对已经发出的招标文件进行必要的澄清或修改。澄清或者修改的内容可能影响投标文件编制的，招标文件的澄清或修改应当在投标截止时间至少15日前通过书面形式通知所有招标文件收受人。若企业招标执行部门或招标代理机构发出招标文件澄清或者修改通知的时间至投标截止日期不足15日的，应当顺延提交投标文件的截止时间。

第十二条【成立评标委员会】 依法必须进行招标的项目，应当按照《中华人民共和国招标投标法》的规定组建评标委员会，评标委员会名单在确定中标单位前应严格保密。

评标委员会由企业代表和有关技术、经济等方面的专家组成，成员人数为5人以上的单数，其中技术、经济等方面的专家不得少于成员总数的三分之二。

第十三条【开标】 企业招标执行部门或招标代理机构应按照招标文件规定时间进行开标。

（1）开标前，企业招标执行部门或招标代理机构应对投标人信息及实际投标人数量进行核对。实际投标人数量少于3个的，不得开标且须当场退还密封投标文件。

（2）开标时，如有投标人在开标过程中提出质疑，应予以记录并在评标时进行评审。并由投标人代表及企业招标执行部门或招标代理机构工作人员签字确认"开标确认表"。

（3）开标之后未直接进入评标程序的投标文件，企业招标执行部门或招标代理机构工作人员应对其进行封存。

第十四条【评标】 评标委员会应当按照招标文件规定的评标标准和方法进行评标，完成评标后，制作评标报告，并推荐合格的中标候选人，中标候选人应当不超过3个，并标明排序。

第十五条【确定中标人】 企业招标执行部门或招标代理机构应及时向招标决策机构报送评标委员会评标报告以及推荐的中标候选人，由招标决策机构结合评标报告确定中标人。

第十六条【中标通知书】 中标通知书发出之日起30日内，应按照招标文件和中标人的投标文件与中标人签订书面合同，合同的标的、价款、质量、履行期限等主要条款应当与招标文件和中标人的投标文件的内容一致。

第三章 投标管理规范

第十七条【投标信息汇总】 企业各业务部门应当指定专人负责市场信息的收集、汇总和整理，并根据项目基本信息进行初步筛选，对有投标意向的项目建立项目跟踪信息记录。

第十八条【投标项目调研】 对于有投标意向的项目，应当跟踪调查的信息包括但不限于以下4项内容。

（1）招标人的财务状况、业绩情况、市场信誉情况等。

（2）招标项目的开发进展情况。

（3）招标项目所在地的人文、经济、政治及市场准入等情况。

（4）招标项目竞争情况，如其他潜在投标单位情况。

第十九条【投标审批】 企业业务部门拟参与重大投标的项目，应报请决策层审批。重大投标项目指以下2项内容。

（1）对企业发展战略有重大影响的项目。

（2）特殊、大型的标志性项目。

第二十条【成立投标小组】 正式领取标书以后，企业各业务部门应根据投标项目的实际情况组成投标小组，负责投标文件的编制及其他参与投标相关的工作，并确定投标总负责人。投标小组主要分为商务小组和技术小组，分别负责商务部分及技术部分的编制工作，各小组也应当确定编制负责人。

各项目投标小组完成投标文件的编制及汇总、装订、盖章、封装等工作后，应按照招标项目的要求进行投标。中标后，各项目投标小组应当积极推进与招标单位的合同签订事宜，并按约履行合同义务。

第四章 归档与评价管理规范

第二十一条【招标文件的收集】 企业有关部门应做好招标活动及合同履行过程中相关资料（包括但不限于招标文件、投标文件、中标通知书、合同、发票等）的收集与保管工作。项目结束后，所有资料整理后交由行政部归档保存，档案保存时间为自项目结束之日起10年。

第二十二条【招标项目评价】 招标项目结束后，招标执行机构应组织业务部门、监督部门等对招标过程、合同执行情况、风险处置情况等事宜作出评价或给予反馈。同时，针对合同履行过程中的各类风险问题，研究优化措施和执行方案，经招标执行机构请示招标决策机构且审批通过后及时推进相关制度的修订及流程的更新、完善工作。

第二十三条【投标文件收集】 企业各项目投标小组负责投标相关文件(包括但不限于投标文件、合同、发票、单证等)的收集与保管工作。项目结束后,所有资料整理后交由行政部归档保存,档案保存时间为自项目结束之日起10年。

企业各业务部门应定期召开投标总结会,梳理中标项目的经验并分析未中标项目的原因,安排相关人员做好会议记录。

第五章 监督管理规范

第二十四条【建立监督管理机制】 企业应建立健全招标投标监督管理机制,明确招标投标管理的流程、职责和权限,对招标投标过程进行监督和管理,确保招标投标过程合法、合规。

第二十五条【招标违规事项】 企业所有与开展招标活动有关的部门和个人不得有以下行为:

(1) 采取化整为零或者以其他任何方式规避招标。

(2) 招标前,与投标单位或潜在投标单位就投标价格、投标方案等实质性内容进行谈判。

(3) 与投标单位之间存在影响招标活动公正性的关系而不主动申请回避。

(4) 违反保密规定,向他人透露工作中获取的有关招标信息。

(5) 违反企业规定,收受投标单位贿赂或从事居间介绍。

(6) 与中标人签订背离招标文件、投标文件、中标通知书实质性内容的协议。

(7) 其他会导致企业需要对外承担赔偿责任的行为。

第二十六条【投标违规事项】 企业所有与对外投标有关的部门和个人不得有以下行为:

(1) 违反企业规定,向招标单位行贿。

(2) 违反保密规定,向其他投标方泄露企业的技术方案或报价等与投标有关的信息。

(3) 串标、围标、恶意诋毁对手、虚假宣传业绩或采取其他不正当竞争手段投标。

(4) 其他会导致企业丧失中标机会或需要对外承担赔偿责任的行为。

第二十七条【违规处罚】 企业有关部门或个人有本管理制度第二十五条、第二十六条所列禁止行为的,企业有权视情节严重程度、对企业造成损失的大小,根据相关法律法规和内部管理规定,对责任人员给予经济处罚或党纪政纪处分，涉嫌犯罪的，应移送司法机关依法处理。

第六章 附则

第二十八条【解释权】 本规范由董事会授权采购部负责解释。

第二十九条【生效日期】 本规范自印发之日起生效。

3.1.3 关联交易管理规范

如何进行关联交易的管理，确保企业关联交易审议及披露的合规是上市企业，尤其是新上市企业普遍面临并亟待解决的问题，通过加强企业的关联交易管理，可以确保关联交易审批流程及信息披露合规。以下是关联交易管理规范，仅供参考。

关联交易管理规范

第一章 总则

第一条【目的】 为规范企业的关联交易，保证企业关联交易的公正性，维护企业及企业全体股东的合法权益，根据《中华人民共和国公司法》《企业章程》及相关法律、行政法规、部门规章等规范性文件，结合企业实际情况，特制定本管理规范。

第二条【适用范围】 本规范对企业股东、董事、监事和管理层均具有约束力，企业股东、董事、监事和管理层必须遵守。

第三条【关联交易活动原则】 关联交易活动应遵循公正、公平、公开的原则。

第四条【关联交易定价依据】 关联交易的定价原则上不能偏离市场价格或收费的标准，企业应对关联交易的定价依据予以充分披露。

第五条【其他说明】 企业股东、董事、监事和管理层应遵循以下规则。

（1）企业的资产属于企业所有。企业应采取有效措施防止股东及其关联方通过关联交易违规占用或转移企业的资金资产或其他资源。

（2）企业应与关联人就关联交易签订书面协议。协议的签订应当遵循平等、自愿、等价、有偿等原则，协议内容应明确、具体。企业应将该协议的订立、变更、终止及履行情况等事项按照有关规定予以披露。

第二章 关联人和关联关系

第六条【关联人】 本企业关联人包括关联法人和关联自然人。

第七条【关联法人】 具有以下情形之一的法人或其他组织，为企业的关联法人。

（1）直接或间接地控制企业的法人或其他组织。

（2）由前项所述法人或其他组织直接或间接控制的除企业及其控股子公司外的法人或其他组织。

（3）本规范所称的关联自然人直接或间接控制的或由关联自然人担任董事、高级管理人员的，除公司及其控股子公司外的法人或其他组织。

（4）持有公司5%以上股份的法人或其他组织及其一致行动人。

（5）公司根据实质重于形式的原则认定的其他与公司有特殊关系，可能导致公司利益对其倾斜的法人或其他组织。

第八条【关联自然人】 具有以下情形之一的，为公司的关联自然人。

（1）直接或间接持有公司5%以上股份的自然人。

（2）公司的董事、监事及高级管理人员。

（3）本制度第七条第（1）项所列法人的董事、监事和高级管理人员。

（4）本条第（1）、（2）项所述人士的关系密切的家庭成员，包括配偶、父母及配偶的父母、兄弟姐妹及其配偶、年满18周岁的子女及其配偶、配偶的兄弟姐妹和子女配偶的父母。

（5）公司根据实质重于形式的原则认定的其他与公司有特殊关系，可能导致公司利益对其倾斜的自然人。

第三章 关联交易事项

第九条【关联交易事项】 公司的关联交易是指本公司或本公司控股子公司与本公司关联人之间发生的转移资源或义务的事项，包括以下16项内容。

（1）购买或出售资产。

（2）对外投资，含委托理财、委托贷款等。

（3）提供财务资助。

（4）租入或租出资产。

（5）签订管理方面的合同，含委托经营、受托经营等。

（6）赠与或受赠资产。

（7）购买原材料、燃料、动力。

（8）销售产品、商品。

（9）提供或接受劳务。

（10）委托或受托销售。

（11）关联双方共同投资。

（12）提供担保。

（13）债权或债务重组。

（14）研究与开发项目的转移。

（15）签订许可协议。

（16）其他通过约定可能造成资源或义务转移的事项。

第四章 关联交易的决策权限

第十条【提出议案】 公司拟进行的关联交易由公司业务部门提出议案，议案应就该关联交易的具体事项、定价依据和对公司及股东利益的影响程度作出详细说明。经过法律事务部门审核提出意见后，按照集团相关审批规定履行决策程序。

第十一条【股东大会决策权限】 股东大会有权批准的关联交易如下：

（1）公司与关联自然人发生的交易金额在___万元以上的关联交易。

（2）公司与关联法人发生的交易金额在___万元以上，且占公司最近一期经审计净资产绝对值___%以上的关联交易。

第十二条【董事会决策权限】 董事会有权批准的关联交易如下：

（1）公司与关联自然人发生的交易金额在___万元以上不足___万元的关联交易。

（2）公司与关联法人发生的交易金额在___万元以上，占公司最近一期经审计净资产绝对值___%以上，且未达到本条第（1）项标准的关联交易。

第十三条【总经理决策权限】 总经理有权审批的关联交易如下：

（1）公司与关联自然人发生的交易金额不足___万元的关联交易。

（2）公司与关联法人发生的交易金额低于___万元，或低于公司最近一期经审计净资产绝对值___%，且未达到本条第（2）项标准的关联交易。

第十四条【其他关联交易权限】 除以上决策权限外，符合以下情形的应提交股东大会审议。

（1）公司为股东、实际控制人及其关联方提供担保的，不论数额大小，均应当在董事会审议通过后提交股东大会审议。

（2）除日常性关联交易外的其他关联交易，应当在董事会审议通过后提交股东大会审议。

第五章 关联交易的控制程序

第十五条【建立内部控制制度】 公司应该根据法律法规和《企业章程》的要求，建立完善的内部控制制度，包括关联交易的审批、决策、记录、披露等方面，确保关联交易的合法性、公正性和合理性。

第十六条【建立独立审议机构】 公司应该成立独立的审议机构，包括建立独立董事会、监事会或者专门的关联交易审议委员会，对于涉及关联交易的重大事项进行审议，发表独立意见，避免出现利益输送或者损害公司利益的情况。

第十七条【审慎选择关联方】 在进行关联交易前，公司应该仔细审查关联方的资质、信誉、经营状况等，确保关联交易的合法性和安全性。

第十八条【关联交易审议】 股东大会审议有关关联交易事项时，关联股东不应当参与投票表决，其所代表的有表决权的股份数不计入有效表决总数。股东大会决议应当充分披露非关联股东的表决情况。

第十九条【信息公开披露】 公司应该按照法律法规和《企业章程》的规定，及时、准确地公开披露关联交易的内容、条件、金额、影响等信息，保障广大股东的知情权和监督权。

第二十条【利益输送控制】 公司应该严格遵守法律法规和《企业章程》的规定，保证关联交易不存在利益输送或者利益冲突的情况，避免对公司经营和股东利益造成损害。

第二十一条【决议回避】 董事与董事会会议决议事项所涉及的企业有关联关系的，不得对该项决议行使表决权，也不得代理其他董事行使表决权。

（1）董事会会议由过半数的无关联关系董事出席即可举行，董事会会议所作决议须经无关联关系董事过半数通过。

（2）出席董事会的无关联关系董事人数不足3人的，应将该事项提交股东大会审议。

（3）列席的监事会成员，对关联董事的回避事宜及该项关联交易表决应予以特别关注并发表独立、公允意见，认为董事或董事会有违背《企业章程》及本制度规定的，应立即建议董事会纠正。

第六章 附则

第二十二条【解释权】 本规范由公司董事会负责解释。

第二十三条【生效日期】 本规范经公司董事会通过并报公司股东大会批准后生效。

3.2 诚信与决策

3.2.1 自律诚信管理规范

在企业合规管理中，自律诚信管理被视为重要的组成部分之一。通过加强自律诚信管理，企业可以增强员工的责任感和使命感，维护企业形象和声誉，提高企业的竞争力和市场占有率。企业可以通过各种方式来开展自律诚信管理工作，如制定行为准则、开展员工教育培训、设立监督机构等。以下是自律诚信管理规范，仅供参考。

自律诚信管理规范

第一章 总则

第一条【目的】 本规范旨在规范企业自律诚信管理行为，促进企业合规经营，维护市场秩序，保护消费者权益，提高企业社会责任感和公信力。

第二条【适用范围】 本规范适用于企业所属各部门及全体员工。凡上述所属范围内的部门及人员，都应严格遵守本企业"自律诚信管理规范"的各项内容。

第二章 建立自律诚信管理体系

第三条【遵守法律法规】 企业在生产经营过程中要严格遵守国家法律法规和行业规范，坚决杜绝违法违规行为。建立健全合规管理制度，加强内部合规培训，确保员工遵守法律法规。

第四条【公平竞争】 企业在生产经营过程中要遵守市场规律，公平竞争，不得采取不正当手段获取利益；要遵守反垄断法规，不得进行价格垄断、限制竞争等行为。

第五条【保护消费者权益】 企业应当提供优质产品和服务，不得欺诈、误导消费者。企业应该建立健全消费者投诉处理机制，及时处理消费者投诉。

第六条【加强内部管理制度建设】 企业应当建立健全内部管理制度，明确岗位职责和权限。加强员工教育和培训，提高员工诚信意识。建立健全内部监督机制，及时发现和纠正违规行为。

第七条【承担社会责任】 企业应当主动承担社会责任，具体包括以下内容。

（1）积极参与公益事业，回报社会。

（2）建立健全社会责任管理制度，加强社会责任报告和公示。

第三章 自律诚信管理措施

第八条【明确责任分工】 企业应明确自律诚信管理过程中的责任分工，具体分工如下：

（1）企业领导层应注重企业内部和外部的诚信，提高全员诚信意识，确保员工行为合规，推行全员参与的内部监控和宣传教育。

（2）内部审计部应对内部违规行为进行监督和纠正，及时发现问题并向领导汇报。监督过程中应该保持客观、公正的态度，认真查阅企业重要信息，评估风险，执行后续审计工作。

（3）合规风险管理部应识别、评估、监控企业面临的合规风险，制定相应措施来降低合规风险并推广企业道德合规意识。

（4）全体员工应严格遵守国家法律法规有关规定和企业制定的管理规定，敬业诚信，保守企业重要信息。

第九条【健全法人治理结构】 建立健全自律诚信管理制度，明确责任人和实施机构，明确公司章程的主导地位，树立章程的权威性，严格按照章程规定的宗旨和业务范围开展活动。推行监事会制度，逐步形成权力机构、执行机构、监督机构合理分工、互相监督、有效制衡的内部法人治理结构。

第十条【完善内部管理制度】 制定以章程为核心的一系列配套的内部管理制度，形成完备的规章制度体系。包括人事、财务、印章、档案、资产、外事、会议、党建、业务活动、民主决策、重大事项报告等管理制度。

第十一条【建立信息公开通报机制】 建立信息公开通报机制，接受社会、有关部门的查询和监督，主要包括以下措施：

（1）主动向社会公开登记证书、经核准的章程、组织机构设置、负责人及理事会成员名单等信息。

（2）建立信息动态披露机制，及时、主动向社会公开服务承诺，推进服务品牌创建。公开的信息资料要做到真实、准确、完整，不能有虚假记载、误导性陈述或者重大遗漏。

（3）建立信息公开通报机制，将年度工作报告、财务收支情况、接受捐赠和资助等有关信息在新闻媒体、网站等进行公开，实时向有关部门通报受到的奖惩情况。

第十二条【全面推行服务承诺】 在章程规定的业务范围内，通过规范承诺服务的内容、形式、时间、程序等，为企业员工和社会提供形式多样、内容丰富的服务，重点围绕服务内容、服务方式、服务对象和收费标准做到公开承诺、积极践诺。

第十三条【建立健全奖惩机制】 定期开展自律诚信管理评估，及时发现并纠正存在的违规问题，对违规行为进行惩戒，对诚信行为进行表彰。

（1）如果企业发现员工违反规章制度，应该及时处理并惩处，可依照规定对责任人员作出停薪留职、开除等处理决定。

（2）如果企业发现供应商、客户、合作伙伴存在违规行为，应当立即通知总部，总部在获悉问题后应当作出相应处理，还原真相并保护所有利益者的合法权益。

第四章 附则

第十四条【解释权】 本规范解释权归董事会所有。

第十五条【生效日期】 本规范自印发之日起生效。

3.2.2 交易决策审批制度

企业在市场交易中，需要对交易进行决策审批。这一过程是企业合规管理的重要组成部分，旨在确保企业的经营行为符合法律法规、商业道德和社会公共利益等相关要求，同时也可以避免意外风险和不必要的损失。以下是交易决策审批制度，仅供参考。

交易决策审批制度

第一章 总则

第一条【目的】 为确保企业交易审批工作的规范性、有效性，依据《中华人民共和国公司法》《中华人民共和国企业国有资产法》等有关法律法规、规范性文件，以及《企业章程》的规定，结合企业的实际情况，特制定本制度。

第二条【适用范围】 本制度适用于除法律法规和规范性文件，《企业章程》另有规定的，或股东大会决议要求的重大交易决策的审批。

第三条【交易决策事项】 本制度所称"交易"包括下列事项：

（1）购买或者出售资产。

（2）对外投资（购买银行理财产品的除外）。

（3）转让或受让研发项目。

（4）签订许可使用协议。

（5）提供担保。

（6）租入或者租出资产。

（7）委托或者受托管理资产和业务。

（8）赠与或者受赠资产。

（9）债权、债务重组。

（10）提供财务资助。

（11）企业所认定的其他交易。

上述购买或者出售资产，不包括购买原材料、燃料和动力，以及出售产品或商品等与日常经营相关的交易行为。

第四条【职责分工】 交易决策审批由交易决策审批管理办公室、董事会、股东大会共同执行，职责分工如下。

（1）交易决策审批管理办公室负责交易决策文件的接收、传达工作。

（2）董事会、股东大会负责在权限内进行交易决策的审批。

第二章 交易决策审批权限

第五条【董事会审批权限】 企业拟发生的交易（提供担保除外），达到下列标准之一的，由董事会审议。

（1）交易涉及的资产总额占企业最近一期经审计总资产的20%以上的。

（2）交易的成交金额占企业总市值的10%以上的。

（3）交易标的（股权）的最近一个会计年度资产净额占企业市值的10%以上的。

（4）交易标的（股权）的最近一个会计年度相关的营业收入占企业最近一个会计年度经审计营业收入的20%以上，且超过1000万元的。

（5）交易产生的利润占企业最近一个会计年度经审计净利润的15%以上，且超过200万元的。

（6）交易标的（股权）最近一个会计年度相关的净利润占企业最近一个会计年度经审计净利润的10%以上，且超过100万元的。

上述交易指标计算中涉及的数据如为负值，取其绝对值计算。

第六条【股东大会审批权限】 企业发生的交易（提供担保除外）达到下列标准之一的，董事会审议通过后，还应提交股东大会审议。

（1）交易涉及的资产总额（同时存在账面值和评估值的，以高者为准）占企业最近一期经审计总资产的50%以上的。

（2）交易的成交金额占企业市值的30%以上的。

（3）交易标的（股权）的最近一个会计年度资产净额占企业市值的30%以上的。

（4）交易标的（股权）最近一个会计年度相关的营业收入占企业最近一个会计年度经审计营业收入的50%以上，且超过2000万元的。

（5）交易产生的利润占企业最近一个会计年度经审计净利润的50%以上，且超过500万元的。

第七条【其他交易决策事项审批权限】　不符合本制度第五条或第六条交易决策情形的其他交易决策事项应遵循以下规定。

（1）涉及关联交易决策权限的，依据企业《关联交易管理规范》的相关规定执行。

（2）企业设立分公司的，由董事会审议批准。

第三章　交易决策审批程序

第八条【交易提案准备】　交易团队提出交易提案，并附上必要的调研报告、风险评估报告等，提交至交易决策审批管理办公室。

第九条【初步审批】　交易决策审批管理办公室依据本制度第五条和第六条的审批权限将交易提案提交至董事会或股东大会进行初审。初审包括对提案内容和风险评估报告进行初步审查，并就交易的可信度、风险可控程度进行初步审查。初审是否通过，由董事会或股东大会采取表决制决定。

第十条【详细审批】　交易提案初审通过后，由交易决策审批管理办公室就审批事宜安排详细审批时间。详细审批由董事会或股东大会对交易提案进行全面的评估，并对风险控制措施进行讨论。董事会或股东大会必须就交易的风险因素和风险控制措施达成共识，并决定是否准予执行该交易。详细审批是否通过，由董事会或股东大会采取表决制决定。

第十一条【最终审批】　交易提案详细审批通过后，交易决策审批管理办公室进一步安排最终审批时间。最终审批阶段主要涉及验证交易执行团队是否已全面掌握交易信息，并于交易前确保所有法律、监管、道德等方面要求已得到满足。最终审批是否通过，由董事会或股东大会采取表决制决定。

第十二条【决议回执】　审批结束后，交易决策审批管理办公室将最终审批结果、风险控制措施和决策结果告知交易团队，并交由交易执行团队负责实施交易及后续风险管理措施。用回执确认相关决议结果已得到贯彻实施。

第四章 审批决策结果处理

第十三条【通过审批】 如果交易提案通过详细审批和最终审批并被采纳，经董事会或股东大会书面表决通过，依照相关程序向交易执行团队传达经批准的交易决策。

第十四条【否决审批】 如果交易提案未能经过全面和详细的审批，或未经过最终审批并被董事会或股东大会书面表决否决，则告知交易执行团队不准予实施该交易决策。

第五章 附则

第十五条【其他说明】 其他相关事项说明如下。

（1）本制度所称"以上""以下""内"，均含本数。"过""低于""多于"，不含本数。

（2）本制度未尽事宜或者与届时有效的法律法规和规范性文件以及《企业章程》相冲突的，以法律法规和规范性文件以及《企业章程》的相关规定为准。

第十六条【解释权】 本制度由董事会授权合规管理部负责解释。

第十七条【生效日期】 本制度自股东大会审议批准之日起生效。

第4章

企业合规——产权管理

4.1 产权规范

4.1.1 资产评估制度

资产评估制度是指用于评估不同类型资产价值的规定、规范和程序。这些规定、规范和程序通常由政府、金融机构、专业机构、主管部门或专门的咨询企业制定，并根据法律法规进行监管。以下是资产评估制度，仅供参考。

资产评估制度

第一章 总则

第一条【评估目的】 为规范企业资产评估行为，维护企业资产出资人合法权益，促进企业产权有序流转，防止资产流失，根据《中华人民共和国公司法》《国有资产评估管理办法》等有关法律法规及《企业章程》，制定本制度。

第二条【评估对象】 评估对象为企业及其下属企业进行的各类资产评估活动。包括但不限于对房地产、土地使用权、无形资产、股权等资产的评估活动。

第三条【评估原则】 组织资产评估工作应当遵循公开、公平、公正的原则，按照有关规定进行。

第四条【职责划分】 成立独立的资产评估管理小组负责监管企业资产评估事项，资产评估管理小组可以由资产管理部、财务部、法务部三部门骨干人员组成，履行下列监管职责。

（1）贯彻执行国家法律法规、规章中有关资产评估的规定，制定企业内部资产评估管理制度并报上级国家监管机构备案。

（2）依照规定的权限，对资产评估项目进行备案。

（3）对报上级监管部门核准或备案的资产评估项目提出书面审核意见。

第二章 资产评估范围

第五条【评估范围】 企业有下列行为之一的，应当对相关资产进行评估。

（1）整体或者部分改建为有限责任公司或者股份有限公司。

（2）以非货币资产对外投资。

（3）合并、分立、破产、解散。

（4）非上市公司股东股权比例变动。

（5）产权转让。

（6）资产转让、置换。

（7）以非货币资产偿还债务。

（8）资产涉讼。

（9）法律、行政法规规定的其他需要进行资产评估的事项。

第三章 资产评估工作程序

第六条【资产评估申请】 资产评估管理小组对评估资产进行清查，确认纳入评估范围的资产权属明晰，依据评估需求提交评估申请，说明评估对象及目的，提交相关资料，包括批准文件、经济合同等。

第七条【选聘评估机构】 资产评估机构的选聘应当按照下列要求确定。

（1）坚持公开、公平、公正的原则。

（2）资产评估机构应具有与评估对象相适应的资质条件，如涉及上市公司、金融企业以及单项土地房产等特殊情况的资产评估，资产评估机构必须具备相应的评估资质。

（3）资产评估机构具有与评估对象相适应的专业人员和专业特长。

（4）不得聘请同一家中介机构同时开展专项审计和资产评估业务，不得聘请同一家中介机构开展资产评估和项目可行性研究业务。

（5）不得选聘近三年有违法、违规记录的资产评估机构。不得选聘监管部门通报限制从事企业资产评估的资产评估机构。

（6）资产评估机构应独立于企业及其利益相关方之外，不能存在利益冲突。

第八条【资产评估报告编制】 资产评估工作完成后，应编制正式的资产评估报告。

（1）评估报告内容。资产评估报告应详细说明评估标准、方法、过程和结论，并清晰、明了地呈现评估结果和数据。

（2）签署机构。资产评估报告由资产评估机构颁发，须标注资产机构名称和资质。

（3）保管期限。应妥善保存资产评估报告，保管期限应该符合相关法规规定。

第九条【审批】 资产评估报告须由产权管理部门或委托产权代理机构进行审批认证，确保资产评估结果的准确性和合法性。

第四章 资产评估工作的监管

第十条【结果披露】 资产评估管理小组应在资产评估工作结束后对资产评估结果进行披露。

（1）公示。产权方须公示资产评估报告，公布资产评估对象名称、评估时间、评估方法、评估师等相关信息。

（2）通知。产权管理部门或委托产权代理机构应向产权方通报资产评估结果。

（3）保密。对于需要保密的资产，产权方可以对资产评估报告进行保密处理。

第十一条【监督管理】 资产评估管理小组负责资产评估的监督管理工作，确保资产评估机构和评估师的专业水平和诚信度，确保评估质量符合标准和规范。

第十二条【追溯性与法律效力】 资产评估结果应具备相应的追溯性和法律效力，资产评估管理小组应对其负责。

（1）追溯性。资产评估结果应具有追溯性，对于资产评估过程中发现的问题或错误，应及时进行更正和补充说明。

（2）法律效力。资产评估结果具有法律效力，产权方应当依据资产评估结果进行资产交易或转让。同时，资产评估机构和评估师应对自己的评估结论承担相应的责任。

第五章 附则

第十三条【解释权】 本制度由董事会授权资产评估管理小组负责解释。

第十四条【生效日期】 本制度自颁发之日起生效。

4.1.2 产权交易规范

企业产权交易是指企业的股权、资产等产权性质的交易行为。其主要目的是实现产权所有者的合法权益，促进资源配置优化和经济效益最大化。通过产权交易，企业可以实现扩张资本、降低成本、分散风险、提高市场份额等目标。以下是产权交易规范，仅供参考。

产权交易规范

第一章 总则

第一条【目的】 为规范企业产权交易行为，保护企业合法权益，促进企业经济发展，根据《中华人民共和国民法典》及其他有关法律、行政法规，制定本规范。

第二条【适用范围】 本规范适用于企业各种产权的交易活动。

第三条【基本原则】 产权交易应当遵循公平、公正、公开、诚信原则，根据市场供求情况自愿协商，依法达成交易。

第四条【相关概念】 本规范所称产权交易包括以下形式：

（1）兼并。指一个企业购买其他企业的产权，被兼并企业失去法人资格或改变法人实体，兼并者通常作为存续企业仍然保留原有企业的名称，而被兼并企业则不复存在。

（2）承包。指企业与承包者间订立承包经营合同，将企业的"经营管理权"全部或部分在一定期限内交给承包者，由承包者对企业进行经营管理，并承担经营风险及获取企业收益的行为。

（3）租赁。指一方向另一方支付租金，以取得在一定时间内对另一方资产的使用权。

（4）拍卖。拍卖是产权拥有者和需要者双方通过竞买方式，使产权从拥有者向出价最高的需要者转移的一种产权转让形式。

（5）股份转让。股东一旦取得股份，便失去了对入股资金的经济支配权，拥有的只是股权以及与股权相关的公益权和收益权。

（6）资产转让。资产转让是指实物资产所有者与需求者之间的一种有偿交换关系。

第二章 职责分工

第五条【产权交易部门】 在产权交易中，产权交易部门履行下列职责：

（1）负责产权交易的资格（质）审核、组织实施、信息发布、管理服务。

（2）负责产权交易有关报表的统计、上报工作。

（3）负责交易档案的归集、整理和移交工作。

（4）协助各职能部门、监察机关对有关投诉进行调查处理。

第六条【合规管理部】 在产权交易中，合规管理部履行下列职责：

（1）对各类交易活动全过程进行合规性监督。

（2）对交易过程中的违纪违法行为进行查处。

（3）建立交易活动不良行为记录档案。

第三章 交易准备

第七条【确立交易主体】

（1）确定产权转让方和产权受让方的资格要求和条件。

（2）选定合格的中介机构，如证券交易所、产权交易所等，并与其签订服务协议。

第八条【产权评估】 聘请专业的评估机构对企业交易产权情况进行评估。评估内容包括资产价值、股权价值、知识产权等，以确保交易价格的合理性。

第九条【编制交易方案】 制定产权交易的具体方案，包括交易方式、价格确定方式、交易时间、交易条件等。明确产权转让的背景、目的和意义，以及相关的风险控制措施。

第十条【公示产权交易信息】 产权受让方通过媒体或官方网站发布产权交易信息，包括转让方、受让方资格条件、交易标的、交易方式等。公布产权交易公告，明确交易流程、时间安排和注意事项。

第十一条【报名登记】 产权受让方在规定的时间内向中介机构提交报名登记材料，包括企业基本情况介绍、资格证明文件等。

第十二条【信息审核】 中介机构对报名登记材料进行初步审核，以确保产权受让方符合转让方的要求和条件。

第四章 交易程序

第十三条【实施交易】 根据确定的交易方式和价格，组织竞价或协商议价。在竞价过程中，确保公平、公正、公开的原则，防止利益输送和权力寻租行为。

第十四条【签订合同】 完成交易后，双方应签订正式的产权交易合同，明确双方的权利和义务。包括产权转让与受让当事人的权利、义务、交付时间、交付方式、价款支付方式、违约责任等内容。

第十五条【结算交易资金】 根据合同约定的方式和时间，进行资金结算和支付。确保资金来源合法、合规，防止洗钱、恐怖主义资金等不法活动产生。

第十六条【办理产权变更手续】 在完成资金结算后，办理相关的产权变更手续，包括工商变更登记、税务变更登记等。确保产权变更过程的合规性和合法性，防止出现违规操作和法律风险。

第五章 违约处理

第十七条【提起申诉或诉讼】 产权交易中，若一方违约，另一方应当及时提出解决方案或向有关行政部门提起申诉，也可向司法机关提起诉讼。

第十八条【违约处理条款】 产权交易双方在签订产权交易合同时应当约定违约金、延迟支付利息、违约赔偿等违约处理方式。

第十九条【依法解决】 发生违约问题时，双方应当依据产权交易合同内容依法处理违约纠纷。

第六章 法律责任

第二十条【责任追究】 产权交易人员有以下行为时，企业应追究相应责任。

（1）未取得相应许可而违规从事产权交易活动的，应当予以取缔，没收非法收入，并处以罚款；涉嫌犯罪的应当追究刑事责任。

（2）违反本规范相关规定，有损他人合法权益的，应当承担赔偿责任。

（3）产权交易工作人员违反本规范规定，致使交易双方合法权益受损的，应当承担相应的责任。

（4）管理人员违反本规范规定，滥用职权或者不履行职责，致使交易双方合法权益受损，应当依法承担相应的行政责任。

第七章 附则

第二十一条【解释权】 本规范由产权交易部负责解释。

第二十二条【生效日期】 本规范自颁布之日起生效。

4.2 产权监管

4.2.1 产权交易管理办法

产权交易管理办法的目的是规范企业产权交易行为，保障交易双方的合法权益，维护交易市场的公正和稳定。以下是一个简要的产权交易管理办法，仅供参考。

产权交易管理办法

第一章 总则

第一条【目的】 为规范企业产权交易行为，促进企业产权交易过程的合规性，特制定本办法。

第二条【范围】 本办法适用于企业内部或与外部其他企业进行的所有产权交易活动。

第三条【产权交易部门职责】 企业应建立产权交易部门，明确其职责和权力，确保产权交易管理的合法性和规范性。产权交易部门由合规管理部、资产管理部和财务管理部共同组成，负责建立健全企业产权交易管理制度和流程，并对产权交易活动进行监督和管理。

第四条【产权交易范围】 可以进行交易的产权范围如下：

（1）确定可以进行交易的产权种类，包括但不限于土地使用权、房屋所有权、商标专利权等。

（2）对于一些特殊的产权如国有土地使用权，应当按照国家相关规定进行交易，并符合规定的交易条件。

第二章 产权交易流程

第五条【申请挂牌】 在实施产权交易前，产权交易部门应在企业内部产权交易平台申请挂牌，并提交资产评估报告、产权证书等相关资料。

第六条【信息披露】 取得产权交易资格后，应将产权交易的信息在一定范围内进行披露，披露的信息应当完整、真实，以便潜在购买者得知。

第七条【交易谈判】 按照规定的程序和时间举行竞价环节，并确定最终交易对象，在确定产权交易对象之后，与产权购买方进行交易谈判，协商产权价格和具体交易方式。

第八条【合同签订】 在交易谈判达成一致之后，签订正式的《产权交易合同》，明确交易双方的权利和义务、交易价格、交付日期、交付方式等内容。

第九条【产权转移】 产权交易部门在确认购买方已按照合同规定支付产权交易费用后，应当及时办理过户登记手续，将产权转移给受让人。

第十条【交易备案】 在产权交易完成后，必须将交易备案登记，确保交易的公开透明性和合法性。

第三章 产权交易的规范

第十一条【合规意识】 企业产权交易人员应具备合规意识和知识，了解国家相关法律法规和企业内部制度，并对产权交易行为进行自我约束。

第十二条【信息公开】 产权交易部门应根据相关法律法规要求，及时公布产权交易信息，确保交易市场公开、透明。

第十三条【风险防控】 建立风险防控机制，认真分析交易对象和市场环境，特别是对存在法律风险的交易应进行审核和排查。

第十四条【处理纠纷】 对于因产权交易引起的争议和纠纷，企业内部监督部门应当积极协调解决，并依法处理。

第十五条【严格交易纪律】 在交易过程中应严格遵守法律法规和交易规则，不能出现提供虚假信息、操纵价格等不诚信和妨碍交易的行为。严格执行产权交易流程，包括产权测算、交易谈判、产权评定、交易协议签署、产权移交等步骤。

第十六条【严格认定机制】 建立严格的产权准入认定机制，对交易方的资格、产权的真实性、法律合规性等进行审查，确保产权流转的安全性和有效性。

第十七条【产权交易收益分配】 建立产权交易的利益分配机制，确保产权交易的利益分享，保障各参与方的合理收益公开、透明，坚决避免不当利益输送。在交易完成后，制定监管机制，监督利益的分配和使用，防止企业的权益和公共的财富被侵占，保护企业和投资者的利益及合法权益。

第四章 产权交易的监督和管理

第十八条【监督检查】 企业内部监督部门和外部监管部门应定期组织对产权交易活动进行监督检查，发现问题及时整改。

第十九条【举报制度】 建立发布举报信息的渠道，并对举报信息进行核实和处理。

第二十条【违规处罚】 对于违反法律法规或者企业产权交易管理制度的行为，应当及时予以处罚，包括警告、罚款、暂停交易等措施。

第二十一条【合规检查和审计】 企业应定期进行合规检查和审计，确保产权交易符合法律法规的规定。

第五章 附则

第二十二条【解释权】 本办法由董事会授权资产交易管理部负责解释。

第二十三条【生效日期】 本办法自颁发之日起生效。

4.2.2 产权变动监管办法

产权变动监管是企业合规管理的重要内容之一。企业应当根据自身实际情况，制定相应的监管办法，并加强对相关人员的培训和教育，提高他们的合规意识和法律风险防范能力。进而有效规避经营活动中的各种潜在风险，提升企业的稳定性和可持续发展能力。下面是产权变动监管办法，仅供参考。

产权变动监管办法

第一章 总则

第一条【目的】 为规范企业产权变动监管行为，保护企业合法权益，维护市场秩序，制定本办法。

第二条【适用范围】 本办法适用于企业所有产权变动监管行为。

第三条【监管原则】 企业产权变动监管应当遵循以下原则：

（1）依法合规。企业产权变动应当依法合规，遵循法律法规和政策规定。

（2）公平公正。企业产权变动应当公平、公正，保护各方合法权益。

（3）风险防范。企业产权变动应当防范风险，保障企业合法权益。

（4）信息公开。企业产权变动应当公开信息，保障各方知情权。

第二章 产权变动监管内容

第四条【产权变动审批】 企业产权变动应当依法申请审批，审批通过后方可进行。企业产权变动应当在规定时限内完成审批。

第五条【产权变动备案】 企业产权变动应当依法备案，备案后方可生效。备案内容应当包括以下内容：

（1）产权变动登记证明文件。

（2）产权变动备案申请书。

（3）产权变动备案审核意见。

第六条【产权变动公示】 企业应当及时公示产权变动信息，包括产权变动的时间、地点、双方当事人信息、产权变动的方式等。公示平台可以采用官方网站、公告栏等形式。

第七条【产权变动监督】 企业应对产权变动过程中的违法行为进行监管，包括但不限于虚假登记、恶意转移、违法转让等。监管应当包括以下内容：

（1）对产权变动过程中的违法行为进行调查和处理。

（2）对产权变动过程中的风险进行评估和预警。

（3）对产权变动过程中的合规管理进行指导和培训。

第三章 监管措施

第八条【建立健全产权变动登记制度】 企业应建立健全产权变动登记制度，对企业产权变动及时进行登记备案，确保产权变动信息真实、准确、完整。

第九条【监督检查】 企业应加强对产权变动的监督检查，及时发现并处理产权变动过程中的违法行为。

第十条【信息公开】 企业应及时向社会公开企业产权变动信息，保障公众的知情权。

第十一条【风险评估】 企业应加强对企业产权变动的风险评估，对可能产生的风险进行预警和防范，确保企业产权变动不会对社会造成不良影响。

第十二条【法律监管】 企业应加强对企业产权变动的法律监管，严厉打击产权变动过程中的违法行为，维护企业产权的合法权益。

第十三条【跟踪监管】 企业应加强对企业产权变动的跟踪监管，对产权变动后的企业经营状况进行监测，及时发现问题并进行处理。

第十四条【建立协调机制】 企业应加强对企业产权变动的协调管理，建立产权变动协调机制，协调各方利益，确保产权变动顺利进行。

第四章 附则

第十五条【解释权】 本办法由董事会授权合规管理部负责解释。

第十六条【生效日期】 本办法自印发之日起生效。

第5章

企业合规——资本运作

5.1 证券监管

5.1.1 证券监管落实实施细则

企业在证券监管落实方面需要制定相应的管理制度，建立健全内部控制机制，并加强对员工的培训和教育，以确保企业在证券市场交易中遵守相关法律法规和行业规范，更好地维护证券交易市场的稳定性和安全性，同时也为自身的合规经营提供有效的保障。以下是证券监管落实实施细则，仅供参考。

证券监管落实实施细则

第一章 总则

第一条【目的】 为加强内部控制，保证企业证券发行的合规管理，保护投资者的合法权益，确保证券监管实施，特制定本细则。

第二条【适用范围】 本细则适用于企业证券发行的监督管理。

第三条【责任主体】 本企业证券监管落实实施细则（以下称"细则"）的执行主体为：企业法定代表人、首席监察官、首席人力资源官、首席财务官、首席合规官、总会计师等多部门人员组成的证券监管小组。

第二章 监管内容

第四条【证券发行监管】 证券监管小组应从以下3个方面对证券发行进行监管。

（1）审核发行申请。证券监管小组应对证券交易事务部门依据市场利率、产品特点等要素对证券发行申请进行全面评估，确保证券发行环节的合规化。

（2）信息披露。企业证券交易事务部门应按照相关法律法规和证监会规定，对证券发行的有关信息进行及时、准确、完整、公开的披露。

（3）营销声明控制。企业证券交易事务部门应根据市场情况和公众需求，对证券营销声明进行严格管控，防止错误或虚假宣传行为的发生。

第五条【证券交易监管】 证券监管小组应从以下3方面对证券交易进行监管。

（1）净资产和流动性风险控制。企业证券交易事务部门应制定相应的净资产和流动性风险控制管理办法，确保证券交易的流畅性。

（2）内幕交易、操纵市场查处。企业证券交易事务部门应建立内幕交易、操纵市场查处的机制，并加强对内部员工、关联方等敏感人群的管理。

（3）资金流向监管。企业证券交易事务部门应对资金流向进行严密监管，防止非法资金流动问题产生，保障证券交易的合规性。

第六条【交易结算、资金监管】 证券监管小组应从以下3个方面对交易结算、交易资金进行监管。

（1）资金交收业务合规。企业证券交易事务部门应准确、完整地开展资金交收的业务，并确保该业务符合相关法律法规和证监会规定的条件。

（2）资金安全管理。企业应建立完整的资金安全管理体系，以确保各类资金收支的安全性和稳定性。

（3）证券资产清算。企业应对证券资产进行清算，例如分红、增资减资、分离交易清算、重组清算等工作，确保证券资产的安全性。

第七条【合规证照监管】 证券监管小组应从以下3个方面对合规证照进行监管。

（1）合规证照的申请。企业应严格遵守证监会规定的证券业务相关许可规定，对合规证照的申请进行全面、准确的信息披露。

（2）合规证照的审核。企业应对合规证照审核过程进行严密监督，确保审核标准合法、公平，并保证审核结果的安全性、保密性。

（3）证监会信息披露。企业应根据证监会规定，及时、准确地披露证监会需要的证券业务信息，维护企业和社会的权益。

第八条【风险管理】 企业应当建立健全风险管理制度，并确保风险管理制度得到有效实施。风险管理包括但不限于以下内容：

（1）建立风险评估和控制机制，对证券市场风险进行评估和控制。

（2）建立风险预警机制，及时发现和应对证券市场风险。

（3）建立风险管理的内部报告制度，及时向企业高层报告证券市场风险。

第三章 落实机制

第九条【建立内部监管机构】 设立证券监管小组，由企业法人牵头，配合法务、财务、证券等部门人员组成，确保证券监管工作的系统、规范和高效实施。证券监管小组工作内容如下：

（1）证券监管小组应每季度召开一次正式的沟通会议，就所有在监管范畴之内的证券事务交换信息、磋商解决，确保监管工作的连续性、一致性。

（2）证券监管小组有权对证券交易的合规管理制度、内部控制、信息披露、风险管理、内部审计和投诉处理等方面进行监督和检查，并且随时对制度进行修订和完善。

（3）企业相关部门应当积极配合证券监管小组的监督和检查工作，及时整改存在的问题。

第十条【制定证券监管合规责任制】 企业应建立健全证券监管合规责任制，确保证券业务各方面的监管工作得以落实。

第十一条【制度建设】 企业应结合实际，制定、完善、修订相应的监管制度，以规范企业证券业务的各个环节。制度建设包括但不限于以下内容：

（1）制定证券发行、交易、信息披露等方面的内部规章制度。

（2）建立内部控制制度，确保证券交易的合法性、公正性和透明度。

（3）建立风险管理制度，对证券市场风险进行评估和控制。

（4）建立内部审计制度，对证券交易过程进行监督和检查。

（5）建立内部投诉处理制度，及时处理投资者的投诉和举报。

第十二条【制定证券监管指导意见】 企业应根据实践经验、市场发展等情况，及时制定并更新证券监管指导意见，以保证企业证券业务向规范化发展。

第十三条【处罚和追究责任】 证券监管过程中的处罚与追究责任。

（1）企业相关部门违反证券法律法规和监管规定的，将受到相应的处罚。

（2）企业高管和相关人员在证券交易中存在违规行为的，将被追究相应的责任。

第四章 附则

第十四条【解释权】 本细则由董事会负责解释。

第十五条【生效日期】 本细则自董事会通过之日起生效。

5.1.2 上市公司股权变动管理办法

上市公司股权变动管理是企业合规管理中非常重要的一部分。企业应当建立健全内部控制机制，加强对股权变动活动的监督和管理，以确保股权变动行为符合所有相关法律法规和行业规范的要求，同时也可以有效提升企业的治理水平，维护企业的稳定性和透明度，增强企业的竞争力和市场形象。以下是上市公司股权变动管理办法，仅供参考。

上市公司股权变动管理办法

第一章 总则

第一条【目的】 为了规范上市公司股权变动行为，维护上市公司及其股东的合法权益，根据《中华人民共和国公司法》《中华人民共和国证券法》等相关法律法规以及中国证监会的有关规定，制定本管理办法。

第二条【适用范围】 本办法适用于上市公司的股权变动，包括但不限于股份转让、增资扩股、股票回购、员工持股计划、股权激励计划等。

第三条【相关定义】 本管理办法中提到的相关名词定义如下：

（1）上市公司。指已在国内外证券交易所上市的公司。

（2）股权变动。指上市公司股份的转让、增资扩股、股票回购、员工持股计划、股权激励计划等行为。

（3）股东。指上市公司的股东，包括自然人、法人和其他组织。

第二章 股权变动程序

第四条【股份转让】 股份转让应当按照法律法规和《企业章程》规定程序进行，并经过证券交易所审核批准。股份转让前，双方应当签署股份转让协议书，并办理相关手续。股份转让后，上市公司应及时更新股权登记簿和股东名册。

第五条【增资扩股】 上市公司增资扩股应遵循以下流程：

（1）增资扩股应当在股东大会或董事会决议后进行，并依据《企业章程》规定程序进行。

（2）增资扩股应当根据公司的实际情况和发展需要进行，合理控制股份比例和发行价格。

（3）增资扩股完成后，上市公司应及时更新股权登记簿和股东名册。

第六条【股票回购】 上市公司股票回购应遵循以下规范：

（1）股票回购应当依据《中华人民共和国公司法》《中华人民共和国证券法》等法律法规和中国证监会的相关规定进行。

（2）股票回购应当经过董事会或股东大会决议，并公告于媒体和证券交易所。

（3）股票回购应当在合理的时间内完成，并及时公告回购进展情况。

第七条【员工持股计划和股权激励计划】 上市公司的员工持股计划和股权激励计划应按照以下规定执行：

（1）员工持股计划和股权激励计划应当符合《中华人民共和国公司法》《中华人民共和国证券法》等法律法规和中国证监会的相关规定。

（2）员工持股计划和股权激励计划应当经过董事会或股东大会决议，并公告于媒体和证券交易所。

（3）员工持股计划和股权激励计划应当依据约定的条件和期限进行，并及时公告实施进展情况。

第三章 股东权益保护

第八条【增加股本】 上市公司增加股本应当依据《企业章程》和有关法律法规规定进行，并采取有效措施保护现有股东的合法权益。上市公司增加股本前，应当通过公告等形式通知所有股东，并明确增加股本的目的、方式和影响。

第九条【重大资产重组】 上市公司进行重大资产重组时应按照以下规定执行。

（1）上市公司进行重大资产重组应当遵循《中华人民共和国公司法》《中华人民共和国证券法》等法律法规和中国证监会的相关规定，在董事会或股东大会决议后进行。

（2）上市公司在进行重大资产重组前，应当充分履行信息披露义务，及时向投资者披露相关信息。

（3）上市公司在进行重大资产重组前，应当制定相应的保护措施，以保障中小股东的合法权益。

第四章 监督与处罚

第十条【监督机制】 上市公司应设立股权管理部门，负责股权变动的管理和监督工作。发现不符合法律法规和中国证监会相关规定的行为，股权管理部门有权采取相应的纠正和处罚措施。

第十一条【处罚措施】

（1）上市公司股权变动若存在违反法律法规和中国证监会相关规定的行为，将受到警告、罚款、责令改正等处罚措施。

（2）上市公司股权变动涉及欺诈、虚假陈述等违法行为的，将受到更严厉的处罚，包括但不限于吊销上市资格、追究法律责任等。

第五章 附则

第十二条【解释权】 本办法由董事会授权股权管理办公室负责解释。

第十三条【生效日期】 本办法自股东大会审议通过之日起生效。

5.2 信息披露

5.2.1 发债企业信息披露制度

为了使投资者全面、准确了解发债企业的财务状况、经营状况等并做出明智的投资决策，发债企业要进行必要的信息披露。以下是某发债企业制定的信息披露制度，仅供参考。

发债企业信息披露制度

第一章 总则

第一条【目的】 为规范本企业信息披露行为，保障投资者合法权益，提高信息披露质量和透明度，本企业依据《中华人民共和国证券法》的有关规定，结合企业实际，特制定本制度。

第二条【适用范围】 本制度适用于本企业所有债券发行有关行为。

第三条【基本原则】 本制度的制定和执行遵循以下基本原则：

（1）公开原则。本企业应当按照法律法规和规章制度的要求，及时公开披露信息。

（2）准确原则。本企业应当披露真实、准确、完整的信息。

（3）及时原则。本企业应当在信息披露义务发生时及时披露相关信息。

第二章 信息披露岗位职责

第四条【财务部职责】 根据"信息披露合规制度"要求，财务部履行以下管理职责：

（1）负责编制、审核、公布发债企业的财务报告，包括资产负债表、利润表、现金流量表等，并向投资者、监管机构等披露相关财务信息。

（2）对财务数据进行分析、比对、核查，确保财务数据的真实、准确、完整。

（3）协助其他部门编制相关信息披露报告，包括债券评级报告、风险提示报告等。

第五条【合规管理部职责】 根据"信息披露合规制度"要求，合规管理部履行以下管理职责：

（1）负责按照相关法律法规和企业章程规定，制订信息披露计划和工作流程，确保信息披露的及时性、准确性、完整性。

（2）负责信息披露报告的编制、审核、发布等工作，确保信息披露的质量和合规性。

（3）负责信息披露的监督和检查，及时发现并纠正信息披露中存在的问题和风险。

第三章 信息披露内容和方式

第六条【信息披露内容】 本企业应当披露以下内容。

（1）债券发行情况。本企业应当披露债券的发行规模、发行方式、发行价格、募集资金用途、债券评级情况、发行费用等信息，并在债券发行后及时更新披露内容。

（2）企业财务状况。本企业应当披露财务报表、财务指标、财务分析等信息，包括年度报告、中期报告和季度报告等。

（3）经营业绩。本企业应当披露营业收入、净利润、市场份额、市场前景等信息，并在出现重大变化时及时披露。

（4）重大事项。本企业应当及时披露可能对债券持有人权益产生较大影响的重大事项，包括但不限于重大合同签订、投资、资产重组、诉讼仲裁等。

（5）其他应当披露的信息。本企业应当披露与债券持有人利益相关的其他信息，如企业治理、股权结构等。

第七条【信息披露方式】 本企业应当采取以下方式披露信息。

（1）在企业网站上公开披露。本企业应当在企业网站上及时、全面、准确、完整地披露相关信息，并保证所披露信息的可查阅性和可下载性。

（2）在证券交易所指定媒体上公开披露。本企业应当在证券交易所指定媒体上披露相关信息，并保证所披露信息的可查阅性和可下载性。

（3）以书面方式向投资者发送。本企业应当向债券持有人以书面方式披露相关信息，如公告、通知等。

第四章 发债信息披露期限与债券信用评级

第八条【发债信息披露期限】 发债信息根据规定在合适时间进行披露，具体如下：

（1）在债券发行前，本企业应当于发行前3个工作日至发行前1个工作日内披露有关信息。

（2）在债券发行过程中，本企业应当按照发行计划和有关规定及时披露有关信息。

（3）在债券存续期间，本企业应当在规定的时间内披露有关信息，并且应当在发生重大事项或者关键信息发生变化时及时披露。

第九条【债券信用评级】 本企业应当委托信用评级机构对债券进行信用评级。本企业应当在债券募集说明书中披露债券的信用评级结果，并在后续报告中更新债券信用评级结果。

第五章 债券偿付与违约处理

第十条【债券偿付】 根据"债券偿付保障机制"，本企业应当按照债券条款和发行文件的规定履行债券偿付义务。确保债券偿付的安全和稳定。

第十一条【债券违约处理】 债券违约处理规定。

（1）本企业如不能按照债券条款和发行文件的规定履行债券偿付义务，应当及时向债券持有人披露情况，并采取有效措施予以解决。

（2）本企业如存在债券违约行为，应当及时向有关主管部门、证券交易所等报告，并向债券持有人披露情况。

（3）债券持有人有权依法维护自己的合法权益，行使追索权等维权权利。

第六章 附则

第十二条【解释权】 本制度由合规管理部负责解释。

第十三条【生效日期】 本制度自发布之日起生效。

5.2.2 上市公司信息披露制度

上市公司信息披露是指上市公司按照法律法规及证券交易所的规定，向投资者和社会公众披露其经营、财务、业务、管理等方面的各项信息。以下是上市公司信息披露制度，仅供参考。

上市公司信息披露制度

第一章 总则

第一条【目的】 为保证上市公司信息披露工作的合规性、真实性、及时性、完整性，维护投资者合法权益，保护市场公平、公正，特制定本制度。

第二条【适用范围】 本制度适用于本企业所有与上市信息披露有关的行为。

第三条【基本原则】 本制度的制定和执行遵循以下基本原则：

（1）公开原则。本企业应当按照法律法规和规章制度的要求，及时公开披露信息。

（2）准确原则。本企业应当披露真实、准确、完整的信息。

（3）及时原则。本企业应当在信息披露义务发生时及时披露相关信息。

第二章 信息披露岗位职责

第四条【董事长职责】 上市公司董事长为信息披露合规的最终责任人，负责上市公司信息披露的决策和监督。

第五条【秘书处职责】 上市公司秘书处是信息披露管理的具体执行机构，其职责如下：

（1）建立和完善公司信息披露管理制度，指导和监督公司信息披露工作。

（2）监督各部门的信息披露工作，确保信息的真实性、准确性、完整性、及时性。

（3）协调上市公司与证券交易所之间的信息披露事宜。

第三章 信息披露内容和渠道

第六条【信息披露内容】 上市公司应及时披露的信息包括但不限于以下内容：

（1）定期报告。包括年度报告、半年度报告和季度报告。

（2）临时报告。包括股权变动报告、重大资产重组报告、重大合同报告、重大诉讼报告等。

（3）投资者关系活动。包括投资者交流会、电话会议、公告等。

（4）其他重要信息。包括重大经营计划、重大业务变动、重大投资决策等。

第七条【信息披露渠道】 本企业应当运用以下渠道披露信息。

（1）证券交易所指定网站。企业应按照法律法规及证券交易所规定，通过证券交易所指定网站披露定期报告、临时报告等信息。

（2）公司官网。企业应在企业官网上及时披露各类公告、公示、投资者关系活动等信息，确保信息的广泛传播和投资者的知情权。

（3）媒体发布。企业可以通过报纸、电视、互联网等媒体发布信息，提高信息披露的透明度和公开度。

第四章 信息披露时间与备案

第八条【披露时间】 本企业应当制订信息披露计划，并根据计划编制信息披露时间表，具体时间表应包括以下内容：

（1）年度报告。在每年4月30日前披露上一年度的年度报告。

（2）半年度报告。在每年8月31日前披露上半年的半年度报告。

（3）季度报告。在每年5月31日、8月31日和11月30日前披露上季度的季度报告。

（4）临时报告。在法定时间内及时披露临时报告。

第九条【文件备案】 对所有信息披露文件进行备案，并保留相关文件备查。备案内容应包括信息披露时间、披露内容、披露方式等，且应定期进行更新和归档，以备查证和监督审查之用。

第五章 其他事项与违规处理

第十条【其他事项】 上市公司秘书处应根据实际情况，不断完善信息披露合规制度，并在必要时向董事会报告情况，及时纠正信息披露管理工作中存在的问题，提高信息披露质量和透明度。

第十一条【违规处理】 上市公司应对信息披露违规行为进行惩处，并及时向投资者披露。对信息披露违规行为进行处理的程序应明确，包括事实调查、责任认定、处罚措施、公开通报等环节。

第六章 附则

第十二条【解释权】 本制度由秘书处负责解释。

第十三条【生效日期】 本制度自发布之日起生效。

第6章

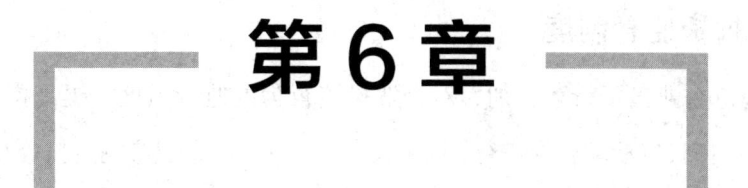

企业合规——投融资与担保

6.1 投融资

6.1.1 投资监管制度

为规范企业投资行为,加大对企业投资行为的监管力度,提高投资监管工作效率,促使投资活动合规进行,规避投资合规风险,企业应制定投资监管制度,用以监督与管理投资工作。以下是投资监管制度,仅供参考。

投资监管制度

第一章 总则

第一条【目的】 为加强企业治理,规范企业的投资行为,提高企业投资决策的科学性,防范以及规避投资合规风险,促进企业投资业务持续、稳定、合规发展,特制定本制度。

第二条【适用范围】 本制度适用于对企业投资的监督与管理工作。

第三条【相关概念】 本制度所称投资,是指企业运用其所管理的资产对外进行的股权投资以及其他类型的投资行为。

第四条【基本原则】 企业的投资活动应当遵循以下基本原则:

(1)健全性原则。企业的投资监管工作应覆盖与投资有关的各部门以及各级岗位,并覆盖到投资业务的全过程,包括决策、执行、监督等各个经营环节。

(2)有效性原则。企业对于投资活动的监管应采取科学的内控手段和方法,建立合理、有效的投资监管流程,并适时进行调整与更新,确保投资监管工作的有效执行。

(3)效益最大化原则。企业在进行投资监管活动时,应运用科学、有效的方法降低运营成本,提高产出,实现投资监管活动的效益最大化。

(4)依法、合规原则。企业的投资监管活动应当遵守国家及所在地区的法律法规、行业标准,遵守企业的制度规定、程序规范。

第五条【禁止、限制性规定】 企业的投资活动需要遵循有关政策和法律法规,应严格遵守以下禁止类、限制类投资规定。

(1)严禁参与不符合国家产业政策的投资项目。

(2) 严禁参与威胁或损害国家利益和国家安全的境外投资项目。

(3) 严禁进行未按规定履行完成必要审批程序的投资项目。

(4) 严格控制不符合企业发展战略和规划的投资项目。

第二章 投资监管内容

第六条【投资管理制度监管】 投资监管部门对企业投资项目的投资管理制度进行监管，以确保其符合国家法律法规及相关政策规定。

第七条【投资项目监管】 投资监管部门对投资项目的可行性、收益性、风险性等方面进行监管，以确保其符合国家产业政策和法律法规，不会危及国家安全及社会公共利益。

第八条【资金来源监管】 投资监管部门对企业投资所使用的资金进行监管，以确保其来源合法、真实，并符合国家管理规定。

第九条【投资过程监管】 投资监管部门对投资项目的执行过程进行监管，以确保其符合国家法律法规及相关政策。

第十条【投资行为监管】 投资监管部门对企业投资行为进行监管，以确保其符合国家法律法规、政策和行业规范，且不会危及国家安全和社会公共利益。

第十一条【相关信息监管】 投资监管部门对投资项目披露的相关信息进行监管，以确保其真实、完整、准确并符合披露要求和标准。

第三章 投资监管措施

第十二条【完善监管体系】 投资监管部门须建立健全监管体系，包括人员配备、监管流程、监管标准等方面。

第十三条【建立投资合规性评估标准】 投资监管部门应明确与投资有关的法律法规、合规政策等评估标准，明确投资活动应遵守的要求。

第十四条【明确人员配备】 投资监管部门应加强对监管人员的培训和考核，提高相应人员的业务水平和监管能力。

第十五条【建立监管流程和制度】 投资监管部门应严格履行监管职责，明确监管流程及制度，统一监管标准，制定相关标准及指引，确保监管工作的规范性和有效性。

第十六条【强化信息披露】 投资监管部门应加强对企业投资活动信息披露的监管。

(1) 投资监管部门要了解企业的投资决策、投资标的、风险控制等各个环节的情况，从而更好地评估投资风险和投资合规性。

（2）投资监管部门应要求企业对投资活动进行披露，并对披露情况进行监督与检查。

（3）投资监管部门可建立信息共享机制，与有关部门进行信息互通，提高监管工作的准确性与有效性。

第十七条【追溯资金流程】 投资监管部门应要求企业建立完善的资金使用流程和管理制度，实现资金来源的真实、安全以及可追溯，确保资金的合法使用和归属。

第十八条【加强监管力度与惩戒措施】 通过采取有效监管措施，加大监管力度，及时发现和处理违规行为，并对违法违规行为者给予惩罚和纠正，保护企业正当利益，避免合规风险。

第四章 附则

第十九条【遵从上位法与遵循所在国法律】 法律法规对投资监管有专门规定的，首先按照法律法规进行。若要进行境外投资，则应遵循所在国法律法规的有关规定。

第二十条【准用性规定】 本企业投资监管部门按照此制度结合实际情况执行。

第二十一条【解释权】 本制度由投资监管部门负责解释。

第二十二条【生效日期】 本制度自发布之日起生效。

6.1.2 投后管理工作制度

投后管理是企业项目投资周期中的重要组成部分，在完成项目进度并实施投资后直到项目退出之前都属于投后管理期间。投后管理工作对于投资项目的后续风险规避与防控有重要意义，因此企业应制定投后管理工作制度，规范投后管理工作。以下是投后管理工作制度，仅供参考。

投后管理工作制度

第一章 总则

第一条【目的】 为维护企业投资权益，完善投资流程，建立有效的投后风险防范机制，引领企业合规运营，特制定本制度。

第二条【适用范围】 本制度适用于企业管理的已投项目的后续管理工作。

第三条【组织与职责】 投后管理的主体与职责如下所述：

（1）为加强投资项目的投后管理，企业成立投资管理中心，以做好投资项目的投后管理工作。

（2）投资管理中心全面统筹项目投后管理工作。

（3）投资管理中心主要对项目投后情况进行监督管理，对项目投后过程进行合规审查，确保项目的投后管理符合国家法律法规规定以及相关要求。

（4）投资管理中心负责人为投后管理负责人，主要负责企业投后管理合规监督与投资权益的维护与执行。

第二章 项目投后的过程管理

第四条【投前跟踪】 在项目立项完成后，投资管理中心开展工作，了解并掌握项目相关情况，参与项目相关会议，直到项目投资协议最终签订完成，确保其过程符合国家法律法规以及企业要求。

第五条【对接入驻】 投资管理中心召开投后管理对接会，明确项目企业对接人，明确对接流程与对接要求，建立日常对接的长效机制，确保对接过程符合国家法律法规以及企业要求。

第六条【决策管理】 投资管理中心可向董事会提出要求，出席项目企业的经营决策会议，听取项目企业的经营情况及重大事项汇报，确保其经营决策符合国家法律法规及企业要求。

第七条【资料审查】 投资管理中心可要求项目企业提供相关资料，包括涉及投资项目的合同、协议、出资证明、工商资料等，并对其进行合规审查，确保相关资料的编制符合国家法律法规以及企业要求。

第八条【档案管理】 投后管理所形成的所有文件均应由投资管理中心保管。投资管理中心对每一个项目建立独立档案并妥善保管，便于企业能够随时查阅、跟踪管理和评估。

第三章 项目投后的监督管理

第九条【定期或不定期检查】 投资管理中心可通过建立健全检查机制，定期检查或者不定期抽查投资项目运行情况。投资管理中心若在检查过程中发现任何潜在风险或者会对投资收益产生影响的事件时，应及时采取应对措施。

第十条【定期汇报】 投资管理中心定期召开投后管理运营分析会，编制经营分析报告，并向领导层汇报，经营分析报告内容应包括投资项目执行情况、资金投入回收情况、投资项目重大事项及潜在风险等。

第十一条【采集分析信息】 投资管理中心应定期采集投资项目月度、季度、年度财务报表并送至财务部，并与财务部一起对其进行分析，确认投资资金与投资收益是否按照投资计划正常运行。

第十二条【定期走访】 投资管理中心应定期走访投资项目，获取直接信息，并向领导层汇报投资项目计划执行情况。

第十三条【重大事项处理】 若项目企业突发重大事件或者投资协议难以履行，投资管理中心可召开会议与相关部门商讨处理对策，经领导层同意后执行。

第十四条【年度运行评估】 投资管理中心在投资项目满一年后对其进行年度总体运行评估，将项目运行实际数据与计划数据进行对比，出具具体的投资项目评估报告，对投资项目存在问题提出改进意见和责任追究建议。

第四章 附则

第十五条【遵从上位法与遵循所在国法律】 法律法规对投后管理有专门规定的，首先按照法律法规进行。若要进行境外投资，则应遵循所在国法律法规的有关规定。

第十六条【准用性规定】 本企业投后管理工作由投资管理中心按照此制度结合实际情况执行。

第十七条【解释权】 本制度由投资管理中心负责解释。

第十八条【生效日期】 本制度自发布之日起生效。

6.1.3 违规投融资责任追究制度

企业要对其内部投融资活动中出现的违反法律法规和企业规章制度的行为，通过明确的责任追究制度，对责任人进行相应的纪律、经济或法律责任的追究和处理。以下是某企业制定的违规投融资责任追究制度，仅供参考。

违规投融资责任追究制度

第一章 总则

第一条【目的】 为规范企业投融资行为，防范和化解金融风险，特制定本制度。

第二条【适用范围】 本制度适用于企业内部的所有投融资行为。

第三条【基本原则】 企业所有投融资活动必须遵守国家法律法规和有关政策规定，坚持合法合规、稳健经营原则，严禁违规操作。

第二章 投融资违规行为的认定

第四条【轻微违规行为】 本制度规定以下行为为轻微违规行为。

（1）未按照规定程序报备、审批、备案的投融资活动。

（2）未按照规定披露信息或披露信息不完整、不准确，披露误导性信息。

（3）未按照规定履行信息公示义务。

（4）其他轻微违规行为。

第五条【一般违规行为】 本制度规定以下行为为一般违规行为。

（1）未按照规定使用投融资资金或投融资资金用途不当。

（2）未按照规定收集、保存、披露或使用投融资信息。

（3）未按照规定开展尽职调查或评估。

（4）其他一般违规行为。

第六条【重大违规行为】 本制度规定以下行为为重大违规行为。

（1）虚构交易或以不公正的方式获取收益。

（2）超越投资协议或担保合同约定。

（3）未能履行财务承诺或违反借款合同。

（4）涉嫌贪污、受贿、挪用资金、侵占企业财产等违反刑法的行为。

（5）涉嫌违反证券、期货、基金等市场规则或者证券、期货、基金的法律法规和相关规定的行为。

第三章 违规责任追究

第七条【轻微处罚】 对轻微违规行为，采取口头警告、书面警告等较为温和的处理措施。

第八条【一般处罚】 对一般违规行为，采取严重警告、记过、降职等较为严厉的处理措施。

第九条【重大处罚】 对重大违规行为，采取辞退、移送司法机关等最严厉的处理措施，并追究相关责任人的法律责任。

第十条【经济赔偿】 如因投融资违规行为导致企业经济受损的，将追究责任人的经济赔偿责任。责任人应当按照企业规定的赔偿标准和程序承担相应的赔偿责任。

第十一条【法律责任追究】 对于情节严重、影响恶劣的投融资违规行为，本企业将保留追究法律责任的权利。涉及刑事责任的，将移交公安机关或司法机关处理。涉及民事责任的，将依法依规追究相关责任人民事责任，并要求其赔偿受损方的经济损失。

第四章 附则

第十二条【解释权】 本制度由合规管理部负责解释。

第十三条【生效日期】 本制度自发布之日起生效。

6.1.4 跨境投融资管理制度

企业跨境投融资合规是指企业在跨境投资、跨境融资等跨境金融活动中，遵循相关法律法规和政策规定，进行投融资活动，以确保企业运营的合法性和可持续性。以下是跨境投融资管理制度，仅供参考。

跨境投融资管理制度

第一章 总则

第一条【目的】 为规范企业跨境投融资行为，保证企业合法、合规运营，根据有关法律法规和企业实际情况，特制定本制度。

第二条【适用范围】 本制度适用于企业所有投融资行为。

第三条【基本原则】 本制度的制定和执行遵循以下基本原则：

（1）合规原则。严格遵守国家法律法规和企业规定，不得从事违法违规行为。

（2）诚信原则。保持真实、诚实、客观、公正的态度，不得虚假夸大、误导他人。

（3）责任原则。认真履行岗位职责，确保企业跨境投融资行为的合法、合规，承担相应的法律责任。

第二章 风险评估与合同审查

第四条【风险评估】 本企业跨境投融资对风险评估有以下要求：

（1）企业跨境投融资人员应当制定全面的风险评估方案，明确风险评估内容、方法和流程。

（2）风险评估内容应当包括但不限于市场风险、信用风险、政治风险、汇率风险等，风险评估方法应当科学、合理。

（3）风险评估结果应当及时向企业相关部门报告，同时制定相应的风险控制方案。

第五条【合同审查】 本企业跨境投融资对合同审查有以下要求：

（1）企业跨境投融资人员应当对外部机构签署的合同进行仔细审查，特别是与跨境投融资相关的条款。

（2）合同内容应当符合国家法律法规和企业相关规定，并确保风险可控。

（3）对于涉及金额较大或风险较高的合同，应当报请企业高层领导审批。

第三章 外汇管理与信息披露

第六条【外汇管理】 本企业跨境投融资对外汇管理有以下要求：

（1）企业外汇管理专员应当遵守国家外汇管理法规，进行外汇申报和结算。

（2）对于外汇交易，应当严格按照国家相关规定，如实申报外汇、报备交易信息等。

（3）外汇交易记录应当及时向企业外汇管理部门报告。

第七条【信息披露】 本企业跨境投融资对信息披露有以下要求：

（1）企业跨境投融资人员在进行业务活动时，应当遵守相关信息披露要求，及时向相关部门或机构披露相关信息。

（2）投资方案、交易记录、资金流向等信息应当真实、准确、完整。

（3）对于重大事项或重要交易，应当及时向企业高层领导报告。

第四章 客户管理与客户投诉处理

第八条【客户管理】 本企业跨境投融资对客户管理有以下要求：

（1）企业跨境投融资人员应当建立客户档案，记录客户信息和交易记录，并严格保密。

（2）应当妥善保管客户资金，避免出现安全问题。

（3）及时处理客户提出的投诉或意见，并向客户进行解释和说明。

第九条【客户投诉处理】 本企业跨境投融资对客户投诉处理有以下要求：

（1）企业跨境投融资人员应当建立健全客户投诉处理机制，以及时、公正、客观地处理客户投诉。

（2）对于客户投诉，应当及时回复客户，尽快处理，避免影响客户体验和企业声誉。

（3）对于涉及金额较大或风险较高的投诉，应当及时向企业高层领导报告。

第五章 内部管理与培训教育

第十条【内部管理】 本企业跨境投融资对内部管理有以下要求：

（1）企业跨境投融资人员应当遵守企业内部管理制度，特别是与跨境投融资相关的制度和流程。

（2）对于风险控制、合规监管等方面，要与企业内部其他部门保持良好的沟通和协作。

（3）企业跨境投融资人员应保持良好的职业操守和道德风范，严格遵守职业道德规范。

第十一条【培训教育】 本企业跨境投融资对企业内部培训教育有以下要求：

（1）企业跨境投融资人员应当不断提高自身专业素质和业务能力，定期参加企业组织的培训和教育活动。

（2）要关注国家外汇管理法规和跨境投资相关的最新政策和规定，增强风险意识和合规意识。

（3）企业高层管理人员应当定期向跨境投融资人员进行合规培训，提高其风险意识和合规意识。

第六章 违规处理

第十二条【处罚措施】 对于违反本制度规定的企业跨境投融资人员，企业将采取相应的处罚措施。处罚措施包括但不限于口头警告、书面警告、罚款、调整职务、解除劳动合同等。

第十三条【重大违规】 对于涉及重大违规行为的人员，企业将向国家有关部门报告；涉及刑事责任的，将被移交公安机关或司法机关处理。

第七章 附则

第十四条【解释权】 本制度由合规管理部负责解释。

第十五条【生效日期】 本制度自发布之日起生效。

6.2 担保

6.2.1 企业担保管理制度

企业担保管理制度是为了规范企业在向第三方提供担保时的行为，防范企业风险，保障企业和合作伙伴的权益而制定的规范文件。以下为企业担保管理制度，仅供参考。

企业担保管理制度

第一章 总则

第一条【目的】 为规范企业提供担保的行为，防范企业风险，保障企业和合作伙伴的权益，根据《中华人民共和国公司法》《中华人民共和国担保法》等相关法律法规以及《企业章程》的相关规定，特制定本制度。

第二条【适用范围】 本制度适用于企业向第三方提供担保的行为，包括但不限于保证金、信用担保、抵押担保、质押担保等形式。担保同时构成关联交易的，还应执行企业《关联交易决策制度》的相关规定。

第三条【相关定义】 本制度中提及的相关名词解释如下：

（1）担保。指企业为第三方提供的保证金、信用担保、抵押担保、质押担保等形式的担保。

（2）第三方。指企业向其提供担保的对象，包括借款人、合作伙伴等。

（3）风险评估。指对担保项目进行风险评估，包括评估担保对象及其资信状况、还款能力等。

第二章 担保的审查和信息披露

第四条【担保条件】 企业可以为具有独立法人资格并具有以下条件之一的单位提供担保。

（1）因企业业务需要的互保单位。

（2）与企业具有重要业务关系的单位。

（3）与企业有潜在重要业务关系的单位。

（4）企业控股子企业及其他有控制关系的单位。

以上单位必须同时具有较强的偿债能力，并符合本制度的相关规定。

第五条【担保资料审查】 企业在决定提供对外担保前，应掌握被担保对象的资信状况。财务部应要求担保申请人向企业提供以下担保资料：

（1）担保申请企业基本资料、经营情况分析报告。

（2）担保申请企业最近一期审计报告和财务报表。

（3）担保主合同及与主合同相关的资料。

（4）本项担保的银行借款用途、预期经济效果。

（5）本项担保的银行借款还款能力分析。

（6）不存在诉讼、仲裁或行政处罚的说明。

（7）担保方案及担保提供方具有实际承担能力的证明。

（8）企业认为需要提供的其他有关资料。

担保申请企业应当保证其提供的资料均是真实、准确、完整、有效的。

第六条【担保资信审议与评估】 董事会应认真审议分析被担保企业的基本情况，包括财务状况、营运状况、信用情况、纳税情况和行业前景等，并对担保的合规性、合理性、被担保企业偿还债务的能力以及担保方的实际承担能力进行判断，审慎作出决定。必要时可聘请外部专业机构对实施对外担保的风险进行评估，以作为董事会或股东大会进行决策的依据。

对存在下列情形的担保申请单位，不得为其提供担保。

（1）资金投向不符合国家法律法规或国家产业政策的。

（2）提供虚假资料的。

（3）企业曾为其提供担保，发生过逾期还款等情况的。

（4）经营状况恶化、资信不良的。

（5）上年度亏损或上年度盈利甚少且本年度预计亏损的。

（6）董事会认为不能为其提供担保的其他情形。

第七条【担保审批决策】 担保资信审查通过后，企业应按以下程序进行审批决策。

（1）企业提供担保前，应当对被担保企业进行风险评估，并形成相应的风险评估报告。

（2）担保审批应当经过企业董事会或者股东大会讨论和决策，并签署担保协议书。

（3）担保金额超出授权额度的，需经过股东大会决策。

第八条【签署担保文件】 担保审批经董事会审议后，可以授权董事长，在额度控制内签署担保文件。担保文件的管理包含以下内容：

（1）担保协议书应当明确担保事项、担保期限、担保方式、担保条件、担保金额等内容。

（2）担保协议书应当由企业法定代表人或授权代表签署，并加盖公章。

（3）担保协议书应当保存在企业档案中，方便查阅和管理。

第九条【担保信息披露】 企业董事会或股东大会审议批准的对外担保，必须在中国证监会指定信息披露平台上及时披露，披露的内容包括董事会或股东大会决议、截止信息披露日企业及其控股子企业对外担保总额、企业对控股子企业提供担保的总额。对于已披露的担保事项，企业还应当在出现下列情形之一时及时披露。

（1）被担保企业于债务到期后15个交易日内未履行还款义务的。

（2）被担保企业出现破产、清算及其他严重影响还款能力情形的。

第十条【其他说明】 企业担保的债务到期后需展期并继续由其提供担保的，应当作为新的对外担保，重新履行担保审批程序和信息披露义务。

第三章 担保风险管理

第十一条【风险评估】 董事会应当在董事会审议时就担保事项的合法合规性、对企业的影响及可能存在的风险进行评估，如有必要，企业应聘请第三方会计师事务所对企业累计和当期对外担保情况进行核查。发现异常，及时向董事会和监管部门报告并进行公告。

第十二条【风险防控】 企业应在实施担保之前及实施担保过程中对担保项目进行风险防控，具体要求如下：

（1）应当根据担保项目的实际情况和风险评估结果，采取相应的风险防控措施。

（2）应当定期对担保项目进行跟踪监测和风险评估，关注被担保企业的生产经营、资产负债变化、对外担保以及合并分立、法定代表人变化等情况，建立相关财务档案，定期向董事会报告。

（3）担保项目出现风险事件时，应当及时启动应急机制，积极协助担保对象解决问题，减少损失。如发现被担保企业经营状况严重恶化或发生企业解散、分立等重大事项，有关责任人应及时报告董事会。董事会应采取有效措施，以将损失降到最低。

（4）财务部应妥善保管担保合同及相关原始资料，及时进行清理检查，并定期与相关金融机构进行核对，保证存档资料的完整、准确、有效；关注担保的期限，将担保合同签订、修改、展期、终止、垫款、收回垫付款等情况及时通报董事会秘书处、监事会和其他相关管理部门。在合同管理过程中，一旦发现未经企业董事会或股东大会审议程序批准的异常合同，应及时向董事会、监事会报告。

第四章 监督与处罚

第十三条【监督机制】 企业应当设立担保管理部门，负责担保事务的管理和监督工作。发现不符合法律法规和规定的行为，有权采取相应的纠正和处罚措施。

第十四条【处罚措施】 企业提供担保若存在违反法律法规有关规定的行为，将受到警告、罚款、责令改正等处罚措施。企业提供的担保涉及欺诈、虚假陈述等违法行为的，将受到更严厉的处罚，包括但不限于吊销营业执照、被追究法律责任等。

第五章 附则

第十五条【解释权】 本制度的解释权属于董事会。

第十六条【生效日期】 本制度自董事会审议通过之日起生效。

6.2.2 违规担保责任追究制度

违规担保责任追究制度是企业合规管理中的重要一环，旨在规范企业在担保业务中的行为，防范和化解风险，促进企业合规经营。以下是违规担保责任追究制度，仅供参考。

违规担保责任追究制度

第一章 总则

第一条【目的】 为了规范企业担保行为，防范和化解担保风险，根据《中华人民共和国合同法》《中华人民共和国担保法》和其他相关法律法规的规定，特制定本制度。

第二条【适用范围】 本制度适用于企业在开展担保业务过程中违反法律法规或其他规定，或者违反企业的规定而产生的担保责任追究事宜。

第三条【责任主体】 违规担保责任主体如下：

（1）担保业务人员。包括担保业务负责人、担保业务执行人员等。

（2）相关部门。包括企业法务部、合规部、风险管理部等。

（3）第三方。担保企业聘请的第三方担保人员。

第四条【担保条件】 企业提供担保需符合以下条件：

（1）担保行为应当目的明确，合同表述清晰、明确。

（2）担保方案应当与企业的经营状况和财务状况相适应，包括担保方式、担保金额、担保期限等。

（3）担保方案应当考虑到债务人的还款能力、担保物的价值以及担保费用等因素，制定完备的风险评估报告，并进行审查、核实和签字确认。

（4）担保行为应当符合法律法规和企业内部规章制度的要求，严格遵守担保范围和担保限额等规定。

（5）担保行为应当符合企业的经营战略和风险管理策略，避免对企业自身及股东利益产生损害。

第二章 责任追究认定

第五条【追究责任情形】 符合下列情形之一的将被追究违规担保责任。

（1）未经授权擅自提供担保或超出授权范围提供担保。

（2）未进行充分的财务分析、风险评估和审查核实等程序，导致担保方案不合理或存在明显风险。

（3）提供虚假或不完整的资料或信息，向不良项目或不良资产提供担保行为，或者参与不良项目或不良资产的合作。

（4）擅自改变担保方式、担保期限和担保金额等关键条件，增大担保风险。

（5）在担保过程中有意隐瞒或故意误导审查机构。

（6）违反相关法规、规章或内部控制制度等其他违规行为。

第六条【违规行为认定标准】 对担保企业的违规行为按照以下标准进行认定。

（1）违反相关法律法规的规定的。

（2）违反企业内部规定的。

（3）违反市场纪律、商业道德的。

第七条【责任追究程序】 对违规担保行为的责任追究按照以下程序执行：

（1）发现违规行为。相关部门、担保业务人员及时发现并上报涉嫌违规的情况。

（2）调查确认。相关部门对涉嫌违规行为进行调查，并建立案件档案。

（3）提出处理建议。相关部门依据事实、法律法规及内部规定，提出具体的处理建议。

（4）审批确认。相关部门负责人核准处理建议，并确定具体的处理措施。

第三章 责任追究措施

第八条【内部警示】 董事会应当对违规行为进行内部警示和纠正，并对相关责任人进行批评教育或者纪律处分。

第九条【经济赔偿】 如违规担保行为造成债权人损失，企业应当对因违规担保行为造成的直接经济损失进行赔偿或补偿，责任人员应当承担相应的经济赔偿责任。

第十条【职务追究】 如责任人员存在严重违规行为，则应根据其造成的损失，对其给予相应的职务追究，包括调整职务、撤销职务、解除劳动合同等。

第十一条【刑事追究】 如果企业因担保行为而产生重大损失，应当依法追究责任人员或企业法人的民事、行政或刑事责任。

第四章 责任追究防范管理

第十二条【内部控制】 定期开展内部培训，提高担保业务人员的合规意识和风险意识。建立健全担保合同审核制度、担保决策审批制度和担保风险管理制度等内部管理制度，确保担保行为符合法律规定和企业内部管理要求。

第十三条【风险评估】 企业应当定期对担保业务进行风险评估，根据风险评估结果制定相应的风险管理措施，防范和控制担保风险。

第十四条【违规监管】 加强信息披露和监督，对担保业务人员的行为进行有效的监管和检查。

第五章 附则

第十五条【解释权】 本制度由董事会授权合规管理部负责解释。

第十六条【生效日期】 本制度自颁发之日起生效。

第 7 章

企业合规——租赁性资产

7.1 租赁性资产管理

7.1.1 租赁性资产管理制度

企业租赁性资产管理主要涉及业务、风险管理及财务等部门,其中各部门的职责、工作流程及主要工作要求,需要规范、明确且纳入企业管理制度,使租赁性资产管理工作的开展有章可循。以下是租赁性资产管理制度,仅供参考。

租赁性资产管理制度

第一章 总则

第一条【目的】 为规范企业对租赁性资产的规范管理,确保企业遵守相关法律法规,减少因未经合规管理带来的风险,从而保护企业利益和声誉,特制定本管理制度。

第二条【适用范围】 本制度适用于企业所有租赁性资产的管理。

第三条【相关定义】 本制度中提到的名词的定义如下:

(1)租赁性资产。指企业在维持资产所有权不变的前提下,通过与承租方签订正式契约,将特定资产(如设备、建筑物、车辆等)的占有权和使用权在一定期限内以有偿方式出租给承租方的一种资产形式。

(2)租赁合同。指企业与租赁方签订的租赁协议,内容包括但不限于租赁期限、租金、保证金、违约责任等条款。

第四条【职责划分】 租赁性资产管理主要涉及业务、风控及财务等部门,各部门的职责划分如下:

(1)业务部。负责组织做好租赁性资产的出租、管理、验收等工作;办理租赁资产保险、物权登记及其他需要的登记;组织开展租赁资产检查;做好租赁资产评估分析和回收处置。

(2)风险管理部。负责对业务部资产评估情况进行审核,并配合业务部做好租赁资产残值处置,牵头组织不良租赁资产的处置工作。

(3)财务部。负责购买租赁资产的对外资金划拨、租赁资产保证金入账以及收取租金、提取资产折旧、结合租赁资产价值评估做好减值准备提取等工作。

第二章 租赁程序要求

第五条【租赁前审批】 企业在实施租赁性资产对外租赁前应按照以下流程进行审批。

（1）业务部应根据承租方要求填写"租赁申请表"，并提交相关资料，包括但不限于承租方租赁要求、租赁资产用途、租赁合同草案等。

（2）业务部应根据租赁资产的实际租赁情况与承租方进行谈判，并形成最终决策意见。

（3）租赁事项确定后，业务部应将谈判结果提交到董事会审批，并按照规定程序办理审批手续。

第六条【资产评估、定价】 企业应当根据租赁性资产周边相同地段、功能和用途类似的实物资产市场出租价格作为参考依据，或社会中介机构第三方评估的方式对租赁性资产进行评估，确定出租底价。

第七条【招租方式】 企业租赁性资产的招租方式如下：

（1）公开招租。企业实物资产有下列情形之一的，原则上应当通过公共资源交易平台（国有产权）进行公开招租。

①企业出租房产建筑面积超过300平方米或土地超过1000平方米的实物资产。

②价值超过200万元的机器、设备等其他性质的实物资产。

除上述2种情形外的租赁性资产出租，可以采取其他方式组织公开招租。发布招租公告时间一般不少于10个工作日。

（2）直接协议。企业租赁性资产有下列情形之一的，可以采取直接协议的方式进行招租，按照《企业章程》及"实物资产出租管理制度"的规定决定。

①经公开招租只有一个符合承租人条件的。

②坐落位置较偏僻、面积小、年租金金额小的房地产，确实不宜采取公开招租方式出租的零星资产、特殊设施设备。

③其他按照规定不宜公开招租的情况。

第八条【审批、备案】 企业租赁性资产出租需要进行改建、扩建的应当履行企业内部决策程序，通过后由企业或承租人按规定报有关部门审批或核准并进行备案，禁止违规建设。改建、扩建部分需经过验收后方可使用。

第九条【租赁合同签订】 租赁合同签订应遵循以下规定：

（1）业务部应根据与承租方达成的租赁意见，制定规范的租赁合同，并在租赁合同中详细约定租赁期限、租金、保证金、违约责任等条款。

（2）租赁合同应由财务部和风险管理部共同审核并确认无误后，方可签订。

第十条【租赁期限届满】 企业在租赁期限届满前应按照以下流程开展后续工作。

（1）在租赁期限届满前，业务部应根据租赁合同的约定，提前与承租方就是否续租或归还租赁性资产进行沟通。

（2）如承租方选择续租，应与承租方进行谈判并签订相应的续租合同。

（3）如承租方选择归还租赁性资产，则应按照租赁合同约定进行资产交接，并填写"租赁资产交接表"。

第十一条【资产验收】 在租赁期限届满前，企业财务部应按照租赁合同约定的规定，对租赁性资产进行验收，资产验收应由财务部和资产管理部共同进行，并填写"租赁资产验收表"，明确资产数量、状态、使用情况等信息。

第三章 租赁性资产风险管理

第十二条【决策程序风险】 企业业务部应严格按照《企业章程》、企业治理制度相关规定履行企业内部决策程序。严格按照规定将租赁事项报相关监管部门进行审批、备案，确保出租资产合法合规。

第十三条【租金风险】 企业风险管理部应监督业务部是否依法对租赁资产进行资产评估，是否在市场估价或询价基础上确定合理价格，是否合理约定租金调整机制，以免对企业造成重大经济损失。

第十四条【承租人风险】 企业风险管理部应对承租人风险进行如下管理：

（1）是否按照规定履行进场交易程序。

（2）业务部是否设置合理的招租条件，是否存在排除、限制竞争，产生权力寻租行为。

（3）业务部是否对承租人资信情况、履约能力进行严格审查。

第十五条【租期风险】 企业在签订租赁合同时，应避免以下风险：

（1）违反《中华人民共和国民法典》规定，租期超过20年，超过部分无效。

（2）违反关于租赁期限的地方监管规定，延长一般租赁期限但未按规定履行相关决策程序。

第十六条【合同签订、履行风险】 业务部在租赁合同签订、履行过程中应重点关注以下内容：

（1）关键条款不缺失，双方权利、义务界定明确，避免引发争议。

（2）对承租人的转租权进行约束，避免租赁资产被承租人擅自转租。

（3）资产租赁后监督管理缺失，导致租赁资产未按约定用途和范围使用；被不当损毁，产生安全事故等。

第四章 租赁期管理

第十七条【制定维护规程】 租赁性资产交付承租人使用时，业务部应督促承租人制定完善的资产使用程序、操作维护规程，并建立设备使用责任和维护制度。

第十八条【日常检查】 业务部人员应定期对出租的租赁性资产进行检查，检查内容包括但不限于：承租人对租赁性资产的使用情况；承租人是否定期对租赁性资产进行维护、保养和检查，并查验相关检查结果；风险管理部应及时督促业务部对租赁性物资进行检查，并要求业务部提交相关检查报告。

第十九条【余值评估】 业务部应定期对租赁性资产余值情况进行分析，并向部门负责人和风险管理部提交租赁性资产评估意见。租赁性资产余值评估可通过现行市价法，收益现值法等方法进行，具体评估时还应结合评估对象、评估时间、计价标准三者的匹配性特点而选定。

第二十条【租赁期间风险管理】 日常检查和监控中，发现如下情形的，业务部应及时报告风险管理部。

（1）租赁性资产价格大幅贬值，对租赁性资产的出售和再出租产生重大不利影响。

（2）承租人消极使用租赁性资产，造成租赁性资产丧失或部分关键功能丧失，影响租赁性资产的处置或经营。

（3）承租人违反租赁合同约定条款等情形。

第二十一条【风险防控措施】 对出现风险隐患的情况，风险管理部应尽快提出处理意见，采取追索担保人、处置抵押物、提前收回租赁性资产及相应的各项权益、法律诉讼等必要的债权保护措施。

第五章 附则

第二十二条【解释权】 本制度解释权由董事会授权资产管理部解释。

第二十三条【生效日期】 本制度自董事会审议通过之日起生效。

7.1.2 租赁性资产运行审计与监督制度

通过严格的审计和监督程序，能够有效减少企业因对租赁性资产管理不善而导致的损失和风险，保护租赁性资产的运行安全和稳定性，促进企业可持续发展。以下是租赁性资产运行审计与监督制度，仅供参考。

租赁性资产运行审计与监督制度

第一章 总则

第一条【目的】 为规范企业租赁性资产的运行及监督，保证其使用、维护和管理符合有关法律法规和规章的要求，确保租赁性资产能够正常、安全、高效地运行，特制定本制度。

第二条【适用范围】 本制度适用于企业所有租赁性资产的运行审计与监督。

第三条【责任主体】 企业设立的租赁性资产管理委员会，是企业租赁性资产的管理、控制和监督机构。企业租赁性资产管理员负责执行租赁性资产管理委员会的工作。

第二章 租赁性资产运行审计

第四条【审计范围】 将企业所有租赁性资产纳入审计范围，包括但不限于设备、办公场所、仓库等。

第五条【审计内容】 对租赁性资产的使用、维护、管理情况进行审计，具体审计内容包括但不限于以下几点：

（1）租赁性资产的规格型号、数量、使用年限、使用状况、维修记录等情况。

（2）租赁性资产的管理情况，包括租赁协议、管理制度、保险等相关情况。

（3）对租赁性资产运行情况的监测情况，包括设备运行数据与维修、保养、更换情况等。

（4）租赁性资产使用风险控制情况，包括租赁性资产所处环境安全性和使用人员操作行为安全等情况。

第六条【审计周期】 对租赁性资产的审计应定期开展，一般为每年1次，并根据实际情况进行灵活调整。

第七条【审计标准】 根据企业内部控制制度和国家法律法规要求，制定具体的审计标准和程序，确保审计结果的可靠性和准确性。

第八条【审计报告】 对每年的审计结果形成一份全面的审计报告，向企业高层管理人员汇报审计结果和存在的问题，并提出改进意见和建议。

第三章 租赁性资产运行监督

第九条【监督机制】 租赁性资产管理委员会负责对租赁性资产的管理、

使用、维护等情况进行监督。同时，应制定租赁性资产监督制度，明确租赁性资产的使用范围、使用原则、使用规定、管理办法等，并严格执行各项制度和流程，确保租赁性资产的安全和合规。

第十条【监督内容】 监督内容主要包括租赁性资产的备案审批手续、集体决策程序、公开招租行为、租金收缴入库是否合规、合法、安全等，以及对租赁合同和交易的监督。

（1）监督备案审批手续。企业租赁性资产的租赁行为应按相关规定流程履行备案审批程序，企业监管部门应加强对备案审批手续的监督管理，杜绝刻意掩饰、隐瞒、转移租赁性资产租赁的行为，确保企业租赁性资产招租申报及时、流程清晰、管理规范、责任可查。

（2）监督集体决策程序。监督企业租赁性资产运行的决策管理，重点关注租赁事项集体决策程序的合法、合规性，有无未经企业集体决策程序对外租赁资产问题，将租赁性资产运行纳入重大议事决策范围。

（3）监督公开招租行为。监督企业租赁性资产使用权公开招租行为，重点关注企业房产、地产使用权租赁事项公开情况，规范租赁性房产、地产招租流程，确保集中、公开招租行为合规、规范、有序。

（4）监督租金收缴入库。根据企业租赁性资产租金收取和上缴非税情况，重点查清资产租金擅自减免、少收、缓收、拖欠和滞留账外的金额及原因，督促租赁资产管理部将租赁收入纳入财务预算管理，主动按期收取房产、地产租金，对久拖拒付租金的承租人应运用法律手段维权清收，确保企业租赁收益应收尽收。

第四章 纠正与改进

第十一条【纠正措施】 在审计或监督过程中，如果发现问题或违规情况，须及时采取纠正措施，遵守法律法规相关要求，并编制相应的纠正报告和处理记录。

第十二条【内部管理体系】 建立完善的内部管理体系，包括制度、流程和岗位职责等方面，确保租赁性资产的审计和监督工作得以顺利开展。

第十三条【持续改进】 对审计和监督工作进行评估，不断总结经验和教训，持续改进企业的审计和监督制度，提高企业内部管理水平。

第十四条【违规事件处理】 对于违反企业租赁性资产管理制度和规定的行为，企业应根据《企业内部管理制度》或《员工行为规范书》等相关规定给予相应的处理措施，并按相关规定进行记录。

第五章 附则

第十五条【解释权】 本制度解释权属于董事会。

第十六条【生效日期】 本制度自董事会审议通过之日起生效。

7.2 租赁资产处理

7.2.1 租赁资产处理实施细则

租赁资产处理是指企业在租赁资产合同到期或提前终止时，根据协议约定或法律规定，对租赁物进行处置的过程。在实际操作中，为规范租赁资产的处理行为，保障资产安全，企业应制定租赁资产处理实施细则，以约束租赁资产处理行为。以下是租赁资产处理实施细则，仅供参考。

租赁资产处理实施细则

第一章 总则

第一条【目的】 为进一步加强企业的租赁资产处理工作，提高租赁资产经济效益，确保租赁资产保值增值，根据国家相关法律法规，结合本企业实际，特制定本细则。

第二条【适用范围】 本细则适用于企业租赁资产的处理实施工作，包括出售、转租、置换或报废等处理工作。

第三条【组织与职责】 租赁资产处理主体与职责如下所述：

（1）资产管理部负责制定租赁资产处理实施细则，并对其执行情况进行监督与管理。

（2）资产管理部是租赁资产处理的实施主体，全面负责租赁资产的统筹处理工作。

第四条【术语解释】 本细则所述租赁资产范围包括固定资产、其他资产、场地、流动资产等。

第二章 租赁处理协议合规

第五条【租赁处理协议准则】 所有租赁处理协议必须符合国际财务报告准则（IFRS）。租赁处理协议应该明确标识出租方和承租方的责任和义务。租赁处理协议中的租金支付应该按照协议规定的时间表进行。租赁处理协议应该包含处理期限以及处理计划等。

第六条【租赁资产评估】 任何租赁处理协议都应该接受合规评估。资产管理部应该仔细评估租赁期限和租金收回计划，记录所有租赁资产的价值并根据需要进行调整，确保租赁处理协议合法合规。

第七条【明确租赁资产的使用权与使用目的】 租赁处理协议中应明确规定租赁资产所有权的持有者，还应明确规定租赁资产的使用目的，以确保其合规。

第八条【合同审查】 在租赁处理协议生效之前，资产管理部应该对租赁合同文本进行审查和评估，并确定合同是否完全遵循所有适用的法规、规定和政策。

第九条【租赁处理协议修改或终止】 资产管理部审慎评估租赁处理协议，以确定其是否需要进行修改或者终止，确保租赁处理协议在修改和终止时符合国家法律法规及相关要求。

第三章 租赁资产处理合规

第十条【租赁资产处理计划】 资产管理部在制订租赁资产处理计划时，须遵守企业合规管理制度，特别是与出售或转让相关的内部制度和法律法规要求，以确保租赁资产处理计划合法合规。

第十一条【租赁资产处理程序】 资产管理部在租赁资产处理过程中，要求执行固定的流程，确保处理程序的逻辑性，规范性和合规性。根据企业内部要求，明确租赁资产处理方式、时间等，减少潜在的损失。

第十二条【保护企业信息安全】 资产管理部在租赁资产处理过程中，须注意保护企业敏感信息的安全，并采取必要的措施防止信息泄露和侵权行为的发生，防范信息安全风险。

第十三条【记录处理过程与结果】 资产管理部在租赁资产处理过程中，应及时记录处理过程和结果，并将其纳入企业合规管理监督体系，以便在审计或调查时提供依据。

第十四条【改进租赁处理流程】 资产管理部根据实际操作情况和法律法规要求，不断改进租赁资产处理流程和相关制度，提高企业的合规管理水平。

第十五条【建立租赁资产档案】 资产管理部应对所有租赁资产建立详细的档案，包括使用情况、维修记录、评估报告、处理方式等内容，以备日后审计或调查需要，确保租赁资产档案管理合规。

第十六条【注意租赁资产处理社会效益】 资产管理部应对待处理的租赁

资产进行效益性审查，包括环保合规性审查、知识产权合规性审查等，确保其社会效益，树立企业的良好形象。

第四章 附则

第十七条【遵从上位法】 法律法规对租赁资产处理有专门规定的，首先按照法律法规进行。

第十八条【准用性规定】 本企业租赁资产处理工作由资产管理部按照此细则结合实际情况执行。

第十九条【解释权】 本细则由资产管理部负责解释。

第二十条【生效日期】 本细则自发布之日起生效。

7.2.2 防止国有资产流失管理办法

防止国有资产流失是企业合规管理中非常重要的一部分。企业应当加强对于国有资产的管理和监管，制定相应的规章制度和操作程序，严格执行企业内部规定和相关法律法规，提高企业内部合规意识和风险防范能力，确保国有资产得到有效保护和利用。以下是防止国有资产流失管理办法，仅供参考。

防止国有资产流失管理办法

第一章 总则

第一条【目的】 为规范对企业国有资产的管理，加强对企业国有资产的保护，防止企业国有资产流失造成的损失，维护国家和社会的利益，结合企业实际情况，特制定本办法。

第二条【适用范围】 本办法适用于国有资产管理机构及其下属企事业单位、国有独资公司、国有控股企业等。

第三条【基本原则】 防止国有资产流失管理应遵循以下基本原则：

（1）坚持全面覆盖，突出重点。实现企业国有资产监督全覆盖，加强对企业国有资产管理重点部门、重点岗位和重点决策环节的监督，切实维护国有资产安全。

（2）坚持权责分明，协同联合。清晰界定各类监督主体的监督职责，有效整合监督资源，增强监督工作合力，形成内外衔接、上下贯通的国有资产监督格局。

（3）坚持完善制度，严肃问责。建立健全企业国有资产监督管理办法，依法依规开展监督工作,完善责任追究制度,对违法违规造成国有资产损失以及监督工作中失职渎职的责任人,严格追究责任。

第二章 防止国有资产流失监督管理

第四条【强化企业内部控制】 为防止国有资产流失,在强化企业内部控制时应采取如下措施:

(1)完善企业内部监督机制。建立涵盖审计、纪检监察、巡视、法律、财务等部门的监督工作体系,强化对子企业的纵向监督和各业务板块的专业监督。健全涉及财务、采购、营销、投资等方面的内部监督制度和内控机制。

(2)强化董事会规范运作和对经理层的监督。加强对董事会内部的制衡、约束,依法规范董事会决策程序和董事长履职行为,落实董事对董事会决议承担的法定责任。切实加强董事会对经理层落实董事会决议情况的监督。

(3)加强企业监事会建设。加大监事会对董事、高级管理人员履职行为的监督力度,进一步落实监事会检查企业财务、纠正董事及高级管理人员损害企业利益行为等职权,保障监事会依法行权履职,强化监事会及监事的监督责任。

第五条【加强企业外部监督】 为防止国有资产流失,在加强企业外部监督时应采取如下措施:

(1)完善国有资产监管机构。建立健全企业规划投资、改制重组、产权管理、财务评价、业绩考核、选人用人、薪酬分配等,规范国有资本运作,防止国有资产流失的制度。

(2)建立高效、顺畅的外部监督协同机制。整合出资人监管、外派监事会监督和审计、纪检监察、巡视等监督力量,建立监督工作会商机制,加强统筹,减少重复检查,提高监督效能。创新监督工作机制和方式方法,运用信息化手段查核问题,实现监督信息共享。

第六条【加强社会监督】 推动国有资产和国有企业重大信息公开。建立健全企业国有资产监管重大信息公开制度,对国有资产整体运营情况、企业国有资产保值增值及经营业绩总体情况、国有资产监管制度和监督检查情况等依法依规,及时、准确披露。

第七条【加强监督制度和能力建设】 依据法定程序修订完善企业国有资产法等法律法规中有关企业国有资产监督的规定,制定出台防止企业国有资产流失条例,将加强企业国有资产监督的职责、程序和有关要求法定化、规范化。

加强对监督队伍的日常管理和考核评价，健全与监督工作成效挂钩的激励约束机制，强化监督队伍履职保障。

第三章 防止国有资产流失的处置管理

第八条【充分评估论证】 应对国有资产的处置进行充分评估、论证，包括但不限于以下方面：

（1）资产状况评估。对国有资产的产权归属、权利与义务、物权状况、价格影响因素、交易难易程度等进行评估。

（2）交易价格评估。根据市场价格、资产行业特征、国家政策等因素，进行交易价格评估，确定合理的交易价格。

（3）交易方式评估。根据国有资产交易的特点，评估适宜的交易方式，如公开招标、竞争性谈判、竞价等。

（4）风险评估。评估国有资产交易过程中存在的各种风险，并制定相应的防范措施，以保障国有资产的安全。

第九条【加强风险管控】 加强对国有资产的清查和评估工作，及时发现资产流失风险点。

（1）针对国有资产流失的主要风险，制定相应的风险防控措施和补救计划，建立风险承受能力评估体系，确保国有资产安全、稳妥。

（2）强化监管机制，建立国有资产流失的监控体系，定期检查、审计，及时发现和解决问题，确保风险可控。

（3）通过推动对国有资产的评估、审计、验收等工作的全面督察，监督和评估国有资产质量。

第十条【规范审批程序】 企业应当建立完善的国有资产处置程序和审批制度，依法依规履行交易审批手续，充分保障国有资产交易的程序正当，杜绝随意、任意处置的行为，维护企业合法权益。

第十一条【资产登记与定期盘点】 为防止国有资产流失，应做好资产登记与定期盘点工作，包括但不限于以下方面的内容：

（1）及时做好权属、产权登记工作，包括登记范围、提交资料、登记要求、办理时限等方面，确保国有资产得到妥善使用、保管和维护。

（2）积极组织资产清查盘点，从严把关资产处置范围。准确掌握资产情况，及时发现存在的问题与隐患，积极探索资产保值增值的路径渠道。

第四章 对国有资产流失的处置

第十二条【审批与监督】 国有资产管理部门应当加强对国有企业内部治理结构、财务状况、经营管理情况的监督和检查,防止国有资产在企业内部流失。针对国有企业重组、改制等重大事项,应当加强审批和监督,确保国有资产得到妥善处置和利用。

第十三条【追回流失国有资产】 对于已经流失的国有资产,应当及时采取措施追回。如通过司法途径或者与相关人员协商等方式进行。

第十四条【责任追究】 明确国有资产安全、防止流失的主要责任人,对于国有资产管理中出现的失控、丢失、滥用、挪用等问题,应当依法追究相关责任人的责任,并要求其进行相应的经济赔偿,接受行政处罚或法律制裁。

第五章 附则

第十五条【解释权】 本办法解释权归国有资产管理机构。

第十六条【生效日期】 本办法自颁发之日起生效。

第 8 章

企业合规——债务管理

8.1 负债约束

8.1.1 企业负债与资金安全管理制度

企业负债与资金安全管理是指企业制定一系列制度、规范和措施,保障企业债务和资金管理的合规性、稳健性和安全性,防范和控制财务风险,保证企业经营的稳定性和可持续发展。以下是企业负债与资金安全管理制度,仅供参考。

企业负债与资金安全管理制度

第一章 总则

第一条【目的】 为规范企业负债和资金安全管理行为,保障企业的合规运营和稳健发展,特制定本制度。

第二条【适用范围】 本制度适用于本企业的负债和资金安全管理行为。

第三条【遵守原则】 本企业所有部门和人员必须遵守法律法规和企业制度,严格执行本制度,并承担相应的责任。

第二章 部门和人员职责

第四条【董事会职责】 根据本制度要求,董事会履行以下职责:

(1)审批债务融资申请,确保债务融资的合规性和稳健性。

(2)定期审查和监督企业的负债和资金情况,及时发现和解决问题。

第五条【财务部职责】 根据本制度要求,财务部履行以下职责:

(1)建立和完善财务制度和流程,保证企业财务的合规性和安全性。

(2)定期对企业的债务和资金情况进行分析和评估,及时发现和解决风险问题。

(3)加强对收支款项的管控,确保收款和付款的真实性、合规性和安全性。

第六条【内部审计部职责】 根据本制度要求,企业审计部履行以下职责:

(1)对企业财务和业务活动进行审计和评估,及时发现、纠正违规行为和管理缺陷。

(2)向董事会和管理层报告审计结果和问题建议,对未解决的问题进行跟踪并提出整改措施。

第三章 负债管理

第七条【债务融资审批制度】 债务融资审批制度有关要求如下所示：

（1）申请部门应向董事会提出债务融资申请，提交相关材料和融资审批表。

（2）董事会应根据企业实际情况和财务状况，审核债务融资申请的必要性和合理性，作出审批决定，并责成相关部门负责人签署债务融资合同。

第八条【债务管理制度】 债务管理制度有关要求如下所示：

（1）财务部应及时了解企业的债务情况，包括借款金额、利率、期限等，并建立债务档案，以备查阅。

（2）财务部应按期还款，确保还款的及时性和准确性，避免产生逾期等风险。

（3）财务部应建立债务偿还预算和计划，以确保债务偿还的合规性和稳健性。

第四章 资金安全管理

第九条【资金账户管理制度】 资金账户管理制度有关要求如下所示：

（1）财务部应规范资金收付流程，建立资金账户，确保资金流向清晰、准确。

（2）财务部应实施二次确认、授权等制度，防范内外部风险。

（3）财务部应及时了解和跟踪资金账户的情况，包括账户余额、流水明细等，并及时发现和处理异常情况。

第十条【资金监管制度】 资金监管制度有关要求如下所示：

（1）财务部应定期对资金运营情况进行分析和评估，发现并预防潜在风险。

（2）财务部应建立健全内部控制体系，加强内部审计和风险管理，及时发现和纠正内部违规行为。

（3）财务部应加强对收支款项的管控，保证收款和付款的真实性、合规性和安全性。

第十一条【财务预算管理制度】 财务预算管理制度有关要求如下所示：

（1）各部门应按照企业的财务预算制度，制定本部门的年度预算，并逐月进行调整和跟踪。

（2）各部门应定期汇报预算执行情况，及时发现并解决偏差和问题。

第十二条【内部审计制度】 内部审计制度有关要求如下所示：

（1）企业应设立内部审计部，负责对企业财务和业务活动进行审计和评估，及时发现、纠正违规行为和管理缺陷。

（2）内部审计部应定期向董事会和管理层报告审计结果和问题建议，对未解决的问题进行跟踪并提出整改措施。

第五章 管理制度执行和违规处理

第十三条【管理制度执行】 管理制度执行的要求如下所示：

（1）所有部门和人员必须遵守本制度和企业其他相关制度，严格执行各项规定。

（2）所有部门和人员必须积极配合内部审计和外部审计，提供真实、准确的资料和信息。

第十四条【违规处理】 违规处理相关规定如下所示：

（1）对于违反本制度的部门和人员，应按照企业相关规定进行纪律处分和责任追究。

（2）对于严重违反法律法规和企业制度的行为，企业应报告有关监管机构，依法追究其法律责任。

第六章 附则

第十五条【解释权】 本制度由财务部负责解释。

第十六条【生效日期】 本制度自发布之日起生效。

8.1.2 资金拆借与担保管理规范

为了确保资金拆借和担保管理的有效进行，企业和金融机构需要建立相应的管理规范，以确保所有借款和担保行为的合法性和规范性，同时也可以有效地控制风险。以下是资金拆借与担保管理规范，仅供参考。

资金拆借与担保管理规范

第一章 总则

第一条【目的】 为规范企业内部资金拆借与担保管理行为，提高资金使用效率，保障企业利益，特制定本规范。

第二条【适用范围】 本规范适用于企业内部资金拆借与担保管理活动。

第三条【相关概念】 本规范所称各名词的定义如下：

（1）资金拆借是指企业在经营过程中，由于资金临时闲置或资金短缺，而与其他企业、银行或金融机构之间进行的短期资金借贷活动。

（2）担保，指为债务人的债务履行提供担保责任的行为。

（3）担保人，指为债务人的债务履行提供担保责任的自然人或法人。

（4）抵押，指债务人为债务履行提供的财产担保，担保债务人在债务履行期限内不能按照约定履行债务时，担保人将抵押财产变现后偿付债务。

第二章 资金拆借管理

第四条【资金拆借条件】 资金拆借行为必须满足以下条件：

（1）资金拆借双方应当明确借贷金额、利率、借款期限、还款方式等基本条款，并在书面合同中进行约定。

（2）借款方应当提供担保措施，以保障企业的借款安全。

第五条【资金拆借程序】 资金拆借按照以下程序进行。

（1）资金拆借双方应当在书面合同中约定基本条款。

（2）借款方应当提交担保措施，经企业审批通过后方可进行资金拆借。

（3）企业应当在资金拆借后及时记录借贷金额、利率、借款期限、还款方式等信息，并进行归档。

第六条【资金拆借风险控制】 资金拆借的风险控制相关要求如下所示：

（1）企业应当定期对资金拆借情况进行跟踪和监督，发现风险及时采取措施进行处置。

（2）资金拆借发生风险时，企业应当采取适当的风险控制措施，如采取法律手段追缴欠款、调整借款期限等。

（3）企业应当建立完善的风险管理制度，对可能导致资金拆借风险的因素进行分析和评估，并制定相应的应对措施。

第三章 担保管理

第七条【担保条件】 担保行为必须满足以下条件：

（1）企业担保债务的行为应当经过企业领导层审批同意。

（2）担保人应当具备一定的还款能力和信誉度。

（3）担保人应当具有担保债务所必要的资产或收入。

第八条【担保形式】 企业可以采取以下形式进行担保。

（1）抵押。指担保人为债务人提供的不动产、机器设备、存货等物品担保。

（2）质押。指担保人为债务人提供的有价证券、存款等财产担保。

（3）保证。指担保人为债务人提供的信用担保。

（4）其他形式。指除以上担保形式，根据实际情况，担保人可以提供的其他形式的担保。

第九条【担保程序】 担保行为按照以下程序进行。

（1）债务人应当向企业提出担保申请，提交担保材料。

（2）企业应当根据实际情况审核担保材料，对担保申请进行审批。

（3）经企业领导层审批同意后，签订担保合同。

第十条【担保风险控制】 担保的风险控制相关要求如下所示：

（1）企业应当对担保人进行严格的资信审查，评估担保人的还款能力和信誉度，确保担保人具有担保债务的资格。

（2）企业应当建立完善的担保管理制度，对担保人提供的担保物进行管理，并及时了解其变化情况。

（3）当债务人未按照约定履行债务时，企业应当及时采取措施追缴欠款，如果需要变现担保物，应当依法依规进行，确保企业利益不受损失。

第四章 附则

第十一条【解释权】 本制度由秘书处负责解释。

第十二条【生效日期】 本制度自发布之日起生效。

8.2 债务监管

8.2.1 债务监督检查管理制度

债务监督检查管理是指企业或组织建立一套科学的债务管理制度，对债务进行监督和检查的过程。其主要目的是确保企业债务的规范性、合法性和安全性，避免债务风险对企业造成重大影响。以下是债务监督检查管理制度，仅供参考。

债务监督检查管理制度

第一章 总则

第一条【目的】 为规范企业债务管理工作，强化债务监督、检查工作，防范债务风险，维护企业经济利益和股东权益，特制定本制度。

第二条【适用范围】 本制度适用于企业的债务管理工作，包括债券发行、借款、贷款、担保等债务管理活动的监督和检查。

第三条【遵守原则】 企业所有部门和人员必须遵守法律法规和企业制度，严格执行本制度，并承担相应的责任。

第二章 部门和人员职责

第四条【债务监督检查委员会职责】 债务监督检查委员会是企业的监督机构,由企业监管部和财务部管理层组成,其职责如下:

(1)审查和批准企业的借款计划、发债计划等债务管理方案。

(2)制定和完善企业的债务监督检查制度。

(3)监督和检查企业的债务管理工作,及时发现并解决债务风险。

(4)对债务风险情况进行评估和报告,并向董事会和股东会汇报。

(5)负责其他与债务管理相关的事项。

第五条【财务部职责】 根据本制度要求,财务部履行以下职责:

(1)根据企业债务管理方案,制订具体的债务管理计划。

(2)落实债务管理措施,包括借款合同的签署、债券的发行、债务还款的安排等。

(3)建立健全债务档案管理制度,及时记录债务信息,做好债务信息的统计和分析工作。

(4)及时向债务监督检查委员会报告债务风险情况。

第六条【内部审计部职责】 根据本制度要求,内部审计部履行以下职责:

(1)对企业债务管理工作进行审计,发现债务管理中的问题和风险。

(2)向债务监督检查委员会报告审计结果并提出建议。

(3)向债务管理部门提供审计意见和建议。

第三章 债务监督检查的内容和周期

第七条【债务监督检查内容】 债务监督检查包括以下内容:

(1)债务管理制度的落实情况,包括债务管理制度的制定、修订和执行情况。

(2)债务管理责任制的落实情况,包括债务管理责任制的建立、明确和执行情况。

(3)债务管理信息披露情况,包括债务管理信息披露的及时性、真实性和完整性等方面。

(4)债务风险的评估和控制情况,包括债务风险的识别、评估和控制措施的制定和执行情况。

(5)债券的发行和兑付情况,包括债券发行的程序和方式、债券兑付的程序和方式等。

（6）债务还款的安排和执行情况，包括债务还款计划的制订和执行情况、债务违约和风险应对措施等方面。

（7）其他与债务管理相关的事项，包括担保措施的落实情况、融资成本的控制情况等。

第八条【债务监督检查周期】 债务监督检查周期根据企业的债务管理情况和债务风险情况进行确定。通常建议每年至少进行一次债务监督检查。

第四章 债务监督检查的程序

第九条【债务监督检查计划制订】 企业债务监督检查委员会应当根据企业债务管理计划和债务风险情况，制订企业年度债务监督检查计划，确定检查内容、检查时间和检查对象等。

第十条【债务监督检查实施】 债务监督检查实施要求如下所示：

（1）债务管理部门应当配合债务监督检查委员会的工作，提供必要的信息和资料。

（2）债务监督检查委员会应当组织专业人员对债务管理部门进行检查，采取抽样、检查记录、现场检查等方式，全面了解债务管理情况。

（3）债务监督检查委员会应当向董事会和股东会报告检查结果和建议，并及时向债务管理部门提出整改意见和建议。

（4）债务管理部门应当对整改意见和建议进行认真落实和执行，及时报告整改情况。

第十一条【债务监督检查报告】 债务监督检查委员会应当根据检查结果，编制债务监督检查报告，并提交企业领导层。债务监督检查报告应当包括债务监督检查计划的执行情况，债务管理制度的落实情况，债务管理责任制的落实情况，债务管理信息披露情况，债务风险评估和控制情况，债券发行和兑付情况，债务还款的安排和执行情况，其他与债务管理相关的事项，存在的问题和建议。

第十二条【债务监督检查效果评估】 债务监督检查委员会应当对债务监督检查的效果进行评估，及时总结经验，完善制度，提高债务管理水平和风险防范能力。

第五章 附则

第十三条【解释权】 本制度由债务监督检查委员会负责解释。

第十四条【生效日期】 本制度自发布之日起生效。

8.2.2 债务问题责任追究制度

在企业内部,债务问题的责任可能涉及多个部门和多个员工,因此,需要明确责任界定和处理方案,对涉及债务问题的责任方进行追究和处理。以下是债务问题责任追究制度,仅供参考。

债务问题责任追究制度

第一章 总则

第一条【目的】 为规范企业内部债务问题的处理程序和责任追究制度,保障企业及其合作伙伴的合法权益,避免或减少债务问题对企业及其相关方造成的不良影响,特制定本制度。

第二条【适用范围】 本制度适用于企业内部产生的所有债务问题的责任追究工作。

第三条【遵守原则】 本企业所有部门和人员必须遵守法律法规和企业制度,严格执行本制度,并承担相应的责任。

第二章 债务核实与责任界定

第四条【债务核实】 企业要根据债务管理制度,对债务问题进行核实,以确定债务问题的真实性、合法性和有效性,包括但不限于以下内容:

(1)核对债权债务信息,确认债务的真实性和准确性。

(2)鉴定债务性质,明确债务的性质和产生的原因。

(3)核实合同约定,确保债务事实与合同约定一致。

第五条【责任界定】 企业要根据债务核实结果,综合评估债务问题的责任方,以确定债务问题的责任方及其责任范围。责任界定包括但不限于以下内容:

(1)根据债务产生的原因、责任方的行为、合同约定等因素,综合评估责任范围。

(2)将责任界定结果以书面形式通知有关责任方。

第三章 制定处理方案和履行责任

第六条【制定处理方案】 处理方案要根据责任界定结果和债务性质制定,完整合理的处理方案应包括但不限于以下内容:

(1)根据债务性质和金额,制订还款计划、清偿方案等。

(2)要求相关责任方履行其责任。

（3）如有必要，可以与相关方进行协商、调解等以解决债务问题。

第七条【履行责任】 企业要根据责任界定结果和处理方案的要求，履行责任，包括但不限于以下内容：

（1）如有必要，向债权人支付欠款。

（2）根据约定或相关法律法规进行其他形式的债务清偿。

（3）如有必要，与相关方协商制定合理的清偿方案。

第四章 追究责任

第八条【刑事责任】 如果债务问题涉及违法犯罪行为，责任方将被依法追究刑事责任。企业应当及时报警，并配合有关部门的调查和处理工作。

第九条【民事责任】 如果债务问题属于民事纠纷，企业应根据责任界定结果，要求责任方承担民事赔偿责任。依法维护自身合法权益。

第十条【合同责任】 如果债务问题与合同有关，企业将按照合同规定对责任方进行追究，并要求责任方履行合同约定的清偿责任。企业将严格执行合同条款，并通过法律手段保护自身的合法权益。

第十一条【内部处分】 如果责任方违反了企业内部规定，企业将按照企业规定对责任方进行内部处分。内部处分的形式包括但不限于口头警告、书面警告、通报批评、停职、降职、解聘等。

第十二条【经济赔偿责任】 如果责任方造成企业及其合作伙伴经济损失，企业将依据相关法律法规和合同约定，要求责任方承担经济赔偿责任。

第十三条【追究结果公示】 企业将对追究结果进行公示，并将公示结果记入责任方的档案中，以便今后参考和查阅。同时，企业将对追究结果进行总结和分析，以便今后防范和应对类似问题。

第五章 附则

第十四条【解释权】 本制度由秘书处负责解释。

第十五条【生效日期】 本制度自发布之日起生效。

第9章

企业合规——产品质量

9.1 质量体系

9.1.1 产品管理质量体系建设制度

产品管理质量体系建设制度是企业保证产品质量稳定、符合法律法规要求的重要手段。产品管理质量体系的建设是企业提高产品质量的重要保障。以下是产品管理质量体系建设制度，仅供参考。

产品管理质量体系建设制度

第一章 总则

第一条【目的】 为了使企业能够及时对产品质量问题进行预防、监控、识别、报告、解决，对产品质量予以持续的改进，并让所有行为都遵循规定的程序或标准实施，依据《中华人民共和国产品质量法》，结合企业实际情况，特制定本制度。

第二条【适用范围】 本制度适用于企业质量控制体系、质量保证体系、质量改进体系等的建立与完善。

第三条【职责划分】 质量管理体系建设中相关部门的职责划分如下：

（1）质量管理部负责设计和执行质量管理体系，并负责组织产品质量管理活动。

（2）生产部负责遵照质量管理部的要求进行产品生产管理，并配合质量检验的实施。

（3）售后服务部负责产品售后服务管理，回应客户问题，及时归纳、汇总和反馈客户的使用体验和建议。

第二章 产品质量合规工作管理的内容

第四条【标准性产品质量合规】 合规管理人员及产品质量管理人员应根据国家法令、行业要求或企业相关规定收集、梳理、研究产品的技术性要求，制定产品质量合规管理的技术性标准，并建立与之相对应的数据库。

第五条【程序性产品质量合规】 企业应当严格遵守外部法令、规范或企业内部对于产品质量问题的程序性要求或处理程序规定并结合产品质量合规管理的标准性要求解决产品质量问题。

第三章 产品质量合规管理体系文件

第六条【质量方针和质量目标】 详细、准确地描述企业的质量方针和目标,确保所有员工都理解并遵循。

(1)质量方针的制定应以顾客至上的质量为导向,确保质量管理体系的有效性,并对其进行持续改进和创新,使其遵守所有适用的法律法规和标准,培养员工的质量意识和技能。

(2)质量目标应具体、可量化、可达成,同时还要与企业的质量方针相一致。

第七条【质量手册】 质量手册应包含以下内容:

(1)组织结构和职责。明确企业的质量管理体系,包括各部门的职责、权限和工作流程等。

(2)关键技术要求。列出产品的关键技术要求,包括设计规范、材料、工艺、测试标准等。

(3)产品合规性。根据国家法律法规、行业标准和国际标准,制定详细的产品合规标准。标准应覆盖产品设计、生产、检验、包装和运输的全过程,确保产品始终符合规定。

(4)监控和测量。制订监控和测试计划,确保产品的品质符合要求,包括关键性能指标、工艺参数和检验方法等。

(5)常见问题解决方案。制定常见问题的解决方案,包括产品不合格、客户投诉以及质量问题的处理程序。

(6)培训与开发。提供员工培训计划,确保员工技能的提高和质量意识的增强。同时制订员工发展计划,建立员工的职业发展路径。

第八条【程序文件】 程序文件用于指导、规范和管理产品质量合规的相关工作流程。

(1)设计控制程序。该程序文件涉及工程师和技术人员的所有工作,包括设计规范的编制、验证、测试、审查和适配。

(2)采购控制程序。该程序文件指导采购人员的所有工作,包括供应商评估、审核和选择、材料和零部件的采购、交付和检验工作等。

(3)生产控制程序。该程序文件指导制造工程师和操作员的所有工作,包括生产计划的编制、工艺流程的安排、生产设备的校准和维护、产品的装配过程、检验工作等。

(4)检验和测试控制程序。该程序文件指导质检人员的所有工作,包括检验和测试计划的编制、检验和测试设备的维护和校准、产品的检验和测试过程和结果的记录和报告。

（5）不合格品管理程序。该程序文件涉及对不符合要求的产品或材料的处理，包括不合格品的检测、评估、处理方式和责任追究。

第九条【技术文档】 技术文档应包含以下内容：

（1）技术规范，包括设计、工序、测试、质量控制、安全要求等内容，用于指导制造工艺、测试和检测质量。

（2）工艺流程，包括从原材料到成品的生产顺序、工艺参数、监测点、校准点，以确保工艺流程的正确性和稳定性。

（3）检验报告，包括检测方法、检测过程、检测结果等，以便生产部和销售部可以根据检验报告对产品或销售术语进行调整和修改。

（4）标签和标识，包括带有产品的批次信息、条码、测试日期、制造日期以及设备的状况和修理历史记录等。

第十条【底层文件与记录】 主要应包含管理层会议记录、文件控制记录、内审记录、非符合品报告、过程控制记录、培训记录、外来评审记录、设备检测记录等。

第四章 质量管理体系的审核与评估

第十一条【合规审查机制】 质量管理部应当建立完善的合规审查机制，对产品从原材料采购到最终检验的每个环节进行严格把关。审查重点为产品是否符合合规标准、是否存在质量缺陷和安全隐患，以及是否符合环保和节能要求。

第十二条【质量信息管理系统】 建立质量信息管理系统，全面收集、整理、分析和报告产品质量数据。质量信息管理系统应覆盖产品质量检测、客户反馈和投诉处理等方面，为企业决策提供有力支持。

第十三条【质量风险控制】 建立质量风险控制机制，及时发现和评估产品质量可能存在的风险。风险评估基于历史数据、市场反馈和客户投诉等信息，采用定性和定量相结合的方法进行。

第十四条【质量问题处理】 对于违反法律法规、行业标准和产品质量承诺的行为，企业应当及时纠正和整改。

第十五条【文档记录管理】 建立文档记录保存、备份、归档系统，确保质量记录的完整性和可追溯性，所有审核员均需销毁保密文件的草稿。

第五章 附则

第十六条【解释权】 本制度由质量管理部负责解释。

第十七条【生效日期】 本制度自颁发之日起生效。

9.1.2 服务管理质量体系建设制度

合理、有效的服务管理质量体系能够提升企业工作效率、优化企业业务流程、提升企业客户满意度，因此服务管理质量体系的建设至关重要。为规避服务管理质量体系建设过程中的合规风险，企业应制定服务管理质量体系建设制度。以下是服务管理质量体系建设制度，仅供参考。

服务管理质量体系建设制度

第一章 总则

第一条【目的】 为规范服务管理质量体系建设行为，做好服务管理质量体系的建设工作，积极开展服务管理质量活动，确保服务管理质量体系合规建设，特制定本制度。

第二条【适用范围】 本制度适用于企业的服务管理体系建设活动。

第三条【组织与职责】 服务管理质量体系建设主体与职责如下所述：

（1）质量管理部负责制定服务管理质量体系建设制度，并对其执行情况进行监督与管理，及时更新、完善服务管理质量体系建设制度。

（2）质量管理部是服务管理质量体系建设的实施主体，负责服务管理质量体系的统筹建设工作。

（3）质量管理部应根据本制度的规定进行服务管理的质量体系建设活动，确保服务过程合规、规范和稳定。

（4）企业的领导层应对服务管理质量体系建设进行监督和评估，以满足合规要求。

第二章 服务管理质量调查与服务标准制定

第四条【调查内容】 质量管理部应选用合规方式对企业服务管理质量展开调查，调查内容包括以下3个方面内容：

（1）企业服务管理现状，包括服务人员素质、服务配套设施等。

（2）客户对企业服务管理的评价及满意度。

（3）企业主要竞争对手的服务管理水平。

第五条【服务质量标准制定】 质量管理部应在充分了解相关法律法规的基础上，制定服务质量标准。

（1）服务质量标准应根据国家法律法规、行业标准和合同约定制定，确保服务符合要求。

（2）服务质量标准应明确服务的范围、内容、质量、时效等，并与客户需求紧密结合。

（3）应定期审查和更新服务质量标准，以适应法律法规、市场和客户需求的变化。

第六条【服务管理流程设计】 质量管理部应对服务管理流程进行设计，包括服务需求分析、服务计划设计、服务实施、服务验收、服务评价和服务改进等环节。同时质量管理部在设计服务管理流程时，应注意设计过程以及设计内容的合规性。

第三章 服务管理质量体系建设与改进

第七条【服务人员培训】 企业应定期组织服务人员参加培训和教育活动，提高其专业素养和服务意识。培训内容应包括服务技能、沟通技巧、法律法规等方面。

第八条【建立客户服务反馈机制】 质量管理部应建立客户服务反馈机制，及时回应和解决客户的问题，确保处理方式与处理过程合规。具体步骤如下：

（1）建立客户服务反馈机制，及时了解客户对服务的评价和需求。

（2）通过收集客户反馈，及时发现并解决服务中存在的问题。

（3）与客户保持良好沟通，定期收集客户意见和建议，以持续优化服务。

第九条【服务质量监控机制】 企业应建立服务质量监控机制，对服务过程和服务结果进行全面监控。监控内容应包括服务满意度、服务投诉处理、服务效率等方面。定期对服务质量进行分析和评估，针对问题进行服务质量整改和提升。

第十条【建立服务评估机制】 质量管理部应建立服务评估机制，并根据评估结果采取相应措施改进服务质量，确保评估机制合规。

第十一条【服务风险控制】 企业应建立服务风险控制机制，识别和评估潜在的服务风险。针对风险点，企业制定相应的应对措施和预案。定期对服务风险进行评估和更新，确保风险控制的有效性。

第十二条【改进服务管理质量体系】 企业应关注市场动态和客户需求变

化，改进和完善服务管理质量体系以满足客户需求。积极引入新技术、新方法和新模式，提高服务的竞争力和市场适应性。

第四章 服务管理质量体系建设人员设计和考核

第十三条【明确人员素质要求】 质量管理部应明确规定相关人员的素质要求，并确保服务团队成员具备相关能力和技能，以便其在服务管理质量体系建设中发挥合规作用。

第十四条【建立严格招聘程序】 质量管理部应按照国家相关法律法规，建立严格的招聘程序，并对新员工进行合规培训和指导，以确保其符合企业服务管理质量体系建设的要求。

第十五条【建立绩效考核机制】 人力资源部应建立绩效考核机制，并将服务质量纳入对服务管理人员的考核之中，以规范其行为合规。

第五章 服务管理质量体系建设文档管理

第十六条【收集、整理文件与记录】 质量管理部应当收集、整理与服务管理质量体系建设有关的文件与记录，包括政策、程序、指南、工作说明等，并确保其完整、准确、及时以及合规。

第十七条【建立档案管理制度】 质量管理部应建立档案管理制度，确保服务管理质量体系建设的文件与记录能够得到长期保存和使用。

第十八条【建立文档控制制度】 质量管理部应建立文档控制制度，确保服务管理质量体系的文档控制和审批符合合规要求。

第六章 附则

第十九条【准用性规定】 本企业服务管理质量体系建设工作由质量管理部按照此制度结合实际情况执行。

第二十条【解释权】 本制度由质量管理部负责解释。

第二十一条【生效日期】 本制度自发布之日起生效。

9.2 质量控制

9.2.1 质量过程控制管理制度

质量过程控制管理制度指的是企业在生产和服务过程中，全面贯彻质量第一的原则，通过实施科学、规范、有效的控制管理，确保产品和服务质量的稳定性和可靠性。以下是质量过程控制管理制度，仅供参考。

质量过程控制管理制度

第一章 总则

第一条【目的】 为确保产品和服务质量的稳定性和可靠性,特制定本制度。

第二条【适用范围】 本制度适用于企业生产和服务过程中对各个环节的质量过程控制管理。

第二章 质量过程控制与管理要求

第三条【确定操作规程】 生产管理部应确定各业务过程及其关键节点,并对每一环节制定详细的操作规程,明确责任、流程和文档要求,实现流程标准化、程序化和可复制性。对关键点进行监测,并对重要参数进行跟踪控制。

第四条【工序控制】 产品生产过程中作业人员应严格执行作业规程和遵守作业指导书的规定,确保生产过程按照标准要求进行,并对每个加工工序进行记录,确保数据的准确性和可追溯性。

第五条【影响因素控制】 质量管理人员应对加工工艺、机器设备、环境等各个方面与质量有关的因素进行监督和控制,确保生产过程在符合标准要求的基础上进行。

第六条【问题处理】 生产人员在发现异常情况时应及时与质量管理人员分析问题产生的原因并解决问题。同时,对产品的各项指标进行全面检查,确保产品符合标准要求。

第七条【质量数据收集与分析】 质量管理人员应对质量数据进行收集和分析,及时反馈给相关负责人,若发现质量问题要及时处理并改进产品设计和制造工艺。为了提高数据精度和统计意义,企业应定期对检验流程进行复核或验证。

第三章 实施要点

第八条【制定质量目标和指标】 企业需要明确制定质量目标和指标,包括产品和服务的品质、安全性、可靠性、稳定性等方面,并建立相应的监测体系,以及时发现和纠正问题。

第九条【建立检验检测体系】 质量管理部应建立检验检测体系,保证产品和服务符合质量要求。企业需建立包括原材料、半成品、成品、服务在内的全流程检验检测体系,并制定相应的标准和程序。

第十条【建立质量问题处理流程】 质量管理部需建立一套完善的质量问题处理流程,包括问题识别、原因分析、纠正和预防措施、责任追究等环节,确保质量问题能得到及时解决。

第十一条【建立持续改进机制】 质量管理部需建立一套持续改进机制，包括定期评估、分析和处理历史问题，制订改进计划和措施，推动质量管理水平不断提高。

第十二条【员工培训和教育】 企业需要加强员工培训，提高员工对质量管理的认识和意识，推广全员参与的质量文化，通过实行岗位职责、流程管理和奖惩机制相结合的方式，实现员工自我管理水平的不断提高。

第四章 监督与检查

第十三条【实施检查】 质量管理部将定期检查本制度的实施情况。

第十四条【违规处理】 质量管理部在监督检查制度实施情况的过程中，发现如下情况应按规定给予相应的处理。

（1）对于存在违反本制度有关规定行为的人员和工作环节，将依据相关法律法规及纪律处分规定予以严肃处理。

（2）对于因未按规定实施而造成重大质量事故的单位和个人，应根据《中华人民共和国产品质量法》相关法律法规及其他相关规定，承担相应的责任。

第五章 附则

第十五条【解释权】 本制度由质量管理部负责解释。

第十六条【生效日期】 本制度自颁发之日起生效。

9.2.2 质量过程检验管理制度

企业合规管理中的质量过程检验管理十分重要，它涉及企业生产或服务的各个方面，直接关系到企业的核心竞争力和市场形象。企业应当建立完善的质量过程检验管理制度，并定期对其进行审查和更新，确保企业所有生产过程均符合法律法规和行业标准，从而达到保障客户利益的目的。以下是质量过程检验管理制度，仅供参考。

质量过程检验管理制度

第一章 总则

第一条【目的】 为了明确质量过程检验作业程序，改善生产过程的质量，提高生产效率，特制定本制度。

第二条【适用范围】 本制度适用于企业原料投入经加工至装配成品过程

的质量检验工作。

第三条【相关定义】 本制度中提及的名词定义如下：

（1）首检：指在出现特定情况时，应对制造的第一件或前几件产品进行检验，目的在于及时发现问题，从而避免产生批次性不合格品。

（2）巡检：又称巡回检验、流动检验，指检验人员在生产现场按一定时间间隔或检查频率对关键性工序的产品质量和加工工艺进行的监督检验。

（3）专检：指质量管理部派出专职的检验人员对生产过程中的在制品进行检验，是在制品质量检验的主体，对在制品的质量拥有最终否决权。

第二章 生产过程检验执行规范

第四条【自检】 自检应按以下要求执行：

（1）生产过程中每一位操作者均应对所生产的产品进行自检，有质量异常问题应及时予以解决。如遇特殊或重大异常时须及时报告，并开立"异常处理单"，注明详细情况并上报部门主管和质量管理部。

（2）质量管理部须督促车间一线员工实施自检，并随时抽查一线员工的制程质量，遇到异常情况及时处理。

第五条【专检】 质量管理部专职检验员对生产过程进行检查。对于批量较大、工艺简单、不容易出问题的工序进行抽检；对于原料特殊、价格昂贵、工艺复杂、容易出问题的工序进行全检。产成品在入库时需要进行专检并经检查合格后方能入库。

第六条【巡检】 质检员在巡检时应遵循以下规范：

（1）质检员协助制定质量过程检验控制点，并确定相关的检验工具及检验规范。

（2）质检员每日对生产班组执行巡检，依据产品生产工艺规定，将巡检结果记录于"巡检日报表"内，并及时反馈给质量管理部主管。

（3）质检员严格按照检验标准或作业指导书，对关键工序产品质量、工艺、规程、机器运行参数、物料摆放、标识和加工工艺进行监督检查，以提高工作效率，避免影响生产进度。

（4）质检过程中发现操作人员操作不规范或工艺流程有问题，质检员应及时通知车间生产负责人，避免生产不合格产品。

（5）巡检过程中发现重大质量隐患，质检员有权要求立即停工并及时通知车间负责人和制程检验主管。

第七条【异常处理】 对不合规情况进行记录、分类和处置,对严重不合规情况采取临时措施和长期措施来防止此类事件再次发生。

第三章 质量过程检验流程管理

第八条【首件检验】 首件检验应遵循以下执行规范。

(1)新产品的第一次试制,新工艺、新材料、新设备的第一次使用,新员工第一次上岗,使用新的工装与模具及批量生产的第一个产品,必须执行首件检验。

(2)首件检验的内容包括图号与工作单是否正确,材料、半成品和工作任务及安装定位是否正确,配料是否符合规定,首件产品是否与图纸或技术文件规定相符合。

(3)生产人员应依生产标准操作,且于小批量产品的第一件加工完成后或大批量产品的___%完成后,由有关人员实施首件检查,检查合格后方能继续加工。

(4)首件样品制造出来后,执行以下检验程序:

①生产人员按工艺流程加工或试制产品,进行自检。

②班组长按照生产工艺、工序规定及"产品制程检验手册"对首件样品进行全面检查、测量,并将检验结果详细记录在"首件检验记录表"上。

③质检员按照相关文件及规定对首件样品进行复检,并将复检意见记录在"首件检验记录表"相应栏内,依顺序转交质量管理部经理、工艺工程师进行复查及批示。

④首件样品经查核后,由工艺工程师组织相关班组长、质检员开产前生产会,由工艺工程师讲解工艺要求,质检人员提出检验中发现的质量问题,协商改善对策。

⑤首件检验必须讲究效率,以免影响生产进度。只有当首件检验完成后,各班组才可正式生产。

⑥执行首件检验的人员应掌握首件检验的技术,及时跟进产品的生产进程,避免出现漏检现象。

第九条【首件检验结果处理】 首件检验结果处理执行规范如下:

(1)首件检验合格时,经质检员签字、盖章确认后,生产人员继续生产产品。

(2)由于生产因素造成产品不合格时,由生产车间负责生产改进,直至合格,方可进行批量生产。

(3)由于设计因素造成产品不合格时,质检员需上报检验主管,通知工艺技术部进行解决，解决后仍需进行首件检验。

（4）检验员跟进首件检验记录，定期核对产品首件检验的情况，编制"首件检验报告"上交质量管理部。

第十条【原材料检验】 采购原材料前可以要求供应商提供样品。采购人员选取原材料时需对原材料逐一抽取样品进行检验。样品的抽取和检验必须严格依照操作规程，确保所有检验数据准确无误。

第十一条【半成品检验】 半成品检验执行规范如下：

（1）半成品由操作员进行全数检验，合格品转入下一道工序或入库储存。

（2）半成品检验过程中，对操作员及设备进行规范及标准检查。

（3）半成品须由质检员抽检合格后，方可进行交接并在交接卡上签字。

（4）收到半成品的生产线须核对实物、型号、数量、检验状态，上道工序生产线负责人签名、专职质检员签名齐备，才能在交接卡上签名，使半成品流入下一道工序或入库储存，接收者将交接卡第二联保存备查。

第十二条【成品组装过程检验】 成品组装过程检验执行规范如下：

（1）成品组装过程的检验采用巡检和全检的形式，确保产品出厂的质量合格。

（2）巡检员对总装过程的关键部件和关键工序进行检验，并做好相应记录。组装检验员对漏掉该质控点的产品进行全检，合格后盖章确认，不合格则返工，通知相关人员进行处理。

第四章 质量过程检验监督管理

第十三条【完善质量检验体系】 明确质量检验的内容、方法、标准和责任人，制定详细的质量检验方案和流程。监督和控制加工工艺、机器设备、环境等各个方面与质量有关的因素，以保证产品的稳定性。

第十四条【定期或不定期审核】 进行定期内部审核和不定期外部审核，发现问题及时解决，不断提高质量管理水平。

第十五条【违规处罚】 对于违反本制度，不按规定检验或不提供真实记录的行为，企业将按照企业相关制度进行处罚。根据程度不同，轻者可以口头警告，重者可以给予更严厉的处罚。

第五章 附则

第十六条【解释权】 本制度由质量管理部负责解释。

第十七条【生效日期】 本制度自颁布之日起生效。

第10章

企业合规——工程建设

10.1 项目过程管理

10.1.1 工程建设项目质量管理办法

工程建设项目质量管理是指在国家现行的有关法律法规、技术标准、设计文件和合同中，对工程的安全、质量、使用服务、经济、美观等特性进行管理。以下是工程建设项目质量管理办法，仅供参考。

工程建设项目质量管理办法

第一章 总则

第一条【目的】 为了加强对工程建设项目质量的管理，保证工程建设项目质量，守护人民生命和财产平安，根据有关法律法规和企业相关规定，特制定本办法。

第二条【适用范围】 本办法适用于企业中从事工程建设、勘测、设计、施工等相关建设项目的质量管理工作。

第二章 相关部门职责

第三条【工程部职责】 工程部在工程建设项目质量管理过程中，履行以下职责：

（1）负责编制项目建设的计划和计划实施方案，监督和控制项目的进度、质量和成本等方面的工作。

（2）按照国家有关规定及工程建设项目管理要求，对项目工程建设的计划、设计、施工、验收等环节进行全程监督管理，并及时记录和存档。

（3）对工程建设项目中各个工程环节所产生的质量问题进行调查和分析，制定整改方案，并严格落实，确保问题得到解决。

（4）组织设计单位、施工单位和监理单位的验收工作，对所涉及的技术资料、施工工艺、质量标准等进行审核和审批，对不符合要求的进行整改。

（5）组织工程建设过程中的技术交底和技术培训等工作，促进技术水平的提高和全体工作人员的素质提升。

第四条【设计单位职责】 设计单位在工程建设项目质量管理过程中，履行以下职责：

（1）建立健全设计质量保证体系，确保设计成果的正确性，保证供图的进度和质量，对项目图纸建档保存。

（2）对施工现场进行勘察、设计，满足施工现场人员的技术需求。

（3）参与建设工程质量事故解决方案，对因设计造成的质量事故，提供相应的技术支持。

（4）按照项目要求开展施工场地报备和地质资料编录工作，收集施工反馈信息，做好现场跟踪设计，对存在的问题提供技术支持。

第五条【监理单位职责】 监理单位在工程建设项目质量管理过程中，履行以下职责：

（1）建立健全有效的监理质量保证体系，审批施工单位的施工组织设计、施工技术措施、施工相关图纸等。

（2）选派具备相应资格的监理人员进驻施工现场，依照法律法规、有关技术标准、设计文件、监理合同及建设工程承包合同，对施工项目质量实施监理。

第六条【施工单位职责】 施工单位在工程建设项目质量管理过程中，履行以下职责：

（1）依据工程设计要求、施工技术标准和合同约定，对建筑材料、建筑构配件、设备等进行检验。对设计文件和图纸进行检查，对有异议的地方提出质疑。

（2）建立健全培训管理制度，加强对员工的培训。未经培训或考核不合格的人员，不得上岗作业。

（3）向工程部及监理单位报送质量月报，汇报工程建设项目的质量管理情况，帮助监理单位实施质量检查、质量事故调查和处理、工程验收工作等。

第三章 设计与施工质量管理

第七条【设计变更】 对于客户、监理单位、施工单位等提出的一般设计变更建议，工程部人员应对其变更需求进行论证，论证通过后方可实施。当发生设计变更时，应提交"设计变更通知书"。

第八条【设计优化】 进行项目设计优化时，一般需要对新材料、新工艺等进行技术论证，并考虑设计变更对目前施工项目的影响。

第九条【施工检验】 施工单位需严格按照设计单位经审批的施工文件进行现场施工，并按质量保证体系进行质量检验，确保每道工序的工程质量。

第十条【施工人员管理】 施工人员应由施工单位统一管理，担当一般技术工种的,施工单位应对其进行质量相关技能培训,经考核合格后方可上岗。担当特别技术工种的,应按有关规定持证上岗,并报监理单位备案。

第十一条【施工现场监督】 监理单位应加强对施工现场的检查和监督,必须严格控制关键工序、关键质量点。发现问题应要求施工部门改正,发现重大问题不能保证质量时,应要求停止施工。

第四章 材料和设备质量管理

第十二条【材料和设备监督检验】 供应商应对所提供的材料、设备承担相应质量责任。监理单位应对进场的材料和设备进行严格检验。同时,应派驻相关技术人员驻厂监造,负责监督检查材料、设备的质量状况。

第十三条【材料和设备保管】 材料、设备应依据相关保管要求,配备相应的仓储设施及仓储管理人员进行管理,并建立健全完善的管理责任制。

第十四条【材料和设备档案】 采购部及仓储部负责人员应建立相应材料、设备质量管理档案,档案中主要包括合同文件资料、出厂合格证、检验报告、运输和验收交接记录、保管与保养记录等内容。

第五章 施工现场质量控制

第十五条【施工现场质量监督】 企业应由工程部建立质量领导小组,采用抽查和不定期抽查两种方式对工程质量进行检查。检查内容如下:

(1)工程建设质量管理状况。监理单位的质量控制体系的建设及工作质量,施工单位质量保证体系的建立、执行及工程质量状况。

(2)施工工艺、施工原始记录、原材料质量和堆放状况、消防安全措施、人员素养、设备数量及质量、现场监理人员的监理工作状况等。

第十六条【施工现场质量控制】 质量领导小组要强化施工过程中各个环节、各个工序的质量检验,规范检验、记录、签字程序。施工单位在自检合格的基础上,提交监理单位进行终检。监理单位接到施工单位的自检报告后,应组织终检,并签署终检意见。

第六章 工程质量事故处理

第十七条【建立事故处理制度】 质量领导小组应依据事故严重情况进行事故分级,一般分为一般质量事故、较大质量事故、重大质量事故、特大质量事故,并根据事故级别及产生的影响进行处理。

第十八条【建立事故处理流程】 事故发生时施工及监理单位应及时在事故发生后口头报告事故概况,3天内书面报告事故具体情况(包括发生的时间、部位、经过、损失估计和事故缘由初步推断、即将实行的措施等)。对重大质量事故,应及时上报上级建设行政主管部门,依据国家相关规定进行事故调查。

第十九条【安全隐患处理】 当发现施工现场存在安全隐患或其他情况时,现场人员应及时报告上级主管,对安全隐患进行调查,若确实存在安全问题应及时停工调查并上报问题,实施紧急处理措施,避免造成更为严重的后果。

<h3 style="text-align:center">第七章 附则</h3>

第二十条【解释权】 本办法由工程部负责解释。

第二十一条【生效日期】 本办法自发布之日起生效。

10.1.2 工程建设项目进度管理办法

工程建设项目进度的有效管理可以确保施工的顺利进行,提高建设项目的效益,同时确保施工质量,避免因工期延误造成的资金损失。下面是工程建设项目进度管理办法,仅供参考。

<h3 style="text-align:center">工程建设项目进度管理办法</h3>

<h4 style="text-align:center">第一章 总 则</h4>

第一条【目的】 为明确工程建设项目计划编制、调整及考核要求,提高工程建设项目计划执行的准确性和严肃性,促进工程建设项目计划管控效率的提升,确保工程建设项目处于受控状态,结合企业实际,特制定本办法。

第二条【适用范围】 本办法适用于企业中从事工程建设、勘测、设计、施工等相关建设项目的进度管理工作。

第三条【相关概念】 本办法所称的进度,指各级单位相关管理部门根据职责分工对建设项目前期、工程前期、工程建设、总结评价阶段等全过程关键节点的时间安排,是对综合计划的细化落实。

<h4 style="text-align:center">第二章 相关单位职责</h4>

第四条【工程部职责】 工程部在工程建设项目进度管理过程中,履行以下职责:

(1)编制工程进度管理制度,组织编制工程进度里程碑计划。

(2)组织审查施工部门的施工计划,并监督其按计划执行。

(3)严格执行企业下达的工程进度计划,解决工程建设中的设计、设备、资金问题以及配套工程进度问题,保证项目及时交付使用。

（4）组织设计单位、施工单位和监理单位的验收工作，对所涉及的技术资料、施工工艺、质量标准等进行审核和审批，并对不符合要求的进行整改。

（5）进行工程进度计划动态管理，及时调整工程实际进度与计划进度的偏差，使之满足总工期的要求。

第五条【设计单位职责】 设计单位在工程建设项目进度管理过程中，需要负责编制项目设计计划，按计划提交施工图纸，开展设计交底、现场服务、竣工图编制等工作。

第六条【监理单位职责】 监理单位在工程建设项目进度管理过程中，履行以下职责：

（1）审核施工单位编制的施工计划，并监督其按计划组织施工。

（2）组织召开工程进度现场协调会，协调解决建设进度计划执行存在的问题，向项目企业反馈进度计划执行管控情况。

第七条【施工单位职责】 施工单位在工程建设项目进度管理过程中，履行以下职责：

（1）编制施工进度计划，报监理部门审核、工程部审批，通过后加以实施。

（2）参加工程建设项目进度现场协调会，向监理部门反馈进度计划的执行与管控情况。

第三章 工程建设项目进度控制流程

第八条【明确工期】 根据总承包合同确定的开工日期、竣工日期和集团企业制定的总工期目标确定工程建设项目施工进度。

第九条【目标分解】 根据工程建设项目的工艺关系、组织关系、起止时间、环境条件、资源情况等编制施工进度计划。

第十条【计划制订】 施工单位根据施工总进度目标、现场条件、工程特点和客户要求编制施工进度总计划，报工程部备案后实施。

第十一条【项目实施】 施工单位按施工进度总计划组织生产，根据工程进展情况对比施工进度总计划，分析进度偏差，制定纠偏措施。

第十二条【项目检查】 工程部按月或按季进行现场检查，编制进度检查报告，对在施项目进行评比，公示评比结果。

第四章 工程建设项目进度计划编制

第十三条【编制原则】 工程建设项目进度计划编制的原则：清楚、明确、便于管理；表达施工中的全部施工活动及其相互关系；反映施工组织及其施工方法，充分使用人力、材料和设备；预测可能发生的施工变化。

第十四条【工程建设项目进度计划分类】 工程建设项目进度计划可根据项目实施的不同阶段，分别编制总体进度计划，年度、季度、月度和周进度计划。对于控制性的重点工程项目，单独编制单位工程或单项工程进度计划。

第十五条【工程建设项目进度计划编制依据】 要依据施工合同中规定的总工期、开工日期及交工日期，进行工程建设项目进度计划的编制。

第十六条【进度计划审批】 不同进度计划的审批要求如下：

（1）总体进度计划应在规定时限内提交工程部审批。

（2）年度进度计划应在上年12月25日前提交监理部门审查，报工程部审批。

（3）季度进度计划应在季度开始前一个月的25日前提交监理部门审查，报工程部审批。

（4）月进度计划应在上月的25日前提交监理部门审查，报工程部审批。

（5）每周四将下周进度计划提交监理部门审批，每周五提交工程部备案。

（6）关键工程项目进度计划应在开工前7个工作日提交监理部审查，报工程部审批。

第十七条【进度计划内容审查】 工程建设项目的工期和时间安排应具有合理性，施工总工期的安排应符合合同工期或指令工期，各工程施工完成时间应与项目各项工作总体规划一致。材料、设备的进场计划应与施工计划一致。

第五章 进度计划监察

第十八条【进度计划检查】 工程部设立工程进度管理小组，每季（月）对施工单位进行定期或不定期检查。对照季度（月度）计划，检查计划执行情况，检查内容主要包含以下3项。

（1）施工单位的人员、机械设备进场情况。

（2）施工单位的施工方案和施工方法。

（3）监理单位进度记录情况以及督促施工单位执行进度计划的相关文件。

第十九条【监理单位检查】 监理单位应按计划每日对施工单位的执行情况进行检查，检查内容主要包含以下3项。

（1）检查施工单位的人员、机械设备进场情况是否满足进度计划要求。

（2）施工单位各部门实际进度情况是否符合进度要求。

（3）施工现场相关资料。

第二十条【进度计划调整】 工程进度管理小组如发现现场的组织安排、人员规模、设备数量等内容与进度计划的要求偏差较大，应安排施工单位对原工程建设项目进度计划予以调整，或安排施工单位增加相应事项投入，以满足工程建设项目进度计划的要求。

第二十一条【进度报告编制】 监理单位应根据现场的施工进度情况分析，每月（季、年）向工程部提交工程进度报告，各工程进度报告应全面、真实地反映施工单位各月（季、年）工程计划的执行情况。

第六章 进度考核

第二十二条【进度考核要求】 工程进度管理小组应按时对各责任部门上报月度进度计划及季度进度计划的情况进行考核，并对未及时上报的部门进行处罚。

第二十三条【进度考核审查】 工程进度管理小组按照工程部审查提交的月度、季度计划执行对照表，在每月的25日及每季度的最后一周组织工程部及监理单位对施工单位月度、季度计划进行现场督促检查，提出整改要求及处理决定。

第二十四条【进度考核考评】 工程部根据工程进展情况对施工重要节点的计划执行情况制定奖惩措施并形成专题会议纪要，以此来控制施工进度。

第七章 附则

第二十五条【解释权】 本办法由工程部负责解释。

第二十六条【生效日期】 本办法自发布之日起生效。

10.1.3 工程建设项目资金管理办法

对工程建设项目资金进行管理有助于规范项目资金的使用，提高资金使用效益，确保项目的顺利实施和成功完成。以下是工程建设项目资金管理办法，仅供参考。

工程建设项目资金管理办法

第一章 总则

第一条【目的】 为规范工程建设项目资金的申请、审批、使用、监管和核算，保证工程建设项目资金的有效使用和管理，特制定本办法。

第二条【适用范围】 本办法适用于企业所有涉及工程建设项目资金的管

理和使用的部门。

第三条【基本原则】 工程建设项目资金管理应遵循以下3个原则。

（1）集中性原则。资金集中管理，将资金投置于关键性的项目中。

（2）协同性原则。在工程建设项目的实施过程中，各相关部门应与资金管理部门密切配合，确保资金的有效利用和项目的顺利进行。

（3）及时性原则。施工部门与资金管理部门应及时将资金投入到工程建设项目中去。

第四条【岗位职责】 企业相关部门在进行工程建设项目资金管理时，应履行以下管理职责：

（1）财务部是工程建设项目资金管理的归口管理部门，负责项目资金的审批、核算、监管等工作。

（2）项目部是工程建设项目资金管理的直接责任单位，负责工程建设项目工程款的按时收取，项目月度资金收支计划的编制，项目成本的方案制定等工作。

（3）工程部应及时协助项目部解决工程合同条款中的争议问题，配合项目部做好工程款的收取及工程结算工作。

第二章 资金申请和审批

第五条【资金申请】 工程部申请资金必须依据工程预算和项目计划书，并按照预算批准的比例、金额及期限申请。

第六条【资金审批】 财务部应按照项目预算和计划书的规定审批资金申请，资金申请部门提交的审批材料应当齐全、准确。对于资金使用计划超预算的申请，必须经总经理或董事会批准。

第七条【账户管理】 对单独开设账户的项目，其账户由企业统一管理，且需要相关责任人进行日常管理，严禁将账户出租、出借。企业财务部应定期对项目账户使用情况进行监督检查。

第三章 工程款回收管理

第八条【回收原则】 项目经理要全面、深入了解合同条款内容，加强与客户的联系并及时取得业主资金信息，采取合法手段，及时回收各种款项。

第九条【停工管理】 如客户不能及时按合同支付回收款，项目部要及时上报项目负责人批准停止施工，并办理相关索赔手续。

第十条【全额工程款回收】 项目兑现前必须收齐合同规定的全部款项，

否则不予兑现，如确因承诺垫资及业主因素等，而非项目自身管理原因造成不能及时回收工程款，经总经理批准后可予部分兑现，但总体上应从严掌握。

第四章 资金使用管理

第十一条【使用原则】 项目经理要制订严格的资金使用计划，做到以收定支，控制资金的使用。

第十二条【使用计划】 各工程建设项目应于月底前制订下月项目资金收支计划，提交财务部审核，由总经理审批、汇总后编制企业总的资金收支计划，经董事会批准后执行。

第十三条【支付管理】 各工程建设项目开支由财务部统一支付，零星开支实行定额备用金制度。定额备用金由项目成本员于项目开工前向财务部借取，主要用于项目零星、急用的日常支出，项目成本员应整理、汇总有关票据以及时向财务部报销。

第十四条【使用要求】 项目资金使用须按照招标合同、采购合同等进行，不得超出合同规定的范围和金额。如资金使用计划需要变动，必须经总经理或董事会批准。

第十五条【使用要求】 项目部应建立健全分包工程结算台账，核实分包单位完成工作量及质量安全等情况，协助财务部办理有关分包工程付款审批程序。

第十六条【使用违规处理】 对于工程建设项目中发现的违规行为，应当及时采取措施，后果由违规行为的责任人承担。

第五章 资金监管与安全管理

第十七条【资金检查】 各单位应定期检查项目资金收支管理情况，特别是对单独开设账户的项目应加强监督、检查，发现违反资金管理规定的应严肃处理，给企业造成损失的，应追究有关人员相应责任。

第十八条【资金核算】 财务部应建立财务管理制度，做好工程建设项目资金的收支管理和核算工作。必须准确记录和核算资金收入和支出，包括但不限于票据、财务单据、账目等。财务部应当实行分类管理，对于一般经费、设备费、工程费等进行分别核算。

第十九条【项目资金分析】 项目资金分析是项目经济活动分析的重要内容。应在每月经济活动分析上对收支情况进行分析，及时发现项目资金管理中存在的问题，以便及时采取措施，管好、用好资金，提高资金使用效益。

第二十条【项目资金保密】 对于资金收支记录、账目等敏感信息，必须加密和安全传输，防止信息泄露或被非法存取。定期进行资金安全检查和审查，发现问题及时整改和处理。不得挪用或滥用工程建设项目资金，如有违规行为将被追究法律责任。

第六章 附则

第二十一条【解释权】 本办法由工程部负责解释。

第二十二条【生效日期】 本办法自发布之日起生效。

10.2 项目合同履行

10.2.1 施工合同履行管理办法

对施工合同履行进行管理可以加强工程建设项目管理，规范市场参与者的交易行为，促进市场的健康发展。以下是施工合同履行管理办法，仅供参考。

施工合同履行管理办法

第一章 总则

第一条【目的】 为保证施工合同的有效履行，确保工程建设项目按照双方约定的内容和标准实施，规范合同履行流程和双方责任关系，达到合同履行双方共赢的目标，特制定本办法。

第二条【适用范围】 本办法适用于企业所有施工合同的履行管理。

第三条【工程部职责】 工程部是施工合同履行管理的归口管理部门，负责对施工合同履行的监督、审查等工作。

第二章 施工合同履行管理内容

第四条【合同签订】 按照法律法规及相关管理规定，认真审核、评估各项承诺、声明、附加条款的可行性，确保施工合同的真实性、合法性和有效性。施工合同必须包含详细的工程要求、工期安排及质量标准等细节，并明确违约责任和处理方式。

第五条【合同付款】 以工程进度或阶段性完成情况为基础，严格按照付款比例和时间节点执行，确保工程的顺利进行和质量的稳定提升。

第六条【工程进度】 严格按照工程进度计划进行管理，及时协调各方资源，保证工期不延误。

第七条【工程质量】 按照规定的质量标准和验收标准，建立施工过程质量检查和实时监测体系，确保施工质量符合合同规定。

第八条【合同变更】 在遵守相关法律法规和施工合同规定的前提下，双方经协商同意可进行施工合同变更。

第九条【档案管理】 建立文件档案管理系统，保存关键的沟通记录、合同变更记录和提交的证据材料。对施工合同进行分类管理，并逐步建立电子化管理平台，方便信息共享和查询。

第三章 施工合同履行过程管理

第十条【合同签订】 由项目施工单位提出合同拟订申请，经项目管理部审核批准后，工程部起草施工合同并提交承包方阅读，确保承包方理解和认可施工合同内容。施工合同一式三份，各自保留一份并交项目经理一份。

第十一条【工程进度管理】 施工单位根据施工合同要求，制订和实施施工进度计划，定期与项目经理沟通施工进度，项目部监督承包方按期交付已完成的工作成果，并及时提出处理延误的措施。

第十二条【工程质量管理】 工程部严格按照施工合同要求进行工程质量管理，建立专门的工程质量检查和实时监测体系，负责完成工程质量验收程序。发现问题及时进行调整和处理，确保工程质量符合施工合同规定。

第十三条【成本控制】 严格管理用工、材料等费用支出，在确保工程质量的同时，把握好成本控制，避免变更或资金挪用等风险。

第十四条【变更管理程序】 施工单位或项目部提出施工合同变更申请后，对方须对施工合同进行评估，按照施工合同规定的变更管理程序，双方共同同意后方可变更，变更后的施工合同需要双方书面确认同意并签字、盖章后方可生效。

第十五条【竣工管理】 工程竣工时，应当按照施工合同要求，完成施工总结和文件归档工作，并做好质量保修工作。施工项目完成后，记录和分析施工合同履行过程中的问题和反思，结合实际情况完善管理制度，提高施工合同履行效率和质量。

第四章 附则

第十六条【解释权】 本办法由工程部负责解释。

第十七条【生效日期】 本办法自发布之日起生效。

10.2.2 监理合同履行管理办法

对监理合同履行进行管理可以加强对监理工作的监督和管理,确保监理工作的质量和效益,保障企业和承包商的合法权益。以下是监理合同履行管理办法,仅供参考。

监理合同履行管理办法

第一章 总则

第一条【目的】 为规范监理合同履行管理,加强监理工作,保障建设工程质量,保证监理工作的专业性、独立性和公正性,维护建设工程的质量和安全,特制定本办法。

第二条【适用范围】 本办法适用于企业所有监理合同的履行管理。

第三条【工程部职责】 工程部是监理合同履行管理的归口管理部门,负责对监理合同履行的监督、审查等工作。

第二章 监理合同签订

第四条【招标管理】 在建筑工程招标投标过程中,应当对监理服务进行专项招标。招标完成,企业应当与监理单位签订书面合同,明确双方的权利与义务。

第五条【监理服务内容】 监理服务内容应当包括企业编制的建设工程项目总体设计方案、初步设计方案、施工图设计文件、工程施工、竣工验收等阶段的工程监理服务。

监理单位应当为建设单位提供专业的监理服务,在监理工作中严格按照国家法律法规和监理合同的约定,保证建设工程质量和工程安全。

第六条【合同签订】 企业应与监理单位签订书面的监理合同,由监理单位对工程建设实施监理服务,其监理服务内容、时间、费用等应在监理合同中明确约定。监理合同中应当明确监理单位的责任、权利和义务,约定监理检查、提供法律咨询和技术服务、协调组织等具体监理内容。

第三章 监理单位人员管理

第七条【专业知识】 监理单位人员应具有相关专业知识和实践经验,负责制订监理计划、监督检查、编写监理报告、提出处理意见等工作。

第八条【合同履行】 监理单位人员应按照监理合同履行计划,认真履行职责,保证监理工作独立、公正、及时、准确地报送监理意见和建议,全程参与监理过程，发现问题及时提出处理意见并记录，组织实施监督检查，全面掌握工程质量建设的进展情况。

第九条【监督反馈】 监理单位人员应及时向委托方和承包方反馈监理情况，发现问题及时通报并提出处理措施。监理单位人员参加工程质量安全检查，协调解决工程质量安全问题。

第四章 监理工作流程

第十条【监督检查】 监理单位人员应按照监理合同相关条款和规定实施监督检查。监督检查应覆盖施工各阶段，包括设计、施工前期准备、施工、竣工验收、保修等环节。监督检查应注意工程质量、施工进度、环境保护、劳动安全、消防安全等方面的要求。

第十一条【定期检查】 监理单位应当对建设工程实行常年质量监督，定期对建设工程进行检查，并记录检查结果，发现问题及时提出整改要求。

第十二条【初步验收】 监理单位应当在正式验收前对建设工程进行初步验收，并编制相应验收报告，报送企业。

第十三条【竣工验收】 监理单位应当对建设工程进行竣工验收，对建设工程各项技术指标进行检测，对未达到规定技术指标的检测结果提出意见并要求整改，对达到规定技术指标的建设工程签署竣工验收报告。

第十四条【监理报告】 监理单位应向建设单位提交重大事项报告并定期提交监理报告，详细记录工程各阶段的工作情况，提出改进建议。

第十五条【问题整改】 如果监理单位在履行监理合同过程中发现工程建设中存在重大安全事故隐患、严重违反法律法规、工程质量标准低于国家有关技术标准等情况，应当及时向建设单位提出监理意见和建议。若建设单位未予以改正，监理单位应当向建设主管部门和有关单位报告，并按照法律法规要求进行相关处理。

第十六条【费用结算】 监理单位应当按照监理合同约定或相关法律法规要求，对监理费用进行合理计算、审核和支付，并与建设单位、施工单位签署监理费用结算书。

第十七条【档案管理】 监理单位应当建立健全监理工作档案，对施工单位的工作实行记录，按时向建设单位报告监理进度和质量安全状况。

第五章 法律责任

第十八条【责任追究】 对于监理单位或建设单位存在违反国家法律法规

或监理合同的行为，应当依法追究相应法律责任。

第十九条【责任赔偿】 监理单位或建设单位因个人因素或管理漏洞导致建设工程出现质量安全问题的，应当承担相应的经济赔偿及法律责任。

第二十条【违约责任】 违约责任主要包括但不限于：罚款、延迟、暂停、终止履约以及依法追究法律责任等。对于严重违约行为，可按规定提请相关部门对其实施行业限制或合同惩戒等措施。

第六章 附则

第二十一条【解释权】 本办法由工程部负责解释。

第二十二条【生效日期】 本办法自发布之日起生效。

10.2.3 设计合同履行管理办法

设计合同作为调节企业与承包商经济活动关系的主要法律依据，必须按照市场规则健全和完善各项内部管理制度。以下是设计合同履行管理办法，仅供参考。

设计合同履行管理办法

第一章 总则

第一条【目的】 为规范设计合同履行管理，加强对设计过程的管理，提升设计质量，维护设计合同的正常履行，特制定本办法。

第二条【适用范围】 本办法适用于企业所有设计合同的履行管理。

第三条【岗位职责】 工程部是设计合同履行管理的归口管理部门，负责设计合同履行的监督、审查等工作。

第二章 合同签订

第四条【招标管理】 建设单位应当依据《中华人民共和国招标投标法》及有关规定，对参加招标投标的设计单位的技术实力、设计能力进行评估，并按照招标文件筛选技术实力、设计能力合格的设计单位。

第五条【合规调查】 企业在与设计单位签订建筑工程设计合同之前，必须了解设计单位与相关人员的情况，防止合同欺诈，签订无效合同，确保所签合同合法、有效、有利。企业相关人员主要需了解设计单位以下内容：

（1）设计单位是否具有法人主体资格、是否具有合同标的经营权、是否具有履约能力及其资信情况。

（2）设计单位签约人员是否为法定代表人或具备代理权限的法人委托人。

第六条【合同签订】 建设单位与设计单位进行双方协商，在双方平等、自愿、公正、诚实的基础上签订书面设计合同。

第七条【合同内容】 设计合同的内容包括提交有关基础资料和文件的期限、质量要求、费用以及其他协作条件等条款。

设计合同中应规定，若设计的质量不符合要求或者未按照期限提交设计文件导致工期拖延、造成损失的，设计单位应当继续完善设计文件，减收或者免收设计费并赔偿损失。

第三章 设计项目管理

第八条【设计文件制定】 设计单位应当制定并严格执行设计文件中的质量保证制度，确保设计文件的真实性、准确性、完整性和可实施性。

第九条【设计文件审查】 企业应对设计单位设计文件的过程进行审查管理，组织专业人员对设计文件进行评估，评估合格后方可转入下一阶段的审查和确认。

第十条【设计流程控制】 设计单位应当制定科学、规范的项目管理规定和流程，对项目实施过程中的各环节进行有效监控和控制，确保设计的质量和进度。

第十一条【设计进度规划】 设计单位应当按照合同要求和项目管理规定，制订详细的设计计划和进度表，并及时向建设单位汇报有关设计进展情况。

第十二条【设计监督审查】 企业应当加强项目管理，及时指导和监督设计单位的工作，协调处理项目中出现的问题，并确保设计效果和进度符合要求。

第十三条【设计变更管理】 设计变更应当严格按照国家法律法规、行业标准规范和合同约定进行，必须经双方协商达成一致后方可实施。

设计合同如需变更，变更方应当及时向对方反映设计变更需要和原因，并及时出具变更说明、方案等相关技术和质量保证书。

第四章 设计质量验收

第十四条【设计质量保证】 设计单位应当按照设计合同约定和有关规定，出具设计质量保证书，并承担相应的质量责任和风险，确保设计出具的质量等价于设计任务及设计合同约定的质量。

第十五条【设计质量验收】 建设单位应当组织专家组对设计单位的设计

文件进行验收，验收合格后方可开展后续工作，验收不合格的应当退回重新修改并再次验收。

第十六条【违规管理】 设计单位存在违反国家法律法规及合同约定行为的，企业应及时发现并提出投诉或批评，设计单位应立即整改，如有必要，企业应当向有关部门报告和反馈情况，设计单位须依法承担法律责任。

第五章 附则

第十七条【解释权】 本办法由工程部负责解释。

第十八条【生效日期】 本办法自发布之日起生效。

第11章

企业合规——安全环保

11.1 安全

11.1.1 企业安全生产规范

企业安全生产规范是企业贯彻国家安全生产方针政策，防范生产、经营过程中的安全生产风险，加强安全生产管理的重要措施。以下是企业安全生产规范，仅供参考。

企业安全生产规范

第一章 总则

第一条【目的】 为了加强企业安全生产管理，确保企业员工和财产的安全，促进企业持续稳健发展，根据《中华人民共和国安全生产法》及相关法律法规，结合企业实际情况，特制定本规范。

第二条【适用范围】 本规范适用于企业从事生产的人员及相关管理人员。

第三条【相关说明】 本规范详细规定了企业安全生产的工作流程、安全风险管理、事故应急预案等方面内容，员工必须认真遵守。对违反本规范规定的员工，企业将依照规定进行处理。

第二章 机构和职责

第四条【安全生产委员会职责】 企业设立安全生产委员会，总体管控企业的安全生产，安全生产委员会应该由企业总经理和安全部经理组成。

安全生产委员会的主要职责：全面领导企业的安全生产管理工作，研究制订安全生产措施和劳动保护计划，检查和监督生产安全，调查处理发生的事故等。

第五条【安全生产领导小组职责】 安全生产领导小组应由生产部经理和相关部门负责人构成，安全生产小组组长由生产部领导任命，并按规定配备专职安全生产管理人员。

安全生产领导小组的主要职责：负责对本单位的生产人员进行安全生产教育，制定安全生产实施细则和操作规程，实施安全生产监督检查，贯彻执行安全生产委员会的各项安全指令，确保生产安全。

第六条【生产部职责】 生产部相关人员在进行安全生产管理时，履行以下职责：

（1）组织开展安全生产大检查，深入现场指导安全生产工作。

（2）制定、修订安全生产管理制度，并监督、检查制度的执行情况。

（3）总结和推广安全生产的先进经验，协助有关部门搞好安全生产的宣传教育和专业培训工作。

（4）设立安全生产监测系统，定期对各项安全工作进行检查和评估，及时发现并处理安全隐患，防范安全事故的发生。

（5）参加伤亡事故的调查和处理，负责伤亡事故的统计、分析和报告工作，负责协助有关部门提出防止事故发生的措施，并督促其实施。

（6）组织有关部门研究制定防止职业危害的措施，并监督执行。

第三章 设备与布局要求

第七条【设备使用】 企业用于生产的各种设备和仪器不得超负荷和故障运行，设备操作人员应正确使用设备并定期维护和检修，对不符合安全要求的陈旧设备，应有计划地进行更新和改造。

第八条【电气设备】 企业用于生产的电气设备和线路应符合国家有关安全规定。电气设备应有可熔保险和漏电保护，绝缘良好，并有可靠的接地保护措施。电气设备必须符合相应防护等级的安全技术要求才能投入使用。

第九条【布局要求】 劳动场所布局要合理，要保持清洁，整齐。有毒有害的作业，必须有防护措施；生产用房，建筑物必须坚固、安全；通道应平坦且光线要充足；为生产所设的各种危险场所，必须有安全保护设施和明显的安全标志。

第十条【安全防护】 当生产人员进入高温、低温、潮湿、雷电、静电等危险的劳动场所时，必须采取相应的有效防护措施；进入机楼、机房施工作业时，须到保卫部办理"出入许可证"；需明火作业的还须填写"企业临时明火作业申请表"，办理相关手续。

第十一条【电信线路规定】 电信线路施工单位必须按照安全施工程序组织施工。对各种电信施工工程及施工环境都必须采取相应安全防护措施。高空作业工具和防护用品，必须由专业生产厂家和管理部门提供，并经常检查，定期维护。

第十二条【电信线路维护】 电信线路维护要严防触电、高空坠落和倒杆事故，线路维护前一定要先检查电线杆根基牢固状况，对电路进行安全确定后，方可操作。操作中要严密注意电力线对通信线和操作安全的影响，严格按照操作规程作业。

第四章 人员防护

第十三条【防护用品配备】 企业安全生产相关人员应根据生产人员的工作性质和劳动条例，为其配备或发放个人防护用品，生产部须培训员工如何正确使用防护用品，确定员工已了解防护用品的用途和性能，方可上岗操作。

第十四条【职业体检】 对从事有毒有害工作的作业人员，要实行每年一次的定期职业体检。对确诊为职业病的患者，应立即上报企业人力资源部，由人力资源部或企业安全生产委员会视情况调整其工作岗位，并及时作出治疗或疗养的决定。

第十五条【卫生监测】 做好防尘、防毒、防辐射和防噪声工程，进行常规的卫生监测，对超过国家卫生标准的有毒有害作业点，应进行技术改造或采取卫生防护措施，不断改善劳动条件，按规定发放保健食品补贴，提高有毒有害作业人员的健康水平。

第五章 培训与检查

第十六条【安全生产培训】 对新员工、临时工、实习人员，必须经过安全生产培训教育后才能进入操作岗位；特殊工种人员，必须进行专业安全技术培训，经有关部门严格考核并取得合格操作证后，才能准其进行独立操作，同时还需进行经常性的安全教育。

第十七条【安全生产检查】 企业需要制定定期或不定期的安全生产检查制度。企业安全生产委员会组织全企业员工的检查，每年应不少于3次；各生产单位每季度检查应不少于2次。各生产班组应实行班前后检查制度；特殊工种和设备的操作者应每天进行检查。

企业应当建立健全安全生产风险排查制度，对可能引发安全事故的设备、工艺、场所等进行排查，对存在的安全隐患进行记录和报告。对已经排查出来的安全隐患进行综合评估，确定安全风险等级并采取相应的措施进行处理。

第十八条【安全问题整改】 发现安全隐患，必须及时整改，如本部门不能进行整改的，要立即报告安全生产委员会统一安排整改。

第六章 事故处理与奖惩制度

第十九条【事故划分】 由于各种意外因素造成人员伤亡或厂房设备损毁或影响正常生产，使生活受到破坏的情况均为企业事故。企业事故可划分为工伤事故、设备损毁事故、交通事故3种（与车辆、驾驶员、交通事故等相关的制度由行政部参照本规定另行制定，并组织实施）。

第二十条【事故汇报】 凡发生事故，要按有关规定报告。如有瞒报、虚报、漏报或故意延迟不报的，除责成补报外，对事故单位（室）给予扣发工资总额的处罚，并追究责任者的责任；对触及刑律的，追究其法律责任。

第二十一条【事故处理流程】 发生事故时需要按照事故处理流程进行事故处理。事故处理流程如下：

（1）事故现场人员应立即抢救伤员，保护现场，如因抢救伤员和防止事故扩大，需要移动现场物件时，必须作出标志，详细记录或拍照和绘制事故现场图。

（2）事故现场人员应立即向主管部门或主管人员报告，事故发生部门应立即向企业安全生产委员会报告。

（3）安全生产委员会开展事故调查，分析事故原因。轻伤或一般事故在15天以内，重伤以上事故或大事故以上在30天内向有关部门报送"事故调查报告书"。事故调查处理应接受工会组织的监督。

（4）根据事故发生原因制定整改防范措施。

（5）对事故责任人作出适当的处理。

（6）利用事故通报和事故分析会等形式对员工进行安全生产教育。

第二十二条【奖惩制度】 企业应当建立健全安全生产考核制度，对各部门和个人的安全生产工作进行考核，并将考核结果作为重要依据开展绩效评定和奖惩措施。

（1）奖励。企业的安全生产工作应每年总结一次，在总结的基础上，由企业安全生产委员会办公室组织评选安全生产先进集体和先进个人，并对其进行奖励。

（2）惩罚。发生重大事故或死亡事故，对事故部门给予扣发工资总额的处罚，并追究单位领导人的责任。在调查处理事故过程中，对玩忽职守、滥用职权、徇私舞弊者，应追究其行政责任，触及刑法的，还应追究其刑事责任。

第七章 附则

第二十三条【解释权】 本规范由生产部负责解释。

第二十四条【生效日期】 本规范自发布之日起生效。

11.1.2 安全生产监督检查制度

企业在生产过程中必须对生产工艺过程、机械设备、人员操作进行系统的监督检查，制定一系列的操作规程和安全控制措施，以保障生产、经营工作合法、有序、安全地进行，将安全风险降到最低。下面是安全生产监督检查制度，仅供参考。

安全生产监督检查制度

第一章 总则

第一条【目的】 为保证企业工厂生产作业活动能安全、顺利地开展，减少事故隐患，建立安全生产检查和整改程序，及时对安全问题进行整改，特制定本制度。

第二条【适用范围】 本制度适用于企业安全生产监督检查工作。

第二章 组织和职责

第三条【生产部职责】 生产部在安全生产监督检查过程中，履行以下职责：

（1）及时制止生产中违反安全生产管理制度的现象，必要时通知生产负责人和安全管理机构。

（2）负责分析安全生产的状况，及时掌握在生产中出现的各类事故隐患，并及时处理。

（3）参与企业组织的安全生产大检查，对发现的问题及时安排整改，并参与有关事故的调查处理。

（4）制定、修改安全技术规程和安全制度。

第四条【监督调查小组职责】 生产部设立监督调查小组，在安全生产监督检查过程中，履行以下职责：

（1）定期开展专业性安全检查、季节性安全检查，对重大隐患应组织有关人员研究解决，并向上级有关部门提交报告，制定可靠的临时安全措施。

（2）组织制定、修订和审定各项安全管理制度、安全教育计划、安全操作规程和安全技术措施实施计划。

第三章 安全生产监督检查内容

第五条【员工思想】 检查从事生产的人员对安全生产的认识，是否存在忽视安全的思想，出了事故是否能够从思想上认真吸取教训。

第六条【领导人员】 检查生产相关领导人员是否能够正确处理安全与生产的关系。出现生产问题是否能严肃处理，落实整改措施。

第七条【制度执行情况】 检查各个制度的执行情况，检查有无违章指挥、违章作业现象和有无规范的部门安全管理制度。

第八条【生产工艺】 检查各种原料是否按规定投入，各工序操作是否按规定进行，是否进行了原始记录。

第九条【设备】 检查机械、仪表、通道、安全装置、消防器材等安全状况是否良好。工位摆放和器具堆放是否整齐。员工劳保用品的穿戴、保管是否良好，消防通道是否畅通。

第四章 安全生产监督检查形式

第十条【不同层级的检查】 安全生产检查主要分为企业级、部门级、车间级和班组级安全检查。

（1）企业级安全检查

① 由企业安全生产领导小组、各职能部门参加，安全部汇总检查出来的安全隐患，提交有关部门、车间整改，并负责对整改情况进行跟踪。

② 企业每星期组织一次专职安全员及班组长参加的安全检查、整改总结工作会议，对发现问题不处理者进行通报，该处理人的处理到人，属于物的整改到物。

（2）部门级安全检查

部门级安全主管每月组织一次检查，对发现的问题立即安排整改，并把检查情况和整改落实情况报生产部。

（3）车间级安全检查

① 车间主任和部门领导每月组织2次检查，填写"生产安全检查表"递交安全主管。

② 安全管理员每天填写安全日志，并将安全日志送主管安全的副总经理审阅、签字。

（4）班组级安全检查

① 班组长每周组织一次安全检查，并将检查情况报车间、部门领导。

② 班组长将每班安全情况向主管领导进行汇报，并填写每班工作日志，送主管领导审阅、签字。

第十一条【不同内容的检查】 安全生产检查的内容包括安全文明生产考

核检查和各专业性检查。

（1）安全文明生产考核检查

安全文明生产检查考核小组每月组织2次安全检查，将检查情况通知有关部门、车间进行整改，跟踪整改情况，并按有关规定进行考核。

（2）专业性检查

各职能部门领导负责组织有关人员进行检查，将检查出的安全隐患报企业安全生产领导小组。

第五章 安全生产监督检查整改

第十二条【检查隐患的整改】 检查发现的安全隐患，由生产部和有关职能部门制定整改方案，做到"四定"，即定项目、定时间、定责任人和定实施监督复核人。

第十三条【整改责任落实】 在隐患整改中做到"三不推"，即班组能整改的不推车间、部门，车间、部门能整改的不推企业，今天能整改的不推到明天。

第十四条【惩罚标准】 对于不按时完成整改任务的，对责任人采取经济处罚，并在安全生产考核时加倍扣分。由此造成事故的由责任人承担一切后果。

第六章 附则

第十五条【解释权】 本制度由生产部负责解释。

第十六条【生效日期】 本制度自发布之日起生效。

11.1.3 安全生产违规整改办法

制定安全生产违规整改办法可以加强企业的质量监管和安全事故隐患排查。通过及时发现和整改安全生产违规行为，可以提高企业的安全生产管理水平，避免安全隐患的漏报、漏查。以下是安全生产违规整改办法，仅供参考。

安全生产违规整改办法

第一章 总则

第一条【目的】 为了加强企业安全生产管理，防范和减少安全事故的发生，有效保护员工的生命和财产安全，根据相关法律法规、行业标准和企业内部规定，特制定本办法。

第二条【适用范围】 本办法适用于企业所有从事生产一线的员工及相关管理人员。

第三条【岗位职责】 企业相关部门及人员在进行安全生产违规整改时需要分别履行相关职责。

（1）生产部负责制定、完善和更新本制度，监督违规行为的整改和落实工作。

（2）人力资源部负责安全培训和安全意识教育，确保员工安全意识和操作技能的提高。

（3）生产部专业人员设立固定监督调查小组，监督调查小组负责监管和管理，排除作业现场的安全隐患；保障员工的安全健康。

第二章 违规行为分类

第四条【一般违规行为】 一般违规行为指在企业内部从事相关运营活动时，违反企业内部规章制度或相关业务规定的轻微违规行为。

第五条【重大违规行为】 重大违规行为指对企业或员工的生命财产安全产生直接威胁或较大影响的违规行为。

第六条【违规行为主要内容】 安全生产违规行为主要包含以下内容：

（1）未按规定佩戴个人防护用品。

（2）未进行安全操作或未执行设备安全操作规定。

（3）未经审批私自更改或拆除机器设备或安全装置。

（4）未按规定使用工具和设备，造成安全事故或伤害。

（5）未按规定进行高空作业或危险作业。

第三章 违规行为处理流程

第七条【调查核实】 监督调查人员发现违规行为后，应及时向负责人汇报，由负责人指定专人进行调查核实。

第八条【一般违规行为处理】 对于一般违规行为，应事先进行个人谈话，作出相应处理并记入个人档案。

第九条【重大违规行为处理】 对于重大违规行为，应直接召开部门会议，严肃批评，作出相应处罚并记入个人档案。

第十条【制定整改计划】 生产部根据此次违规行为制订整改计划，明确具体整改内容、整改负责人和整改期限。

第十一条【整改落实】 整改完成后，生产部应进行内部审查并督促后续监管，确保整改措施落实到位。

第十二条【深入调查】 对于无法及时解决的问题，组织专家研究讨论、改进核对，并对问题进行深入调查和处置。

第四章 违规行为整改措施

第十三条【停产整改】 对于重大安全隐患和严重违规行为，立即停止有关工作或生产活动，进行整改，并进行全员安全生产教育。经检验合格后方能恢复正常生产。

第十四条【投资整改】 企业对存在较大安全隐患的设备或场所，需要采取更换或升级等形式进行整改。

第十五条【整改限期】 对于一般违规行为，限期整改，并进行复查。超时未完成的，将按个人情节严重程度进行相应处理。

第十六条【处罚制裁】 对有重大违规行为或拒不执行安全管理制度的职员，给予相应的纪律处分或警告，并视情况对其进行开除处理。

第十七条【检查记录】 定期对企业现场和设备安全进行检查和评估，及时发现问题并加以整改。对于企业内长期存在的违规行为，应建立档案进行记录，并及时追究责任人的责任。

第十八条【安全教育】 开展安全教育宣传活动，增强员工安全意识，形成良好的安全生产文化。加强对安全生产隐患的排查，对存在的安全生产隐患及时整改。

第五章 附则

第十九条【解释权】 本办法由生产部负责解释。

第二十条【生效日期】 本办法自发布之日起生效。

11.2 环保

11.2.1 企业环境保护制度

制定企业环境保护制度，不仅能够保护环境，也能提高企业的社会责任感和市场竞争力，同时能保障员工的身体健康，促进企业的可持续发展。下面是企业环境保护制度，仅供参考。

企业环境保护制度

第一章 总则

第一条【目的】 为了保护企业生活和生产环境，防治污染，保证员工身体健康，确保全面完成污染减排指标，实施可持续发展战略并逐步实现清洁生产，根据国家相关法律法规，结合企业实际情况，特制定本制度。

第二条【适用范围】 本制度适用于企业各工厂排污车间和环境保护设施所在部门。

第三条【管理职责】 环境保护管理工作由企业生态环境部负责，各相关部门和人员应积极配合生态环境部进行环境保护管理工作。

第二章 环境保护管理要求

第四条【宣传教育】 企业各部门要重视环境保护、节能减排方面知识的宣传教育，增强全体员工的环境保护意识和法制观念。生态环境部负责编制环保培训教材，定期对员工进行培训。

第五条【人员培训】 企业要有计划地培养和引进环保专业人才。各业务部门在进行员工培训教育时，应把环境保护教育作为一项重要内容，不断增强员工环境保护的意识和环境保护专业技术水平。

第六条【调查统计】 生态环境部人员要对企业环境状况和环境保护工作进行统计调查，并汇总上报企业领导。

第七条【生产工艺】 企业各生产工序应积极采用清洁生产工艺，努力实现废物综合利用。企业每年投入相当比例的资金用于污染治理及防治，新技术研发应用，持续改善企业生产厂区环境状况。

第八条【废物治理】 企业应加强对污水处理设施的管理，同时加强节水管理，避免浪费水资源现象的发生。应积极回收利用固体废弃物，禁止乱排乱堆现象，杜绝固体废弃物污染环境事故的发生。

第九条【环境绿化】 企业生产厂区及厂界绿化应以净化和绿化为主，兼顾美化，尽量采用对空气有净化作用的树种，采取乔、灌、草相结合的种植方式，扩大绿化面积。

第十条【监督检查】 企业每年邀请环保局监测部门来企业进行监测，持续改进，加强对环境质量的监督管理。环保人员要定期深入现场，对环境保护设施运转使用情况及污染现象进行检查、指导，并对员工提出的环境问题予以答复，对存在的环保问题提出整改意见并限期整改。

第三章 建设项目环境保护管理规定

第十一条【新、扩、改建项目】 对于新、扩、改建项目，在建设之前，必须执行环境影响评价制度，对建设项目的选址、设计和建成投产后可能对周围环境产生的不良影响进行调查、预测和评估，提出防治措施。生态环境部在工程筹建过程中对环境影响评价中提出的防治措施的实施情况进行监督。筹建部门在对项目进行论证时必须考虑环境影响评价中提出的防治措施，采用评价中提出的或优于评价中提出的治理工艺。

第十二条【环保"三同时"制度】 严格执行环保"三同时"制度，即新建、改建、扩建的基本建设项目、技术改造项目，其环境保护设施必须与主体工程同时设计、同时施工、同时投入使用。

（1）工程设计阶段

① 建设项目的工艺设计应该积极采用不产生或少产生污染的新技术、新工艺、新设备，以最大限度地提高资源、能源利用率，从源头减少污染物排放，按照"清洁生产"的要求，尽可能地在生产过程中把污染降到最低。

② 建设项目的环境治理工艺设施尽可能采用国家推荐的技术工艺，禁止采用落后的、被淘汰的技术设备。

（2）工程施工阶段

筹建部安排专人落实施工计划与进度，保证工程质量，安保人员在工程施工过程中，要对项目情况进行监督检查，以确保工程建设项目的环境保护设施与主体工程同时施工。

（3）工程竣工后，试生产或试运行前

由筹建部申请，设备部、生产部等部门对设施进行验收，验收通过方可进行试生产或试运转。建设项目投入试生产之日起3个月内，向审批该项目的环境影响主管部门，申请该建设项目需要配套建设的环境保护设施竣工验收。

第十三条【使用及建设要求】 企业各部门对于新、扩、改建项目的相关资料必须上报生态环境部备案，相关内容应遵循以下要求：

（1）未经安保办公室、设备部等有关部门的同意，各部门不得私自拆除、改动、改造现有环境保护设施。

（2）应按照设计使用说明书定期对投入使用的环境保护设施进行维护，以保证其运行效果。

（3）可能产生较大污染的设备、工艺，要查找产生污染的原因，改进工艺操作，加强人员操作，尽量避免污染。

第四章 大气污染防治管理规定

第十四条【大气污染防治监督】 大气污染防治的监督管理遵循以下标准：

（1）污染物排放需根据政府规定的排污量进行管理。

（2）向大气排放污染物时，环保人员应当按规定统计企业拥有的污染物排放设施、处理设施和正常作业条件下排放污染物的种类、数量、浓度。排放污染物的种类、数量、浓度有较大改变时，应当及时更新。

（3）新、扩、改建工程的大气污染防治项目必须执行环保"三同时"及本办法第三章相关条款。

（4）企业相关部门必须保证大气污染防治设施的正常运行。

第十五条【废气、烟粉尘污染防治措施】 废气、烟粉尘污染防治的措施主要包含以下内容：

（1）各车间在生产工艺中易产生废气的场所，必须采取相应措施对废气进行收集和处理，在达到国家规定环保要求内，做到有组织排放。

（2）禁止在企业厂区内焚烧沥青、油毡、橡胶、塑料、枯草、落叶、垃圾及其他会产生有毒有害气体或恶臭气体的物质，各部门有责任教育其员工遵守上述规定。

（3）对露天堆放的粉料堆场，使用单位要采取有效的防尘措施，粉料运输要采取加盖篷布等措施，禁止洒漏。

（4）道路保洁清扫应当防治扬尘污染，及时运走并清扫粉尘及垃圾。

第五章 水污染防治管理规定

第十六条【水污染防治监督】 水污染防治的监督管理遵循以下标准：

（1）合理安排生产，对产生废水污染的工艺、设备逐步进行调整和技术改造。采取综合防治的措施，提高水资源的重复利用率，减少废水的排放量。

（2）排放污水时，安保人员应当按规定统计企业拥有的污染物排放设施、处理设施和正常作业条件下排放污染物的种类、数量、浓度，并提供水污染防治方面的技术资料。排放污染物的种类、数量、浓度有较大改变时，应当及时更新。

（3）新、扩、改建工程的水污染防治项目必须执行环保"三同时"及本制度第三章相关条款。

（4）必须保证废水处理、净化设施的正常运行。

（5）溢流废水污染物的浓度不得超过国家排放标准。

第十七条【水污染防治措施】 水污染防治的措施主要包含以下内容：

（1）出现水污染事故后，环保人员应立即会同有关部门采取措施，减轻或消除污染,并向企业领导报告,再由企业办公室向政府部门报告。

(2)严禁向企业排水系统偷排废水、废渣、废油、废酸、废碱或有毒液体。

(3)严禁向企业排水系统排放、倾倒工业废渣、各种垃圾及其他废弃物。

<h3 style="text-align:center">第六章 固体废物防治管理规定</h3>

第十八条【固体废物类型】 固体废物的类型主要有以下2种。

(1)建设、生产固体废物。指在建设、生产过程中产生的会对环境造成污染的固态、半固态废弃物质。

(2)生活垃圾。指在日常生活中或者为日常生活服务的活动中产生的固体废物以及法律、行政法规规定的被视为生活垃圾的固体废物。

第十九条【固体废物污染防治措施】 固体废物污染防治的措施主要包含以下内容:

(1)产生固体废物时应当采取措施,防止或者减少固体废物对环境的污染。

(2)收集、贮存、运输、利用、处置固体废物时,必须采取措施,防扬散、防流失、防渗漏。不得擅自倾倒、堆放、丢弃、遗撒固体废物。

(3)应当根据企业的经济、技术条件对产生的工业固体废物积极回收利用。

(4)须在指定地点倾倒垃圾,进行垃圾分类,及时清理垃圾,禁止随意扔撒或堆放各种垃圾。

<h3 style="text-align:center">第七章 附则</h3>

第二十条【解释权】 本制度由生态环境部负责解释。

第二十一条【生效日期】 本制度自发布之日起生效。

11.2.2 环境保护监督检查制度

环境保护监督检查可以有效落实节能减排、资源利用等环保措施和技术,推进清洁生产和绿色发展,提升企业形象和市场竞争力推进企业可持续发展。以下是环境保护监督检查制度,仅供参考。

<h3 style="text-align:center">环境保护监督检查制度</h3>

<h3 style="text-align:center">第一章 总则</h3>

第一条【目的】 为加强对企业环境保护工作的监督检查,规范企业环境保护行为,提高企业环境保护水平和环境质量,根据《中华人民共和国环境保护法》相关规定,结合企业实际情况,特制定本制度。

第二条【适用范围】 本制度适用于企业内部所有部门及员工,及环境保护的全部工作活动。

第三条【责任划分】 环境保护监督检查工作由企业生态环境部设立监督检查机构,按照法律法规的相关规定组织开展环境保护监督检查工作。

第二章 监督检查内容

第四条【环保设备设施】 环境保护设备设施的统计台账、管控情况和运行维护情况的监督检查。

(1) 废水处理设施。废水处理设施应正常运行,生活污水处理率应达到设计要求,做到达标排放或者回收利用。定期监督废水处理设施投运率、废水排放达标率、各排口计量设施。

(2) 噪声管理设施。厂区主要噪声源均应安装噪声管理设施,保证厂区噪声达标。定期检查、维护噪声管理设施的消音隔声装置,保证其正常性能。

第五条【建设项目和技术改造项目】 新、改、扩建项目和技术改造项目环保监督工作执行环保"三同时"要求。

(1) 建设项目和技术改造项目要根据有关环保法律法规及其他相关规定,做好环境影响评价和环境保护设施设计。

(2) 建设项目和技术改造项目开工前,企业应对施工部门的环保方案提出审查意见,包括施工单位环保管理组织机构、施工过程中需保护的环境敏感点、具体的环保措施、环境纠纷和环境污染事件应急处理措施、环保管理制度和环保专业人员素质等。

(3) 建设项目应按照规定要求实行环境监理制度,企业应委托有资质的环境监理单位对建设项目的环保工作进行全过程、全方位监理,促进建设项目各项环保措施的落实。

(4) 建设项目试生产前,企业应会同监理、设计、施工部门检查环境保护设施是否符合要求,并将检查结果报告环保主管部门。经环保主管部门审查批准后,方可进行试生产。

第六条【跟踪检查】 在施工过程中,应由监督检查机构进行环境跟踪监测与在线监测,开展设备运行是否正常的监督检查工作,同时开展对环境污染事件处置情况及环境违法违规行为管理的监督检查。

第七条【其他内容】 其他与环境保护相关的工作情况,如环境保护管理体系的建立与运行情况等。

第三章 监督检查程序

第八条【确定监测方式】 企业通过日常监测和重点监测的方式,监督、分析燃料、原材料的进厂基础数据,监测污染物排放达标情况以及废弃物综合利用情况,确保各项污染物排放浓度和总量均符合国家标准和地方政府要求。

第九条【问题提出】 监督检查机构应按照要求完成监督内容,每季度向企业提交监督报告、提出整改建议,如发现污染物超标排放或环境保护设施异常,应加大监测频率并扩大监测范围,分析原因,将异常情况制成相关表单提交技术部门处理。

第十条【问题分析】 各部门对污染物超标排放或者环境保护设施异常情况应认真分析原因,以采取有效处理措施。

第十一条【监督检查处理】 监督检查机构对于监管发现的问题,应采取制止、整改、督促、加强监管、处罚等方式进行处理。对于发现的严重环保问题,应立即采取措施,并报告上级主管部门。对于巡查发现的问题,应及时反馈给被检查单位,并督促其整改。

第十二条【整改落实】 各部门应根据监督检查机构提出的整改建议制订并落实整改计划,如无特殊情况,应在3个月内完成整改计划。整改计划完成后,应书面报告监督检查机构。

第十三条【宣传教育】 整改完成后,根据监督检查发现的问题开展环境教育宣传活动,提高员工环保意识,形成良好的环境保护文化。

第十四条【环保考核】 企业生态环境部、工程部于每年年初确定各部门环保考核指标,纳入年度绩效考核目标体系。根据环保考核结果,对表现突出的单位或个人进行表彰奖励。对存在环保问题且未及时整改的单位或个人进行惩罚处理。

第四章 附则

第十五条【解释权】 本制度由生态环境部负责解释。

第十六条【生效日期】 本制度自发布之日起生效。

11.2.3 环境保护违规整改办法

为避免企业的环境违规行为影响企业的形象,危害社会公共利益,企业需要加强对环境保护违规行为的整改。以下是环境保护违规整改办法,仅供参考。

环境保护违规整改办法

第一章 总则

第一条【目的】 为规范企业的环境保护行为，提高企业的社会形象，增强企业的可持续发展能力，从而提高企业的竞争力，特制定本办法。

第二条【适用范围】 本办法适用于企业环境保护违规行为整改工作的管理。

第二章 组织和职责

第三条【生态环境部职责】 生态环境部是环境保护违规整改工作的执行者，履行以下职责：

（1）对企业的环境保护行为进行监管。

（2）对环境保护违法行为进行查处和处罚。

（3）积极配合企业的环境保护违规整改工作。

第四条【合规部职责】 合规部是环境保护整改工作文件的制定者，履行以下职责：

（1）制定企业的环境保护政策、制度和标准。

（2）组织环境管理体系建设，监测、评估环境风险。

（3）定期向上级主管部门报告环境保护情况和环境保护违规整改工作进展情况。

第五条【生产部职责】 生产部是环境保护违规整改的参与者，履行以下职责：

（1）落实企业的环境保护政策和制度。

（2）严格按照国家和地方的环境保护法规进行生产经营活动，确保生产过程中不对环境造成污染。

（3）积极配合生态环境部开展环境治理工作。

第六条【其他部门职责】 其他部门要参与环境保护违规整改工作，履行以下职责：

（1）人力资源部要负责员工的环保培训工作，以提升员工的环保意识。

（2）采购部负责选购符合环保标准的原材料和产品。

（3）财务部负责为环保投入提供充足的经费支持。

第三章 环境保护违规行为划分

第七条【污染物违规排放】 废气、废水、固体废物、危险废物等的排放未经过处理或未达标排放。

第八条【环境噪声污染】 工厂机器噪声、车辆噪声等超过了法律法规规定的噪声限值。

第九条【未进行环境影响评估或者评估不合格行为】 企业新建或者改建、扩建项目未经环境影响评估,或者环境影响评估的结果不合格。

第十条【环境违法建设】 企业未经批准、未按照规划建设厂房、仓库等建设。

第十一条【环境监管违规】 企业未及时申报环境信息、未配合环境监管部门检查等行为。

第四章 环境保护违规整改程序

第十二条【核实违规行为】 生态环境部发现相关部门环保违法违规行为,依公司规章制度调查并进行初步核实。

第十三条【下达整改通知】 生态环境部根据核实情况,向相关部门下达整改通知书,责令相关部门停止违规行为,要求相关部门限期整改,直至排放污染物达标。

第十四条【制定整改方案】 相关部门收到整改通知书后,应当认真研究,并制定整改方案。整改方案应当具体、可行,并明确整改措施、整改时间、整改负责人等信息。

第十五条【整改环境保护违规行为】 相关部门应当按照整改方案,采取有效措施对环境保护违规行为进行整改。相关部门应当落实整改措施,保证整改质量,确保整改目标得以实现。

第十六条【验收整改效果】 整改结束后,相关部门应当通知生态环境部进行验收。生态环境部对相关部门的整改情况进行评估,评估结果分为合格和不合格。

第十七条【评估整改结果】 如果企业整改不合格,生态环境部将依公司规章制度对其进行处罚,并在规定时间内要求相关部门重新整改。如果相关部门拒绝整改或者整改后仍不符合要求,生态环境部将采取强制措施责令其整改。

第五章 环境保护违规整改措施

第十八条【完善环境保护机制】 企业应制定明确的环境保护制度和规定,

建立健全环境保护责任制和考核机制,加强环境保护宣传和培训。

第十九条【加强环境保护监管】 企业应加强环境监测和信息公开,及时发布环境信息和违规行为处理情况,增加公众监督。加大环境执法力度,加大对环境保护违法行为的打击力度,坚决维护公众环境权益。加强环境保护设施建设和运营管理,确保环境保护设施正常运转,污染物排放达标。

第二十条【建立风险评估机制】 建立健全环境保护风险评估和管理制度,加强环境保护风险管控,避免环境污染和生态破坏。

第二十一条【加大环境保护投入力度】 落实环境保护投入,加强环境保护科技创新和技术改造,提高环境保护设施的治理能力和效率。

第六章 附则

第二十二条【解释权】 本办法由生态环境部负责解释。

第二十三条【生效日期】 本办法自发布之日起生效。

第12章

企业合规——合同管理

12.1 合同签订

12.1.1 合同签订合规审查管理制度

合同签订合规审查管理制度的制定可以确保企业合同签订的合法性、规范性和合规性，降低合同纠纷和法律风险，提高经营效率和品牌形象，从而保障企业的可持续发展。以下是合同签订合规审查管理制度，仅供参考。

合同签订合规审查管理制度

第一章 总则

第一条【目的】 为保证企业合同签订过程的合法合规，规范企业合同签订流程，根据相关法律法规和企业内部管理要求，特制定本制度。

第二条【适用范围】 本制度适用于企业所有合同签订相关部门，以及企业所签订的采购合同、销售合同、租赁合同、技术合作合同、服务合同、金融合同等。

第三条【部门职责】 企业法务部负责企业所有合同的审查。

第四条【基本原则】 法务部及其相关业务部门进行合同签订合规审查时，应遵循以下原则：

（1）合法有效性原则。审查合同的合法有效性应当特别注意我国相关法律的相应规定。主要应注意合同主体、合同目的、合同内容、合同形式及程序是否合法。

（2）公平性原则。合同的公平性是指合同双方的权利与义务要相对平衡，一方享受了权利，就必须承担相应的义务。

（3）可操作性原则。实现合同可操作性是合同得以有效利用、完成交易和实现利益均衡的具体保证，对履行周期长、影响因素多、风险大的合同，切实地贯彻可操作性原则非常重要。

第二章 合规审查内容

第五条【合同主体审查】 法务部在审查合同主体的合法性时，主要审查以下内容：

（1）审查签订合同的当事人是否是经过有关部门批准成立的法人、个体工商户。

（2）审查合同主体是否是具备与签订合同相应的民事权利能力和民事行为能力的公民。

（3）审查法定代表人或主管负责人的资格证明。

（4）审查合同主体是否具备履约能力，包括是否有足够资金保障合同的履行，是否具备相应的技术、人员等资源保障合同的履行等。

（5）审查合同主体是否受到法律的约束和监管，如是否存在违法、违规、违约等情况，是否受到司法文书的约束等。

第六条【合同内容审查】 法务部审查合同内容的合法性时，主要审查以下内容：

（1）审查合同内容是否损害国家、集体或第三方的利益。

（2）审查合同条款是否明确、完整，是否包含重要的商业条款等。

（3）对合同进行全面风险评估，包括但不限于合同的执行风险、合同的违约风险、合同的诉讼风险等。

（4）审查是否违反法律法规、行政法规的强制性规定。

第七条【合同条款审查】 法务部审查合同条款的合法性时，应主要审查以下内容：

（1）审查合同条款中是否明确了双方的权利和义务，包括交付物品、付款方式、服务范围、履约细节违约责任等。

（2）审查合同条款中的合同期限是否清晰、明确，包括合同的起止时间、履行期限、续签和解除条款等。

（3）审查合同价格和支付方式的条款是否清晰明确、合理公正，符合市场标准。

（4）审查合同条款中的违约条款，包括违约责任、违约赔偿、补救措施等是否可行，是否符合法律规定。

（5）审查合同条款中的变更条款，包括变更通知方式、变更范围、变更时间等是否清晰明确，是否经双方协商同意。

（6）审查合同条款中的保密条款，包括保密责任、保密范围、保密期限等是否符合法律法规和商业规范。

（7）审查合同条款中的争议解决条款，包括争议解决方式、仲裁地点、仲裁机构等是否合理、可行，是否符合法律法规和商业规范。

第八条【合同文字审查】 法务部审查合同文字是否规范时，应对合同草稿的条款、词、字、标点等进行仔细推敲，确定合同中是否存在前后意思矛盾、词义含混不清的文字表述，并及时纠正容易引起误解、产生歧义的语词，确保合同的文字表述准确无误。

第九条【合同签订审查】 法务部审查合同签订的手续和形式是否完备时，主要审查以下内容：

（1）如果合同附有生效期限，应审查期限是否届至。

（2）如果合同约定第三方为保证人的，应审查是否有保证人的签名或盖章。采用抵押方式担保的，如果法律规定或合同约定必须办理抵押物登记的，应审查是否办理了登记手续；采用质押担保方式的，应按照合同中约定的质物交付时间，审查当事人是否按时办理了质物交付的法定手续。

（3）审查合同双方当事人是否在合同上签字或盖章。

第三章 合规审查流程

第十条【合同评审申请】 由合同起草人向总经办提交合同评审申请，明确合同签订的背景、合同内容、合同金额、风险评估等。

第十一条【审查申请审核】 总经办下发审查申请审核流程，确认合同评审的流程和执行人员。

第十二条【合同评审】 由执行人员对合同进行评审，对合同中的内容及各项条件进行审查、比对、核对，对风险点、关键条款进行识别，评估合同的可执行性等。

第十三条【合同修改与归档】 根据评审结果，进行合同条款修改和协商，出具相应的评审报告，并签署合同。签署后的合同应进行归档并留存至少5年。

第十四条【合同执行监督】 企业设立合同执行监督岗位，负责合同的履约管理、监察和风险控制，确保合同的有效履约和合规性。

第十五条【合同档案管理】 对已签订的合同进行档案管理，按时间顺序建立档案，并根据合同内容及类别分类存放，方便备查。

第四章 附则

第十六条【解释权】 本制度由合同管理部负责解释。

第十七条【生效日期】 本制度自发布之日起生效。

12.1.2 合同承办部门合规责任管理制度

通过制定合同承办部门合规责任管理制度，可以加强企业内部的规范化、制度化管理，提高管理水平和效率，确保企业各项工作的合规。以下是合同承办部门合规责任管理制度，仅供参考。

合同承办部门合规责任管理制度

第一章 总则

第一条【目的】 为加强合同承办部门的合规责任管理，有效防范合同风险，保障企业经济利益和合法权益，特制定本制度。

第二条【适用范围】 本制度适用于企业各合同承办部门与其他企业或人员之间设立、变更、终止合同的合规管理。

第三条【相关概念】 合规责任是指合同承办部门在合同签订、履行和变更过程中，应当遵守相关法律法规和企业内部管理规定，履行诚实守信、勤勉尽责的义务，确保所签署的合同合法、有效、合规。

第二章 管理职责

第四条【合同谈判职责】 合同承办部门负责合同事务的管理工作，负责参与合同谈判，制定科学、合理的合同方案，确保合同符合国家法律法规以及有关政策要求。

第五条【合同审查职责】 合同承办部门应当对合同审查进行严格把关，确保合同的法律效力和合规。合同审查应当包括但不限于以下内容：

（1）合同是否符合国家法律法规、政策要求。
（2）合同是否规范明确、条款严谨。
（3）合同是否涉及重大利益或风险。
（4）合同是否与其他相关合同相互协调。

第六条【监督检查职责】 合同承办部门应当在法定程序下签订合同，对合同履行情况进行监督检查，并按照有关规定对合同违约行为进行处理。

第三章 合规管理机制建立

第七条【建立合同管理制度】 合同承办部门应当建立完善的合同管理制度，制度内容如下：

（1）建立合同审核流程，明确合同审核责任和时限。
（2）建立合同档案管理制度，明确合同档案保管责任和期限。
（3）建立合同风险评估机制，及时发现和防范合同风险。
（4）建立跟踪管理机制，及时发现和解决合同履行中出现的问题。

（5）建立违规行为报告机制，及时报告和纠正违规行为。

第八条【建立档案管理制度】 合同承办部门应当加强对合同文件的管理，建立完善的档案管理制度，确保合同文件完整、准确、有效。

第九条【建立风险评估机制】 合同承办部门应当建立风险评估机制，对业务涉及的合同进行风险评估，并提出风险防范措施。风险评估应当包括以下内容：

（1）合同相对方的信用状况。
（2）合同内容的合法性和合理性。
（3）合同履行的风险和难度。
（4）合同履行所需的人力、物力和财力等资源。

第十条【建立跟踪管理机制】 合同承办部门应当建立跟踪管理机制，对业务涉及的合同进行实时监测，及时发现和解决合同履行中出现的问题。跟踪管理应当包括以下内容：

（1）对合同履行情况进行定期评估和分析。
（2）对合同履行中出现的问题和风险及时处理。
（3）对合同履行中的重大事项及时报告和沟通。

第十一条【建立违规行为报告机制】 合同承办部门应当建立违规行为报告机制，及时报告和纠正违规行为。违规行为报告应当包括以下内容：

（1）发现和纠正业务涉及的合同违规行为。
（2）及时报告和处理业务涉及的合同风险和危机事件。
（3）及时报告和处理其他违规行为。

第十二条【建立合规责任考核制度】 企业应当建立合规责任考核制度，定期对合同承办部门的合规责任履行情况进行考核。对违反本制度的部门和个人进行惩罚，对表现优秀的部门和个人进行奖励。

第四章 合同合规管理

第十三条【合同谈判】 合同承办部门在开展合同谈判前，应当充分了解项目需求和合同风险，制定详细的合同谈判方案，明确合同谈判的目标和重点，避免出现漏洞和纠纷。

在合同谈判中，合同承办部门应当注重协商和互动，认真听取对方意见，注重风险防范，严格按照法律法规有关规定和合同约定，避免因谈判疏漏而导致合同纠纷。

第十四条【合同审查】 合同承办部门应当制定合同审查程序及岗位职责和权限,对合同的条款进行全面的审查,确保合同符合法律法规和企业政策,保障企业合同经营利益。

合同承办部门应对合同进行合规审查,包括对合同的目的、内容、形式、履行方式、争议解决方式等方面的审查,审查完成后应形成书面审查意见。

第十五条【合规检查】 企业应当定期对合同承办部门的合规情况进行检查,包括对合同签订、履行和变更过程的合规审查和监督,合规检查应当包括以下内容:

(1)合同承办部门是否建立合规管理机制和合规工作制度。

(2)合同承办部门是否已完成相对方尽职调查或资格审查,尽职调查或资格审查过程中发现的合规风险是否能够被合理解释,是否已进行书面记录,是否采取适当措施减轻合规风险。

(3)合同承办部门是否对所签署的合同进行合规审查和监督。

(4)合同承办部门是否对合同变更进行了合规审查和监督。

第十六条【纠纷管理】 合同承办部门应当对合同纠纷的处理、协调工作进行迅速、有效、公正地处理,尽可能寻求和谐解决,保障企业合同利益。严格审查、判断相关合同纠纷是否有必要采取法律措施,确保企业合同利益最大化。

第十七条【风险管理】 合同承办部门应根据审核结果判断合同中潜在的合规风险,提出修改、补充或不予签订等风险防范建议,并将建议告知业务部门。

第十八条【责任追究】 对于违反本制度规定的合同承办部门和相关人员,企业将采取责任追究措施,包括但不限于通报批评、取消评先评优资格、降职等。对于涉嫌违法犯罪的行为,企业将移交司法机关处理。

第五章 附则

第十九条【解释权】 本制度由合同管理部负责解释。

第二十条【生效日期】 本制度自发布之日起生效。

12.2 合同执行

12.2.1 合同履行管理制度

合同履行管理可以在签订合同的过程中将注意力放在风险预防方面,避免因合同履行中出现的争议和矛盾导致企业经济和声誉受损。以下是合同履行管理制度，仅供参考。

合同履行管理制度

第一章 总则

第一条【目的】 为适应企业发展的要求，加强企业合同履约管理工作，建立健全企业合同履约管理体系，规避企业经营风险，减少和避免法律纠纷，提高企业整体经济效益，切实维护企业的正当、合法权益，特制定本制度。

第二条【适用范围】 本制度适用于企业所有合同的履约管理。

第三条【相关概念】 本制度所称合同是指企业各部门在组织生产施工及经营管理过程中与本企业以外的人员或其他组织之间设立、变更、终止民事权利义务关系的协议。本制度所称合同履约管理是指合同实施中所涉及的履行、变更、解除、终止、监督检查、奖惩措施等行为。

第四条【基本要求】 企业合同履约管理应当遵循的基本要求如下：

（1）合同内容真实、合法、有效，程序正当。

（2）妥善保管好合同履约过程中的各项书面文书、财务凭证、票据、图表、电子文档、邮件等材料，确保合同履约管理过程中所涉资料的完整性、原始性、可复制性。

（3）高效、及时、稳妥处理各类合同履约纠纷，维护企业的合法权益。

第二章 组织和职责

第五条【业务部门职责】 业务部门在合同履行管理过程中，履行以下职责：

（1）各业务部门根据自身需要，负责收集、整理合同起草所需的资料。

（2）根据项目进度、成本预算，督促和把握合同履约进度，监督合同的实际履约情况。

（3）协助法务部处理合同纠纷的协商、调解、诉讼、仲裁等工作。

第六条【财务部职责】 财务部在合同履行管理过程中，履行以下职责：

（1）负责审核合同约定的总金额、付款方式、付款进度等，在合同的履行过程中，按合同要求对资金的支付进行全面掌控。

（2）负责收取、划扣合同中约定的质量保证金及其他款项。

第七条【法务部职责】 法务部在合同履行管理过程中，履行以下职责：

（1）负责制定和修改涉及企业的合同履约管理的规章制度。

（2）负责起草企业履约所需的各类合同范本、审核合同条款和内容、审核合同变更及终止、防范和规避合同潜在的法律风险。

（3）负责企业合同履约的监督检查，定期、不定期抽查合同履约情况，对违反合同规定的事项提出法律意见。

（4）负责企业所涉合同的会审、评审、履约全过程监控和督促，对可能出现的法律问题进行分析和预防。

（5）负责审核和办理合同履约中的法定代表人授权事项。

（6）负责解决合同履约纠纷的协商、调解、投诉、应诉、仲裁等工作。

（7）负责处理其他有关合同履约事项。

第三章　合同履约规定

第八条【履约要求】　合同中约定的生效条件尚未达成的，企业不得履约。合同签订生效后，企业相关部门和人员都必须遵守合同所约定的事项，认真履行合同。不能随意补充、变更或解除合同，要确保合同完全履约。

第九条【履约情况变化】　在合同履约过程中，因客观情况发生重大变化，致使合同无法正常履约或继续履约难以实现合同目的，业务部门应当及时通知法务部，并会同法务部采取措施以减少损失，同时注意收集、保全有关证据。

第十条【合同变更】　合同变更包含以下2种情况。

（1）业务部门提出，因客观情况发生重大变化，企业业务部门需要对合同进行补充、变更、解除的，应与法务部共同研讨补充、变更或解除合同所存在的法律风险，并将具体实施方案以书面形式呈报企业董事会审批。

（2）对方提出，若对方主动提出变更、解除或终止合同的要求，企业应从维护企业合法权益的角度出发，具体人员应及时报告部门负责人，并会同法务部研究是否同意其所提出的要求，法务部进行严格控制和把关，且必须按企业制度报董事会审批通过后方可执行。

第十一条【对方不履约】　若对方故意不履约或不完全履约，责任部门和法务部应督促对方继续履约，并注意收集、保全相关证据。若经催促后，对方仍不履约或不完全履约，法务部应认真分析，做好仲裁、诉讼等相关准备工作。

第十二条【跟踪汇总】　业务部门需在月底前将本部门正在履约的合同，根据合同实际履约情况填写好"合同履约跟踪表"提交到法务部。法务部对各业务部门提交的"合同履约跟踪表"进行汇总检查，并将汇总检查情况呈交董事会处理。

第十三条【文件审核】 在合同履约过程中，所涉及的所有书面材料，具体经办人员必须认真审核、严格把关，确保材料真实、有效。经部门负责人签字确认后，方能作为合同履约凭证。

第四章 合同履约监督与奖惩

第十四条【合同履约监督】 企业应定期、不定期对合同的履约情况进行监督检查，及时找出合同履约过程中存在的问题，杜绝产生违反合同履约管理的行为。法务部有权会同企业各部门定期、不定期检查合同的履约情况，保证合同的顺利履行。

第十五条【监督内容】 合同履约监督的主要内容有以下3方面：
（1）合同所约定的具体事项是否落实到位。
（2）合同项目的履约进度及情况。
（3）合同双方有无违约情况。

第十六条【责任承担】 责任人员在合同履约过程中违反企业规章制度的规定，尚未造成企业经济损失的，对其进行批评教育；已造成经济损失的，需要承担相关损失。

责任人员不配合法务部处理合同履约事项，不提供真实情况及相关证据、资料，导致法务人员出具的法律意见失误而造成合同无法正常履约的，给予责任人员相关惩罚。

第五章 附则

第十七条【解释权】 本制度由合同管理部负责解释。
第十八条【生效日期】 本制度自发布之日起生效。

12.2.2 合同执行评价制度

为避免合同签订后，在合同的执行、履约过程中出现问题，需要对合同签订后的一系列合同执行活动进行评价。以下是一则合同执行评价制度，仅供参考。

合同执行评价制度

第一章 总则

第一条【目的】 为确保企业有效执行合同，保证合同双方权益，规范企业经营行为，促进企业的可持续发展，特制定本制度。

第二条【适用范围】 本制度适用于对企业各类合同执行情况的评价。

第二章 组织和职责

第三条【合同管理部职责】 合同管理部负责合同执行情况的评估及考核工作。

第四条【相关部门职责】 相关部门和人员要认真履行合同执行职责，确保合同执行情况符合合同约定。

第三章 合同执行评价指标

第五条【评价指标内容】 合同执行的评价指标应包括以下3个方面：

（1）合同执行情况评价指标

① 合同执行进度是否符合合同约定。

② 合同执行质量是否符合合同约定。

③ 合同执行成本是否控制在合理范围内。

④ 合同执行是否对企业形象造成负面影响。

⑤ 合同执行是否与企业目标和战略一致。

（2）合同执行风险评价指标

① 合同内容是否合规合法。

② 合同执行是否存在违约风险。

③ 合同执行是否存在纠纷风险。

（3）合同执行能力评价指标

① 合同管理方面的组织架构是否合理。

② 合同执行人员素质是否合格。

③ 合同执行的工作流程是否规范。

第六条【评价指标权重】 根据实际情况确定评价指标的各项权重，具体如下所示：

（1）合同执行情况评价指标。总分：40分。标准：合同执行过程中，每出现一次执行失误情况，扣5分，直至扣完。

（2）合同执行风险评价指标。总分：30分。标准：合同执行过程中，出现人为因素风险的，扣5分，直至扣完。

（3）合同执行能力评价指标。总分：30分。标准：合同执行能力不合规的，根据具体事项酌情扣分。

第四章 合同执行评价程序

第七条【制订合同执行评价计划】 制订合同执行评价计划，明确合同执行评价的方法和周期。

（1）合同执行评价方法

采用一定的量化指标对合同执行情况进行评价，如合同执行情况的达成率、时间进度、合同执行成本等。

（2）合同执行评价周期

根据企业的实际情况确定合同执行评价周期。

合同执行评价周期可以分为短期、中期和长期三个阶段。短期评价周期一般为1个月至3个月，中期评价周期为6个月至1年，长期评价周期为1年以上。

第八条【收集合同执行信息】 合同管理部收集企业合同执行的相关信息，包括合同履行进度、合同履行情况、合同履行成本等。

第九条【评价执行情况】 合同管理部对合同的执行情况进行评价，并根据评价指标对合同执行情况进行打分评级。

第十条【形成评价报告】 合同管理部根据打分评级情况，对合同执行评价结果进行汇总和分析，形成合同执行评价报告。

第十一条【提出改进意见】 合同管理部将合同执行评价报告及时传达给相关部门和人员，并提出改进意见和建议。

第十二条【跟踪改进结果】 合同管理部对于合同执行评价结果较差的合同进行跟踪管理，加强对合同执行情况的监控和管理。

第五章 合同执行评价结果运用

第十三条【优化流程结构】 将合同执行评价结果作为企业决策和管理的重要参考，用于优化企业的合同管理和执行流程，提高企业的履约能力和风险控制能力，提高企业的经营效益和竞争力。

第十四条【制定奖惩制度】 根据评价结果建立相应的奖惩制度，对于合同执行优秀的部门和个人进行表彰和奖励，对于合同执行较差的部门和个人进行批评和处罚。

第十五条【建立数据系统】 合同管理部建立相应的数据管理系统，确保合同执行情况得到准确记录和分析。

第六章 附则

第十六条【解释权】 本制度由合同管理部负责解释。

第十七条【生效日期】 本制度自发布之日起生效。

第 13 章

企业合规——劳动合同

13.1　劳动合同签订与履行

13.1.1　劳动合同签订管理制度

劳动合同签订管理制度的制定可以有效的保护员工权益、提高企业管理水平、保障企业的合法权益，促进企业稳定发展，帮助企业有效地应对各种风险和挑战。以下是劳动合同签订管理制度，仅供参考。

劳动合同签订管理制度

第一章　总则

第一条【目的】　为了维护员工在企业的合法权益，确保劳动合同签订过程及内容符合国家劳动法规和企业制度，有效防范和控制企业的用人风险，减少、防止劳务纠纷和争议的出现，特制定本制度。

第二条【适用范围】　本制度适用于企业劳动合同签订管理。

第三条【岗位职责】　企业相关部门和人员在劳动合同签订时应履行如下职责：

（1）总经理负责企业部门经理及以上重要岗位、核心岗位人员劳动合同的签订和续订审批工作。

（2）人力资源部负责全面组织劳动合同的签订工作，包括在规定的时间内与劳动者签订有效的劳动合同（包括双方签字及盖章），确保无人员遗漏，劳动合同签订完毕后存档到员工档案。

（3）业务部门需要协助人力资源部完成员工劳动合同的签订工作，并做好员工后续的考核工作，存档员工考核结果文本及留存相关事实。

第二章　劳动合同内容

第四条【劳动内容告知】　企业招聘员工时，应如实告知员工工作内容、工作条件、工作地点、职业危害、安全生产状况、劳动报酬，以及员工要求了解的其他情况。同时员工应如实说明与劳动合同直接相关的基本情况。

第五条【劳动合同签订日期】　企业与员工约定劳动合同签订日期时，应遵循以下规定：

（1）企业自用工之日起即与员工建立劳动关系，应于当日建立职工名册并签订劳动合同。

（2）企业与员工已建立劳动关系，未同时订立书面劳动合同的，应当自用工之日起一个自然月内订立书面劳动合同。

（3）企业与员工在用工前订立劳动合同的，劳动关系自用工之日起建立。

第六条【薪酬相关约定】 在企业未与员工签订劳动合同或劳动合同对薪酬约定不明确时，实施以下薪酬管理内容：

（1）企业未在用工的同时与员工订立书面劳动合同，与员工约定的劳动报酬不明确的，新招用的员工的劳动报酬按照集体合同规定的标准执行。没有集体合同或者集体合同未规定的，实行同工同酬。

（2）劳动合同对劳动报酬和劳动条件等标准约定不明确，引发争议的，企业与员工可以重新协商。协商不成的，适用集体合同规定。没有集体合同或者集体合同未规定劳动报酬的，实行同工同酬。没有集体合同或者集体合同未规定劳动条件等标准的，适用国家有关规定。

第七条【劳动合同分类】 劳动合同分为固定期限劳动合同、无固定期限劳动合同和以完成一定工作任务为期限的劳动合同。

（1）固定期限劳动合同，是指企业与员工约定合同终止时间的劳动合同。企业与员工协商一致，可以订立固定期限劳动合同。

（2）无固定期限劳动合同，是指企业与员工约定无确定终止时间的劳动合同。企业与员工协商一致，可以订立无固定期限劳动合同。

（3）以完成一定工作任务为期限的劳动合同，是指企业与员工约定以某项工作的完成为合同期限的劳动合同。企业与员工协商一致，可以订立以完成一定工作任务为期限的劳动合同。

有下列情形之一，员工提出或者同意续订、订立劳动合同的，除员工提出订立固定期限劳动合同外，应当订立无固定期限劳动合同。

① 员工在该企业连续工作满10年的。

② 企业初次实行劳动合同制度或者国有企业改制重新订立劳动合同时，员工在该企业连续工作满10年且距法定退休年龄不足10年的。

③ 连续订立2次固定期限劳动合同，且员工没有《中华人民共和国劳动合同法》第三十九条和第四十条第一项、第二项规定的情形，续订劳动合同的。

企业自用工之日起满一年不与员工订立书面劳动合同的，视为企业与员工已订立无固定期限劳动合同。

第八条【劳动合同内容】 劳动合同应当具备以下条款：

（1）企业的名称、住所和法定代表人或者主要负责人。

（2）员工的姓名、住址和居民身份证或者其他有效身份证件号码。

（3）劳动合同期限。

（4）工作内容和工作地点。

（5）工作时间和休息休假。

（6）劳动报酬。

（7）社会保险。

（8）劳动保护、劳动条件和职业危害防护。

（9）法律法规规定应当纳入劳动合同的其他事项。

劳动合同除前款规定的必备条款外，企业与员工可以约定试用期、培训、保守秘密、补充保险和福利待遇等其他事项。

第九条【劳动合同签订生效】 劳动合同由企业与员工协商一致，并经企业与员工在劳动合同文本上签字或者盖章生效。劳动合同文本由企业和员工各执一份。

第十条【试用期时间】 企业与员工约定试用期时应遵循以下约定：

（1）劳动合同期限三个月以上不满一年的，试用期不得超过一个月。劳动合同期限一年以上不满三年的，试用期不得超过二个月。三年以上固定期限和无固定期限的劳动合同，试用期不得超过六个月。

（2）同一企业与同一员工只能约定一次试用期。

（3）以完成一定工作任务为期限的劳动合同或者劳动合同期限不满三个月的，不得约定试用期。

（4）试用期包含在劳动合同期限内。劳动合同仅约定试用期的，试用期不成立，该期限为劳动合同期限。

第十一条【试用期工资】 员工在试用期的工资不得低于本单位相同岗位最低档工资或者劳动合同约定工资的80%，并不得低于企业所在地的最低工资标准。

第十二条【技术培训】 企业为员工提供专项培训费用，对其进行专业技术培训的，可以与该员工订立协议，约定服务期，协议应遵循以下内容：

（1）员工违反服务期约定的，应当按照约定向企业支付违约金。违约金的数额不得超过企业提供的培训费用。企业要求员工支付的违约金不得超过服务期尚未履行部分所应分摊的培训费用。

（2）企业与员工约定服务期的，不影响按照正常的工资调整机制提高员工在服务期期间的劳动报酬。

第十三条【保密协议与竞业限制】 企业与员工可以在劳动合同中约定保守企业的商业秘密及与知识产权相关的保密事项，保密协议应遵循以下规定：

（1）对负有保密义务的员工，企业可以在劳动合同或者保密协议中与员工约定竞业限制条款，并约定在解除或者终止劳动合同后，在竞业限制期限内按月给予员工经济补偿。员工违反竞业限制约定的，应当按照约定向企业支付违约金。

（2）竞业限制的人员限于企业的高级管理人员、高级技术人员和其他负有保密义务的人员。竞业限制的范围、地域、期限由企业与员工约定，竞业限制的约定不得违反法律法规的规定。

（3）在解除或者终止劳动合同后，员工到与本企业生产或者经营同类产品、从事同类业务的有竞争关系的其他企业，或者自己生产或者经营同类产品、从事同类业务的竞业限制期限，不得超过2年。

第十四条【无效合同】 下列劳动合同无效或者部分无效。

（1）以欺诈、胁迫的手段或者乘人之危，使对方在违背真实意思的情况下订立或者变更劳动合同的。

（2）企业免除自己的法定责任、排除员工权利的。

（3）违反法律、行政法规强制性规定的。

对劳动合同的无效或者部分无效有争议的，双方应交由劳动争议仲裁机构或者人民法院确认。劳动合同部分无效，不影响其他部分效力的，其他部分仍然有效。劳动合同被确认无效，员工已付出劳动的，企业应当向员工支付劳动报酬。劳动报酬的数额，参照本单位相同或者相近岗位员工的劳动报酬确定。

第三章 附则

第十五条【解释权】 本制度由人力资源管理部负责解释。

第十六条【生效日期】 本制度自发布之日起生效。

13.1.2 劳动合同履行管理办法

劳动合同履行过程中的管理能够规范劳动合同的签订和执行流程，强化劳动合同执行过程中的管理和监督，提高企业管理效率和运营质量。以下是劳动合同履行管理制度，仅供参考。

劳动合同履行管理制度

第一章 总则

第一条【目的】 为规范劳动合同的执行和管理,维护企业和员工双方的合法权益,促进劳动关系和谐稳定,根据《中华人民共和国劳动法》,结合企业实际情况,特制定本制度。

第二条【适用范围】 本制度适用于企业与员工签订的劳动合同的履行管理。

第三条【相关概念】 本制度所称劳动合同履行是指企业与员工双方需要按照彼此约定劳动合同的内容履行相对应的义务,行使相对应的权利。

第四条【岗位职责】 企业相关部门及人员在劳动合同履行管理时需要分别履行其相关职责。

(1)人力资源部负责组织劳动合同的签订、变更及监督管理工作。

(2)业务部门需要协助人力资源部完成员工劳动合同履行的监督,并做好对员工的后续考核工作。

第二章 劳动合同履行要求

第五条【履行地要求】 劳动合同履行地是员工实际工作所在地,企业所在地为企业注册、登记地。企业未经注册、登记的,其出资人、开办单位或主管部门所在地为企业所在地。

第六条【执行要求】 企业与员工应当按照劳动合同的约定,全面履行各自的义务。

(1)企业应当按照劳动合同约定和国家规定,向员工及时、足额支付劳动报酬。企业拖欠或者未足额支付劳动报酬的,员工可以依法向当地人民法院申请支付令,人民法院应当依法发出支付令。

(2)企业应当严格执行劳动定额标准,不得强迫或者变相强迫员工加班。

(3)员工拒绝企业管理人员违章指挥、强令冒险作业的,不视为违反劳动合同。员工对危害生命安全和身体健康的劳动条件,有权对企业提出批评、检举和控告。

(4)企业变更名称、法定代表人、主要负责人或者投资人等事项,不影响劳动合同的履行。

(5)企业发生合并或者分立等情况,原劳动合同继续有效,原劳动合同由承继企业权利和义务的企业继续履行。

第七条【建立劳动规章制度】 企业应依法建立和完善劳动规章制度，保障员工享有劳动权利、履行劳动义务。

（1）企业应经全体职工讨论，提出建立劳动规章制度的方案和意见，与工会或职工代表平等协商确定，企业应当将直接涉及员工切身利益的规章制度和重大事项决定在单位内公示，或者告知员工。

（2）如果规章制度损害员工权益的，员工可以据此解除劳动合同，企业应当向员工支付经济补偿。如果该规章制度的实施给员工造成了损失的，企业应承担赔偿责任。

第三章 劳动合同履行管理措施

第八条【员工考核】 制定并落实考核机制，对员工的工作质量、工作态度和工作绩效进行评估。

第九条【加强管理】 加强对员工的岗位管理，对有不当行为的员工，应及时劝诫和交流，指导其改正不足之处。对涉及重要岗位和机密内容的员工，应进行更为严格的管理和监督。

第十条【会议告知】 定期召开员工大会和工作例会，传达企业的政策和要求，让员工更好地理解和执行企业的规定。

第十一条【奖惩管理】 建立奖惩机制，对履行劳动合同良好的员工予以表彰和奖励，对违反劳动合同规定的员工给予相应的惩罚。

第十二条【员工维护】 对员工提出的合理需求和诉求，应认真分析和处理，并在合理的范围内给予满足。

第四章 附则

第十三条【解释权】 本制度由人力资源管理部负责解释。

第十四条【生效日期】 本制度自发布之日起生效。

13.2 劳动合同变更与解除

13.2.1 劳动合同变更管理制度

劳动合同变更涉及员工的合法权益问题，制定劳动合同变更管理制度可以确保员工权益不受侵害，促进员工信心，提高员工的工作积极性。以下是劳动合同变更管理制度，仅供参考。

劳动合同变更管理制度

第一章 总则

第一条【目的】 为规范企业与员工双方变更劳动合同的行为，维护员工的合法权益，根据相关法律法规，结合本企业实际情况，特制定本制度。

第二条【适用范围】 本制度适用于与企业签订劳动合同的全体正式员工。

第三条【相关概念】 本制度所称的劳动合同变更是指在双方协商一致的情况下，对现有合同的约定内容进行修改，包括增加或减少内容，但不是解除原劳动合同后重新签订新的劳动合同。

第四条【岗位职责】 人力资源部负责本企业劳动合同的变更管理工作，负责与员工协商变更事宜、签订劳动合同等内容。

第二章 劳动合同变更事项

第五条【劳动合同变更限制】 劳动合同订立后，劳动合同双方必须认真履行，任何一方不得擅自变更劳动合同。但是，在劳动合同履行过程中，由于企业生产经营状况发生变化，或者员工劳动、生活情况发生变化，也可以变更劳动合同。

第六条【劳动合同变更情形】 劳动合同的变更包括协议变更和法定变更2种情况。

（1）协议变更是指劳动合同双方当事人必须协商一致，达成协议。

（2）法定变更是在法律规定的原因出现时，当事人一方可依法提出变更劳动合同（变更的内容也需要当事人双方协商一致）。

第七条【劳动合同变更范围】 劳动合同变更范围主要包含以下3种：

（1）工作岗位、职责、薪酬等内容的变更。

（2）工作地点、工作时间等内容的变更。

（3）其他双方协商一致的内容变更。

无论是协议变更，还是法定变更，只限于对劳动合同的某些内容的变更，不能对劳动合同的当事人进行变更。

第八条【劳动合同变更条件】 当出现以下情形之一时，劳动合同可以变更。

（1）订立劳动合同时所依据的法律法规已经修改，致使原来订立的劳动合同无法全面履行，需要作出修改。

（2）企业经上级主管部门批准转产，原来的组织仍然存在，原签订的劳动合同也仍然有效，只是由于生产方向的变化，原来订立的劳动合同中的某些条款与发展变化的情况不相适应，需要作出相应的修改。

（3）上级主管部门决定改变企业的生产任务，致使原来订立的劳动合同中有关产量、质量、生产条件等的规定都发生了一定的变化，需要作出相应的修改，否则原劳动合同无法正常履行。

（4）企业严重亏损或发生不可抗力的情况，确实无法履行劳动合同的规定。

（5）当事人双方协商一致，同意对劳动合同的某些条款作出变更，但不得损害国家利益。

第九条【劳动合同变更评估】 确定劳动合同变更前，应对以下内容进行评估：

（1）在劳动合同变更过程中，应当评估劳动合同变更对企业运营产生的影响，以合理控制风险，保障企业和员工的合法权益。

（2）变更内容涉及人员岗位调整或薪酬调整等变动时，应当注意维护员工感情，并尽量保证变更后员工利益不降低。

（3）变更内容涉及员工劳动时间等调整时，应当遵守政府相关规定，保障员工的合法权益。

（4）变更内容涉及员工劳动环境等方面的调整时，应当遵守相关规定，尽力维护员工的身体健康。

第三章 劳动合同变更流程

第十条【提出变更要求】 企业或员工一方向对方提出变更劳动合同的要求，说明变更的理由、内容、条件等。

第十一条【按期答复对方】 即对方得知变更劳动合同提出方变更劳动合同的要求后，应及时召开协商会议，就变更事宜进行充分协商，并在规定的期限内（一般为15日）给对方答复。

第十二条【纪要备案】 在协商结束后，应当将协商内容和结果记录在协商纪要中，由双方签字并加以保存备查。

第十三条【达成书面协议】 企业与员工双方就变更劳动合同的内容经过协商，取得一致意见，应当达成变更劳动合同的书面协议，书面协议应指明对哪些条款作出变更，并应表明变更后劳动合同的生效日期。书面协议经双方签字盖章后生效，报企业主管部门或上级劳动行政部门备案。

第十四条【合同存档】 处理变更后的劳动合同应当加盖企业公章，劳动合同文本由企业和员工各执一份，企业部分由人力资源部存档。

第四章 附则

第十五条【其他说明】 双方达成一致变更的约定，应当签订书面协议，具备法律效力，企业不得违法豁免劳动合同规定的员工权益。

第十六条【解释权】 本制度由人力资源部负责解释。

第十七条【生效日期】 本制度自发布之日起生效。

13.2.2 劳动合同解除管理办法

劳动合同解除管理办法可以维护员工的合法权益，确保员工在劳动合同解除时不会遭受违法损害，同时规范企业的用工行为，避免侵犯员工权益，维护协调的劳资关系。以下是劳动合同解除管理办法，仅供参考。

劳动合同解除管理办法

第一章 总则

第一条【目的】 为了完善企业劳动合同解除相关管理规定，保护企业与员工双方的合法权益，特制定本办法。

第二条【适用范围】 本办法适用于与企业签订劳动合同的全体正式员工。

第三条【职责权限】 人力资源部是劳动合同解除主要管理部门，负责与员工协商、沟通劳动合同解除相关事宜。法务部和各业务部门负责提供相关帮助和相关文件。

第四条【相关概念】 本办法所称劳动合同的解除，是指企业与员工双方提前终止劳动合同的法律效力，解除双方权利义务关系。本办法所涉及的劳动合同解除主要包含3种情况。

（1）双方协商解除劳动合同。

（2）员工单方面宣布解除劳动合同。

（3）企业单方面宣布解除劳动合同。

第二章 双方协商解除劳动合同

第五条【协商解除】 企业与员工协商一致，可以解除劳动合同。

第六条【满足条件】 企业在处理双方协商解除劳动合同时，应注意该行为的执行必须满足以下条件：

（1）被解除的劳动合同是依法成立的有效劳动合同。

（2）解除劳动合同的行为必须在被解除的劳动合同依法订立生效之后，

尚未全部履行之前进行。

（3）企业与员工均有权提出协商解除劳动合同的请求。

（4）解除劳动合同属于双方自愿，平等协商，同时，双方当事人达成的解除劳动合同的协议，不得损害对方的利益。

第七条【解除流程】 企业与员工双方协商解除劳动合同的流程如下：

（1）企业或员工提出劳动合同解除的建议。

（2）对方收到解除劳动合同的建议并及时作出回复，提出自己对于解除劳动合同的意见。

（3）双方在自愿、平等协商的基础上达成一致，统一解除劳动合同。

（4）企业安排员工依照相关规定办理工作交接。

（5）在员工办理完毕工作交接手续后，企业应为员工及时结算薪资。

（6）如果是企业提出的解除劳动合同则应该支付员工相应标准的经济补偿。

（7）劳动合同按双方约定解除后，企业同时出具劳动合理解除证明。

（8）在劳动合同解除的15个自然日内，企业为员工办理档案及社会保险转移手续。

（9）对已解除的劳动合同文本进行备案，并至少保存2年。

第三章 员工单方面宣布解除劳动合同

第八条【提前30日通知情形】 员工在劳动合同所约定的正式工期内，提前30日以书面形式通知企业，方可解除劳动合同。

第九条【提前3日通知情形】 员工在试用期内提前3日通知企业，可以解除劳动合同。

第十条【可以随时解除情形】 企业有下列情形之一的，员工可以解除劳动合同。

（1）未按照劳动合同约定提供劳动保护或者劳动条件的。

（2）未及时、足额支付劳动报酬的。

（3）未依法为员工缴纳社会保险费的。

（4）企业的规章制度违反法律法规的规定，损害员工权益的。

（5）以欺诈、胁迫等手段使员工在违背真实意愿的情况下订立或者变更劳动合同，使劳动合同无效的。

（6）法律、行政法规规定员工可以解除劳动合同的其他情形。

第十一条【可以立即解除情形】 企业以暴力、威胁或者非法限制人身自由的手段强迫员工劳动的，或者企业违章指挥、强令冒险作业危及员工人身安全的，员工可以立即解除劳动合同，不需事先告知企业。

第四章 企业单方面宣布解除劳动合同

第十二条【可以解除情形】 员工有下列情形之一的，企业可以解除劳动合同。

（1）在试用期间被证明不符合录用条件的。

（2）严重违反企业的规章制度的。

（3）严重失职，营私舞弊，给企业造成重大损害的。

（4）员工同时与其他企业单位建立劳动关系，对完成本企业的工作任务造成严重影响，或者经企业提出，拒不改正的。

（5）被依法追究刑事责任的。

（6）法律法规规定的其他情况。

第十三条【提前30日通知或支付补偿情形】 有下列情形之一的，企业提前30日以书面形式通知员工本人或者额外支付员工一个月工资后，可以解除劳动合同。

（1）员工患病或者非因工负伤，在规定的医疗期满后不能从事原工作，也不能从事由企业另行安排的工作的。

（2）员工不能胜任工作，经过培训或者调整工作岗位，仍不能胜任工作的。

（3）劳动合同订立时所依据的客观情况发生重大变化，致使劳动合同无法履行，经企业与员工协商，未能就变更劳动合同内容达成协议的。

第十四条【提前向工会和劳动行政部门申请情形】 有下列情形之一，需要裁减人员20人以上或者裁减不足20人但占企业员工总数10%以上的，企业须提前30日向工会或者全体员工说明情况，听取工会或者员工的意见后，裁减人员方案经向劳动行政部门报告，可以裁减人员。

（1）依照企业破产法规定进行重整的。

（2）生产经营发生严重困难的。

（3）企业转产、重大技术革新或者经营方式调整，经变更劳动合同后，仍需裁减人员的。

（4）其他因劳动合同订立时所依据的客观经济情况发生重大变化，致使劳动合同无法履行的。

裁减人员时，应当优先留用下列人员。

（1）与本企业订立较长期限的固定期限劳动合同的。

（2）与本企业订立无固定期限劳动合同的。

（3）家庭无其他就业人员，有需要扶养的老人或者未成年人的。

第十五条【不得解除情形】 员工有下列情形之一的，企业不得依照本办法第十二条、第十三条的规定解除劳动合同。

（1）从事接触职业病危害作业的员工未进行离岗前职业健康检查，或者疑似职业病病人在诊断或者医学观察期间的。

（2）在本企业患职业病或者因工负伤并被确认丧失或者部分丧失劳动能力的。

（3）患病或者非因工负伤，在规定的医疗期内的。

（4）女员工在孕期、产期、哺乳期的。

（5）在本企业连续工作满15年，且距法定退休年龄不足5年的。

（6）法律、行政法规规定的其他情形。

第五章 经济补偿

第十六条【经济补偿支付情形】 有下列情形之一的，企业应当向员工支付经济补偿。

（1）企业依照本法第五条规定向员工提出解除劳动合同并与员工协商一致解除劳动合同的。

（2）企业依照办法第九条规定解除劳动合同，但存在违反劳动合同的具体约定或相关法律法规的规定的。

（3）企业依照本法第十二条规定解除劳动合同的。

（4）企业依照本法第十三条第一款规定解除劳动合同的。

（5）法律、行政法规规定的其他情形。

第十七条【经济补偿支付规定】 经济补偿按员工在本企业工作的年限，每满1年支付1个月工资的标准向员工支付。6个月以上不满1年的，按1年计算。不满6个月的，向员工支付半个月工资的经济补偿。

员工月工资高于企业所在地区上年度职工月平均工资3倍的，向其支付经济补偿的标准按员工月平均工资3倍的数额支付，向其支付经济补偿的年限最高不超过12年。

本条所称月工资是指员工在劳动合同解除或者终止前12个月的平均工资。

第十八条【继续履行合同和赔偿金支付情形】 企业违反规定解除或者终止劳动合同,员工要求继续履行劳动合同的,企业应当继续履行。员工不要求继续履行劳动合同或者劳动合同已经不能继续履行的,企业应当依照本办法规定的经济补偿标准的 2 倍向员工支付赔偿金。

第六章 附则

第十九条【其他说明】 企业应在解除或者终止劳动合同时出具解除或者终止劳动合同的证明,并在 15 个自然日内为员工办理档案和社会保险关系转移手续。

第二十条【解释权】 本办法由人力资源部负责解释。

第二十一条【生效日期】 本办法自发布之日起生效。

第14章

企业合规——财务税收

14.1 财务

14.1.1 财务规范化管理制度

财务规范化管理可以保障企业的财务活动合规，规避内部财务风险，杜绝财务违规行为，提高企业的财务安全系数，防止经营风险的发生。以下是财务规范化管理制度，仅供参考。

财务规范化管理制度

第一章 总则

第一条【目的】 为了进一步加强企业财务管理，提高企业的理财能力及财务人员的业务素质，全面推进企业财务管理规范化水平。根据相关政策、法律法规，结合本企业实际情况，特制定本制度。

第二条【适用范围】 本制度适用于企业财务规范化管理工作相关执行人员。

第二章 组织和职责

第三条【总经理职责】 总经理在企业财务规范化管理过程中，负责制度的建议与最终审批。

第四条【财务部职责】 财务部在企业财务规范化管理过程中，履行以下职责：

（1）负责财务相关制度的协助编制、审核、员工培训落实与监控执行。

（2）负责财务相关款项的收入或支出管理。

（3）负责对财务相关事项真实性的审核及授权金额费用的审批。

第五条【业务部门职责】 业务部门在企业财务规范化管理过程中，需要配合财务部进行相关财务管理及相关财务文件管理，同时需要负责相关账款类别反馈的审核确定及协助准/呆账的追收。

第六条【审计部职责】 审计部负责审计证据的收集、审计工作底稿的编写、审计建议的提出，项目审计计划的制订、审计现场工作的组织安排及审计报告的撰写等工作。

第三章 预算管理

第七条【编制年度预算】 财务部应当在每年年初编制年度预算,年度预算内容应当包括收入、支出、利润等内容。预算编制应当以实际情况为基础,科学、合理地预测未来发展趋势,保证预算的科学、合理和可操作性。

第八条【执行情况记录】 财务部应当对年度预算执行情况进行记录和监控,及时发现和解决年度预算执行中的问题,确保年度预算的顺利执行。

第九条【调整和修订】 财务部应当根据实际情况对年度预算进行调整和修订,调整和修订应当经过审批程序,确保调整和修订的合理性和科学性。

第四章 现金管理

第十条【现金流量管理】 财务部应当制定现金流量管理措施,保证现金流量平衡,避免出现资金短缺或者过剩的情况。

第十一条【备用金管理】 财务部应当制定备用金管理措施,明确备用金的使用范围、额度、审批程序等内容,确保备用金的合理使用和有效管理。

第十二条【现金收支管理】 财务部应当制定现金收支管理措施,明确现金收支的审批程序、支付方式、资金使用范围等内容,确保现金收支管理的合理、安全和有效。

第五章 应收账款管理

第十三条【坏账准备计提比例】 财务部应当根据实际情况制定坏账准备计提比例,对可能发生的坏账进行提前预估和准备,确保坏账损失的最小化。

第十四条【客户信用等级评估方法】 财务部应当根据客户的信用等级评估情况,制定相应的信用政策和信用标准,对不同信用等级的客户采取不同的信用标准和政策,避免因信用风险导致企业经济损失。

第十五条【应收账款管理措施】 财务部应当制定相应的应收账款管理措施,明确客户信用调查、催收、核销等方面的措施和程序,确保应收账款的及时回收,减少坏账损失。

第六章 固定资产与无形资产管理

第十六条【固定资产购置和折旧】 财务部应当制定固定资产购置和折旧管理措施,明确固定资产购置的标准、审批程序、使用范围和折旧方法等内容,确保固定资产得到合理配置和有效利用。

第十七条【固定资产处置】 财务部应当制定固定资产处置管理措施,明确固定资产处置的标准、审批程序、处置方式和清理收入的使用等内容,确保固定资产得到合理处置和有效利用。

第十八条【无形资产购置】 财务部应当制定无形资产购置管理措施，明确无形资产购置的标准、审批程序、使用范围和保护措施等内容，确保无形资产得到合理购置和有效利用。

第十九条【无形资产使用】 财务部应当制定无形资产使用管理措施，明确无形资产使用的范围、权属、保密措施、维护和更新等内容，确保无形资产得到合理使用和有效保护。

第二十条【无形资产转让】 财务部应当制定无形资产转让管理措施，明确无形资产转让的标准、审批程序、转让方式和收益分配等内容，确保无形资产的合理转让和有效利用。

第七章 财务报表和财务报告管理

第二十一条【财务报表管理】 财务部应当按照国家会计准则要求，制定财务报表及其附注，包括资产负债表、利润表、现金流量表和财务报告说明书等内容，确保财务报表的真实性、准确性和完整性。

第二十二条【财务报告管理】 财务部应当按照规定的时间和方式，制定财务报告，包括年度财务报告和临时财务报告等内容，确保财务报告的及时性和有效性。

第八章 财务风险控制

第二十三条【风险识别和评估】 审计部门应当通过多种手段识别和评估财务风险，包括市场风险、信用风险、操作风险等方面，及时采取相应的控制措施，避免财务风险的扩大，避免给企业带来损失。

第二十四条【内部控制机制】 企业应当建立完善的内部控制机制，包括会计控制、审计控制、财务风险控制等方面，确保财务工作的合法、合规和有效执行。

第二十五条【风险应对措施】 企业应当制定相应的风险应对措施，包括风险规避、风险分散、风险转移等，以及时应对和化解财务风险。

第九章 附则

第二十六条【解释权】 本制度由财务部负责解释。

第二十七条【生效日期】 本制度自发布之日起生效。

14.1.2 财务审批管理办法

财务审批管理办法的制定是企业财务管理的重要举措，通过规避财务管理中的风险，提高财务管理水平和审批效率，监督和掌握企业日常的财务流程，使企业实现财务安全、稳定和可持续发展。以下是财务审批管理办法，仅供参考。

财务审批管理办法

第一章 总则

第一条【目的】 为了规范企业财务审批流程，加强财务审批管理，明确审批责任，保证财务审批的及时性、准确性、合法性、有效性，特制定本办法。

第二条【适用范围】 本办法适用于企业所有财务相关内容的审批管理。

第三条【相关概念】 本办法所称财务审批，是指企业各级财务负责人对财务收支、费用报销、预算安排等事项进行审核、审批的管理活动。

第四条【基本原则】 企业财务审批相关人员进行财务审批时应遵循以下原则：

（1）依法依规审批原则。财务审批应当依据国家法律法规、企业章程及有关规定进行，审批必须合法、合理、真实、准确。

（2）审批与审核相分离原则。财务审批应当由专人负责，审核人员应当对审批事项进行审核，不得越级审批。

（3）内部控制原则。财务审批应当在企业内部控制制度的框架内进行，确保审批过程合法、真实、准确和有效。

第二章 组织和职责

第五条【财务部门职责】 财务部为财务审批管理的归口部门，财务部总监负责企业内重大财务收支、预算安排等相关事项的审批。财务部经理负责一般财务收支、费用报销、预算安排等相关事项的审批。

第六条【业务部门经理职责】 各业务部门经理负责协助财务部对本部门所涉及的财务收支、费用报销、预算安排等事项进行审批。

第三章 财务审批流程

第七条【提出申请】 业务部门人员按照本部门发展需求提出财务审批申请，并提交申请审批的资料，按预算审批权限报批。

第八条【申请审核】 财务负责人或其授权的报批人对业务部门提出的需求计划进行审核。

第九条【审批决定】 财务审批人根据审批权限的规定,作出审批决定或提出审批建议。

第十条【审批执行】 审批人将审批意见通知业务部门财务审批申请提出人员,要求其按审批意见执行。

第十一条【财务结算】 各业务部门项目完成后,财务审批申请提出人员按规定及时办理结算和付款手续。

第四章 财务审批控制

第十二条【财务审批要求】 财务审批人员执行财务审批时,应严格遵守以下要求:

(1)审批人员应按照规定的审批权限和流程,对财务申请、预算和报销等事项进行审批。

(2)审批人员应对财务信息的真实性、合法性、准确性和完整性进行核实,避免虚报、冒领和挪用行为出现。

(3)审批人员应当理性、公正地对待财务审批事项,不得有刻意推迟、拖延和阻挠审批进程的行为。

(4)财务审批事项必须按照规定时间完成审批,如有延迟请事先按照规定程序提出申请,报请上级领导批准。

第十三条【财务审批监管】 企业应建立严格的财务审批监管机制,避免风险发生。

(1)企业应当建立完善的财务审批监管机制,以及时发现并处理违反审批规则的情况,落实相应的企业内部控制和风险管理制度。

(2)制定财务审批管理制度,其中包括财务保管制度、财务报销制度、预算安排控制制度等。

(3)建立完善的财务审批的流程和制度执行过程,如出现异常审批情况,及时进行调查和处理。

第五章 附则

第十四条【解释权】 本办法由财务部负责解释。

第十五条【生效日期】 本办法自发布之日起生效。

14.2 税收

14.2.1 税收与纳税管理制度

制定税收与纳税管理制度可以加强纳税人的税务意识，普及税收法制，规范税收行为，促进税收公平和有效管理。以下是税收与纳税管理制度，仅供参考。

税收与纳税管理制度

第一章 总则

第一条【目的】 为了规范企业内部的税收管理，确保企业依法纳税，降低税务风险，提高税务管理效率，特制定本制度。

第二条【适用范围】 本制度适用于企业及其所有下属机构、分支机构和员工。

第三条【相关概念】 本制度所称税收指国家依法征收的各种税款。

第四条【岗位职责】 企业设立税务管理部门，负责企业的税收管理和纳税工作。主要职责包括：

（1）解读国家税收政策和法律法规，及时向企业领导报告并给出合规建议。

（2）制定企业的税务管理制度和流程，确保企业税务工作的规范性和有效性。

（3）组织和实施公司的税务筹划，降低企业税负。

（4）负责企业的税务申报、缴纳和税务审计工作。

（5）协调企业与税务机关的沟通和联系，处理税务争议和纠纷。

第二章 税务申报

第五条【申报责任与义务】 企业个部门应积极履行相应的税务申报责任与义务。

（1）企业各部门应积极配合税务管理部门，确保税务申报的准确性和及时性。

（2）税务管理部门应定期收集各部门的税务信息，整理并准备税务申报所需的所有文件和资料。

（3）税务管理部门应确保所有税务申报都符合相关税收法律法规和税务部门的要求。

第六条【申报内容】 税务申报内容应该包括但不限于以下内容：

（1）增值税、消费税申报：包括增值税申报表、财务会议报表及说明资料、增值税申请抵扣凭证、发票领、用、存月报表、增值税销项税额和进项税额明细表等。

（2）营业税申报：包括营业税申报表、财务会议报表及说明资料等。

（3）所得税申报：包括季度预缴和年度汇缴的所得税申报表、财务会计报表及说明资料等。

第七条【申报方式】 企业税务管理部门可以选择纸质申报或电子申报方式，具体方式应根据税务部门的要求和公司的实际情况进行选择。电子申报应确保系统的安全性和稳定性，防止数据泄露或篡改。

第八条【申报时间】 税务管理部门应严格遵守税务部门规定的申报时间，避免因逾期申报而产生罚款或滞纳金。如有特殊情况需要延期申报，应提前向税务部门申请并获得批准。

第三章 税款缴纳

第九条【缴纳责任与义务】 税务管理部门应确保所有应纳税款及时、足额地缴纳至指定账户。并跟踪税款的缴纳情况，确保缴纳的准确性和及时性。

第十条【缴纳方式】 税务管理部门可以选择银行转账、现金缴纳、网上缴税等多种缴纳方式，具体方式应根据税务部门的要求和企业的实际情况进行选择。对于大额税款缴纳，税务管理部门应提前与税务部门和银行进行沟通，确保缴纳的顺利进行。

第十一条【缴纳时间】 税务管理部门应严格遵守税务部门规定的缴纳时间，避免因逾期缴纳而产生罚款或滞纳金。如有特殊情况需要延期缴纳，应提前向税务部门申请并获得批准。

第十二条【缴纳凭证】 税务管理部门应妥善保存税款缴纳的凭证和记录，以备税务部门的检查和审计。如需查询税款缴纳情况，税务管理部门应提供相关的查询和打印服务。

第四章 税务风险管理

第十三条【风险管理制度】 税务管理部门应建立税务风险管理制度，识别和评估企业的税务风险，制定相应的风险应对措施。

第十四条【检查和审计】 合规管理部门应定期对税务管理工作进行检查和审计，及时发现问题并采取措施加以纠正。

第十五条【重大风险报告】 对于重大的税务风险和问题，税务管理部门应及时向税务机关报告，并积极配合税务机关的调查和处理。

第五章 附则

第十六条【解释权】 本制度由税务管理部门负责解释。

第十七条【生效日期】 本制度自发布之日起施行。

14.2.2 税务审计管理办法

制定税务审计管理办法可以规范企业税务审计工作的流程和程序，促进企业规范经营，同时也有助于提高税收征管的水平和纳税人合规率。以下是税务审计管理办法，仅供参考。

税务审计管理办法

第一章 总则

第一条【目的】 为规范企业税务审计工作，提高税务风险控制能力，确保企业财务以及税务账务的真实性、准确性，根据《中华人民共和国税收征收管理法》和有关法律、行政法规的规定，结合企业实际情况，特制定本办法。

第二条【适用范围】 本办法适用于企业内部的税务审计和税务审计管理。

第三条【相关概念】 本办法所称税务审计是指企业设置的专业内部审计机构或人员，对企业纳税行为和财务会计处理情况进行审计和评估的活动。

第四条【相关要求】 企业应当加强内部税务审计管理，建立健全内部税务审计制度，规范内部税务审计程序，确保内部税务审计工作及时、有效、合法。

第二章 组织和职责

第五条【内部审计机构】 企业应当设立内部审计机构，负责内部税务审计工作。内部审计机构应当配备专业人员，负责内部税务审计的组织、实施和协调工作。

第六条【审计机构职责】 内部审计机构的主要职责如下：

（1）制定内部税务审计制度和工作规范，明确内部税务审计的范围、目标、职责和工作流程等。

（2）组织开展内部税务审计工作，对企业纳税行为和财务会计处理情况进行审计和评估。

（3）对内部税务审计工作进行监督和检查，及时发现并纠正内部税务审计工作中的问题。

（4）协调内部审计机构与财务、税务等相关部门的工作关系。

第七条【财务部职责】 企业财务部应当制定并完善企业各项财务制度，明确财务管理职责和权限，确保企业财务数据的完整性和精确性。

第三章 税务审计管理事项

第八条【税务审计计划】 企业应当根据实际情况，制订年度内部税务审计计划。税务审计计划制订要求如下：

（1）应当覆盖企业的所有税种和涉税业务。

（2）应当明确具体审计对象、审计时间、审计方式、审计方法等。

（3）应当在年初提交企业领导层审批，并在审批通过后执行。

（4）在发生重大风险或异常情况时，应当及时对税务审计计划进行调整。

第九条【税务审计对象】 企业应当对下列事项进行税务审计。

（1）纳税申报和税款入库情况。

（2）增值税专用发票和其他抵扣凭证的领用、开具、保管、缴销情况。

（3）应纳税额的计算、申报、缴纳情况。

（4）税收优惠政策的执行情况。

（5）其他与税务审计相关的事项。

第十条【税务审计流程】 企业应当按照以下程序进行税务审计。

（1）制订税务审计计划，明确税务审计目标、范围、对象和时间。

（2）成立税务审计小组，确定税务审计人员的分工和职责。

（3）对企业的财务会计资料和经营管理资料进行调查和取证。

（4）编制税务审计报告，提出审计结论和处理建议。

（5）对审计发现的问题进行整改，并由相关人员监督落实。

第十一条【税务审计方法】 企业应当采用以下方法进行税务审计。

（1）审阅企业的财务会计资料和经营管理资料。

（2）现场调查、核实相关情况。

（3）分析、评估涉税事项的真实性、合法性和合理性。

（4）利用专业技术手段进行审计。

第十二条【财务审计管理】 企业应通过完善财务计算制度和内部控制机制，做好财务数据的收集、整理、核对、分析和评估等工作，确保财务审计工作的准确性、完整性和合规性。企业应对税务计算进行规范和严格审查，确保资料真实、准确、完整,严格遵守税收政策规定。

第十三条【审计报告】 内部审计机构应当及时向企业管理层汇报内部税务审计情况和结果,提交相关审计报告,并提出相应的改进建议。被审计部门应当积极配合内部审计机构的工作,及时提供相关资料和信息,并对审计发现的问题进行整改。

第四章 税务审计监督管理

第十四条【监督检查】 企业应当加强对内部税务审计工作的监督检查,确保审计工作合法、公正、客观。内部审计机构应当定期向企业管理层和董事会汇报内部税务审计工作的工作情况和工作结果,并提出相应的改进建议。

第十五条【质量控制】 企业应当建立税务审计质量控制制度,对税务审计工作进行评估和考核,及时发现并纠正税务审计工作中存在的问题。

第十六条【责任追究】 企业及相关工作人员违反本办法规定,有下列情形之一的,依法追究相关人员的责任。

(1)未按照规定进行税务审计的。

(2)未按照规定监督和管理税务审计工作的。

(3)未建立健全企业财务和税务制度,或存有恶意虚报或隐瞒财务数据的。

(4)未依法公开税务审计结论和处理建议的。

第十七条【违规处理】 企业内部有违规行为的,应及时依法处理,并履行对相关违规行为的登记、公示等义务,确保信息透明。对于存在的严重违规行为,企业应当改正,提高税务风险预警能力,避免产生税务处罚等不良后果。

第五章 附则

第十八条【解释权】 本办法由董事会负责解释。

第十九条【生效日期】 本办法自发布之日起生效。

第15章

企业合规——知识产权

15.1 知识产权取得

15.1.1 知识产权注册管理制度

制定完善的知识产权注册管理制度，能够保护和提升企业知识产权的价值，规范知识产权管理和利用，促进科技创新和经济发展。以下是知识产权注册管理制度，仅供参考。

知识产权注册管理制度

第一章 总则

第一条【目的】 为了规范企业知识产权注册管理，根据《中华人民共和国专利法》《中华人民共和国商标法》《中华人民共和国著作权法》等相关法律法规，结合企业实际，特制定本制度。

第二条【适用范围】 本制度适用于企业经营业务中涉及的商标、专利、著作权、版权等各项知识产权的注册管理。

第三条【知识产权分类】 知识产权主要分为以下4类。

（1）商标。指用于区别商品或者服务的标志，包括商品商标、服务商标和集体商标。

（2）专利。指确立发明创造或者实用新型的法律保护，包括发明专利、实用新型专利和外观设计专利。

（3）著作权。指反映原创性思想的作品，包括文学作品、艺术作品、软件等。在企业经营管理中，使用的他人作品的常见类型有字体、文字作品、摄影作品、视听作品、图形作品、计算机程序等。

（4）版权。指已出版的作品，包括图书、音像制品和电子出版物等。

第二章 组织和职责

第四条【知识产权管理部职责】 知识产权管理部负责企业内部知识产权的申请、审查、维护、管理等工作，定期对企业的知识产权进行分类、分析和评估，并建立相应管理制度和档案。

第五条【市场部职责】 市场部负责调查市场中存在的侵犯知识产权的行为，并及时将其反馈给知识产权管理部。

第三章 知识产权注册要求

第六条【注册准备】 企业在注册知识产权前,应做好如下准备工作:

(1)企业应当对拟注册的知识产权进行充分的研究和论证,并做好相应的准备工作。

(2)企业应当确保拟注册的知识产权符合国家法律法规和规章的要求,不存在侵犯他人合法权益的情形。

(3)企业应当对拟注册的知识产权进行必要的检测,确保其技术指标和质量满足有关规定的要求。

第七条【申请人条件要求】 知识产权注册申请人应是企业内合法的自然人或法人,必须具有注册该知识产权所必需的资格和条件。

第八条【申请材料】 知识产权注册申请人需要按照规定提交相关申请材料,准备能证明其知识产权的著作权、发明专利权、商标权、非专利技术秘密等有效性的有效证据,包括但不限于以其名义签订的书面协议、调查报告、实验报告、文本报告、绘图和图片等资料。

第九条【审查要求】 各类知识产权在审查过程中需要满足相关的审查要求,例如,商标注册需要对商标注册的可行性进行审查,以及商标最终是否符合商标法律的规定。

第十条【时效性要求】 知识产权在注册过程中需要符合一定的时效性要求,不同类型知识产权的注册时效不同。

第十一条【维护和更新要求】 知识产权的注册和维护是连续不断的过程,需要按照规定及时更新和管理。

第四章 知识产权注册流程

第十二条【明确知识产权类型】 申请人需要确定注册的商标、专利、著作权或版权类型,确定适用领域。

第十三条【进行知识产权分析】 在申请注册知识产权之前,申请人需要对知识产权进行全面搜索和分析,以确认是否存在类似或者相同的先前注册或申请。

第十四条【确定注册申请】 申请人根据搜索和分析结果,选择具备可注册性和保护性的知识产权进行注册申请。

第十五条【准备申请资料】 申请人须准备包括申请书、宣誓声明等全部申请材料,证件齐全后方可向知识产权管理机构提出注册申请。

第十六条【注册审批】 提交知识产权注册申请后，知识产权管理机构会进行审批，并对申请表格、文件以及其他相关材料进行审核。

第十七条【公告与授权】 审批通过后，知识产权的注册者需要按照规定缴纳相关费用，领取知识产权证书。注册后，申请人可以在特定的网站上进行信息公告，显示已注册的知识产权的相关信息。

第五章 附则

第十八条【注意事项】 在知识产权注册申请过程中，企业应当遵守法律法规的要求，避免任何可能侵犯他人知识产权的行为。企业应当对知识产权注册提高警惕，防止出现知识产权申请不足、资料不完整等情况。

第十九条【解释权】 本制度由知识产权管理部负责解释。

第二十条【生效日期】 本制度自发布之日起生效。

15.1.2 商业秘密与商标保护管理制度

为了防止企业的商业秘密被泄露和商标被盗用，保障企业的商业利益和品牌形象，企业要加强对商业秘密和商标的保护力度。以下是商业秘密与商标保护管理制度，仅供参考。

商业秘密与商标保护管理制度

第一章 总则

第一条【目的】 为了规范企业商业秘密和商标的保护管理，保护企业的核心竞争力和知识产权，防范被泄露和侵犯，维护企业的合法权益和形象，特制定本制度。

第二条【适用范围】 本制度适用于企业全体员工、合作伙伴和供应商。

第三条【相关概念】 本制度所指的商业秘密和商标的概念如下所示：

（1）商业秘密是指企业所拥有的所有信息或资料。

（2）商标是指用于识别企业产品或服务来源的标志、图案、名称、字母等。

第二章 组织和职责

第四条【法务部职责】 法务部作为企业的法律顾问，履行以下职责：

（1）制定企业商业秘密和商标保护的管理制度和规范，对员工进行必要的培训和教育，使其了解并遵守相关法律法规和企业规定。

（2）保护商业秘密，维护和管理商标，确保企业的商业秘密和知识产权得到合法保护。

（3）调查和处理侵权案件，维护企业的合法权益。

第五条【知识产权管理部职责】 知识产权管理部是企业的知识产权管理机构，履行以下职责：

（1）制定企业知识产权保护策略和规划，为企业的知识产权保护提供指导和支持。

（2）保护和管理企业内部的商业秘密和商标，建立保密制度和保密档案，防止信息被泄露或商标被侵权。

第三章 商业秘密保护措施

第六条【制定商业秘密保护制度】 法务部协助知识产权管理部制定商业秘密保护制度，明确商业秘密的保护措施和保密责任人，确保商业秘密不被泄露。

第七条【签署保护协议】 法务部与所有涉及商业秘密的员工和外部合作伙伴签署保密协议，明确保守商业秘密的义务。

第八条【加强物理保护】 企业加强物理环境的保护措施，如安装监控、门禁系统等，防止商业秘密被窃取。

第九条【加强网络保护】 企业加强网络环境的保护措施，如加密、授权控制等，防止商业秘密在网络上被窃取。

第十条【设置访问权限】 企业应对商业秘密的访问进行控制，限制只有必要的人员可以访问。

第四章 商标保护措施

第十一条【建立商标管理制度】 企业应建立商标管理制度，规定商标的使用、保护、管理、维护等方面的具体措施和责任。

第十二条【及时管理商标】 保护商标的独特性，防止他人抄袭或盗用商标，包括注册商标、定期更新商标、保护商标的知名度等。

第十三条【加强商标使用管理】 知识产权管理部对商标的使用进行管理，规定商标的使用范围、使用方式、使用期限等。

第十四条【提供相关培训】 法务部对所有员工进行有关商标保护意识和知识的培训，提高员工的商标保护意识和技能。

第十五条【加强审核处理】 法务部定期审核商标使用情况，对未经授权或未符合规定的商标使用情况进行处理。

第十六条【处理侵权行为】 法务部要积极维护企业的合法权益，对商标的侵权行为采取法律行动。

第十七条【建立商标监测机制】 企业应建立商标监测机制，及时了解和应对商标的不良信息和负面事件。

第十八条【购买保险服务】 知识产权管理部对商标进行投保，以保障企业商标的安全。

第五章 商业秘密与商标保护监督管理

第十九条【加强审计监督】 加强内部审计和外部监督，定期开展商业秘密和商标保护情况的检查和评估，及时发现和解决问题。

第二十条【制定处罚措施】 制定健全的违规处罚机制，对违反保密规定和知识产权法律法规的人员或行为，严格处罚，并追究相关责任。

第六章 附则

第二十一条【解释权】 本制度由法务部负责解释。

第二十二条【生效日期】 本制度自发布之日起生效。

15.2 知识产权使用

15.2.1 知识产权许可和转让管理制度

知识产权许可和转让涉及众多法律法规，制定相应的管理制度可以规范企业的操作，遵守有关法律法规，防止侵权事件发生。以下是知识产权许可和转让管理制度，仅供参考。

知识产权许可和转让管理制度

第一章 总则

第一条【目的】 为了规范对企业知识产权许可和转让的管理，保护企业的知识产权，促进企业的技术创新和发展，特制定本制度。

第二条【适用范围】 本制度适用于企业内部注册的知识产权的许可和转让管理。

第三条【相关概念】 本制度所称知识产权等相关内容的概念如下：

（1）知识产权，指企业拥有的专利、商标、著作权、软件著作权、集成电路布图设计专有权等法律规定的知识产权。

（2）知识产权许可，指企业将自己拥有的知识产权授权给他人使用的行为。

（3）知识产权转让，指企业将自己拥有的知识产权全部或部分转让给他人的行为。

第四条【管理职责】 企业知识产权管理部负责企业知识产权的许可、转让等工作，并建立相应管理制度和档案。

第二章 知识产权许可

第五条【知识产权许可条件】 知识产权许可条件如下：

（1）被许可人应按照约定的方式、范围和条件，使用知识产权，不得侵犯许可人的权利。

（2）许可人就知识产权的权利种类、权利范围、授权期限、使用费标准、付费方式等与被许可人进行明确约定，并在知识产权许可协议签订前将相关材料报送知识产权行政部门备案。

（3）许可人超过约定的授权期限或者未按照约定支付使用费的，企业有权解除知识产权许可协议。

第六条【知识产权许可协议】 许可人和被许可人应当签订书面知识产权许可协议，明确许可的权利种类、权利范围、授权期限、使用费标准、付费方式等内容。知识产权许可协议签订后应报知识产权行政部门备案，并由知识产权行政部门对协议进行审查。

第七条【知识产权许可费用】 许可人应当按照约定的标准和方式收取许可费用，超过约定的收费标准或者付费方式不合规的，被许可人有权解除许可协议，被许可人应当按照约定的时间和方式支付许可费用，不得拖延或者拒绝支付。

第八条【知识产权许可协议的变更和解除】 许可人变更知识产权的权利种类、权利范围、授权期限、使用费标准、付费方式等内容的，应当事先通知被许可人，并与其协商一致。双方因发展需求需要解除许可合同的，双方协商一致可解除。

第三章 知识产权转让

第九条【知识产权转让条件】 知识产权转让双方满足以下条件时，企业可对知识产权进行转让。

（1）转让人和受让人应当符合国家法律法规的规定，确保知识产权的合法、有效。

（2）转让的知识产权应当为企业合法所有，不得侵犯他人的知识产权。

（3）转让的知识产权权利范围应当明确，且不得超出原知识产权权利人的授权范围。

（4）转让的知识产权权利状态应当正常，不得存在权利瑕疵或者权利限制。

第十条【知识产权转让流程】 企业进行知识产权转让时，应按照以下流程进行。

（1）应当与受让人签订书面转让合同，并在合同中明确转让的知识产权权利种类、权利范围、转让价格、转让方式等内容。

（2）知识产权转让合同应当报知识产权行政部门备案，并由知识产权行政部门对合同进行审查。

（3）在知识产权转让过程中，企业应当依法公告或者公示转让知识产权的权利范围、权利状态和授权期限等信息，并保留相关证明材料。

（4）在知识产权转让过程中，企业应当遵守相关法律法规的规定。

第十一条【转让合同效力】 经备案的知识产权转让合同具有法律效力，对转让人和受让人具有约束力，转让人和受让人应当按照约定的时间和方式履行合同义务，不得擅自变更或者解除知识产权转让合同。

第四章 其他相关事项管理

第十二条【收益分配】 知识产权许可和转让的收益应当按照协议约定的方式进行分配，且收益分配应当符合国家法律法规的规定。

第十三条【保密管理】 知识产权许可和转让的相关信息应当按照企业的保密制度进行管理，进行严格保密。

第十四条【违约处理】 知识产权许可和转让协议中的违约条款应当明确，一方违约时，另一方有权要求其承担相应的违约责任。

第五章 附则

第十五条【解释权】 本制度由知识产权管理部负责解释。

第十六条【生效日期】 本制度自发布之日起生效。

15.2.2 知识产权侵权处理办法

知识产权的保护和处理是促进创新发展的重要措施，制定知识产权侵权处理办法能够有效保护企业的知识产权和技术创新，促进企业的持续发展。以下是知识产权侵权处理办法，仅供参考。

知识产权侵权处理办法

第一章 总则

第一条【目的】 为了维护企业权益，加强对知识产权的创造、管理、利用和保护，及时、妥善地处理好各类知识产权侵权事件，特制定本办法。

第二条【适用范围】 本办法适用于企业各种专利和商标受到侵权或被控侵权时的处理。

第三条【岗位职责】 知识产权管理部为此类事项的归口管理部门，负责本办法的具体实施工作。法务部负责起草、完善和推行与知识产权相关的各项规章制度，配合知识产权管理部处理知识产权纠纷和诉讼。

第四条【相关说明】 本办法所涉及知识产权侵权包含两种情况，一种情况为企业知识产权被侵犯，另一种情况为企业侵犯其他相关单位知识产权。

第二章 企业被侵权处理办法

第五条【准备工作】 知识产权管理部组织聘请对企业所属行业比较熟悉，经验丰富的专业律师，由专业律师、知识产权管理部主管和专利发明人组成应急小组。

第六条【确定知识产权归属】 应急小组确认企业知识产权是否有效、是否成立，主要执行以下内容：

（1）应急小组认真对比分析对方与己方使用的专利技术或商标，确认对方的技术特征是否确实属于自己专利或商标的保护范围内，以确定专利侵权是否成立。

（2）律师对企业专利技术与商标的专利性进行分析，在应急小组确认企业的专利权与商标有效且专利侵权成立后，进行下一步工作。

第七条【收集证据】 应急小组收集证据的工作分配如下：

（1）知识产权管理部提交企业享有专利权与专属商标的证据，包括专利证书、专利申请文件等。

（2）知识产权管理部收集侵权者相关信息，包括侵权者确切的名称、法人代表、企业地址、企业特性、注册资金、人员数、经营范围等。

（3）知识产权管理部组织市场部等相关部门收集侵权事实的证据。包括有侵权物品的实物、照片、产品目录、销售发票、销售合同等。

（4）律师、知识产权管理部组织财务部、投资部等收集损害赔偿的证据，赔偿金额的确定由知识产权管理部主管在咨询专业律师后决定。具体的索赔依据如下：

①要求赔偿的金额可以是本企业所受的损失，须提供证据证明因对方的侵权行为，本企业专利产品的销售量减少，或销售价格降低，以及其他多付出的费用或少获得的收益等损失。

②侵权者因侵权行为所获得的利润。证据主要是侵权者的销售量、销售时间、销售价格、销售成本及利润等。

③不低于专利权人与第三人的专利许可证注明的专利许可费。由知识产权管理部提供已经生效履行的与第三人签订的专利许可证协议。

第八条【发出警告】 在确定侵权成立后，在总经理的授权下，知识产权管理部应向侵权方发出警告函，要求对方立即停止侵权行为，警告函的寄送方式应以能够获得寄送凭证的目的为准。警告函中应包括如下所有内容：

（1）专利人的身份，包括专利权利来源的途径，即申请获得权利，转让获得权力，或者是经专利权人许可获得权利等。

（2）专利的具体情况，包括专利的名称、类型，企业获得权利的时间，专利的效力，专利权利的内容，公告授权的专利文件等。

（3）如果是实用新型专利，还应包括国务院专利行政部门做出的检索报告，以及自己的专利经过检索后的结论。

（4）简要归纳被指控的产品的特征，并阐明被警告人将要承担的法律责任。

（5）所依据的专利法具体条文、专利法实施细则的具体条文、相关司法解释的条款等。

（6）被警告人侵权行为的具体情况（如制造销售、许诺销售或使用等等），包括产品的名称、型号、价格等。

第九条【向法院申请"临时禁制令"】 如有证据证明侵权人正在实施侵犯本企业专利权或商标权的行为，并且如不及时制止将会使本企业合法权益受到难以弥补的损害的，企业应在起诉前向法院申请"临时禁止令"责令侵权方停止相关侵权行为。

申请"临时禁止令"时，知识产权管理部需准备除企业享有的专利权与商标权和侵权事实的证明材料外，还需要提供一份详细和专业的技术分析报告，或者由技术部出具的专家意见和财产担保的证明材料。此外，应急小组需要就侵权人正在实施的侵权行为向法院作出说明。

第十条【协商解决】 由应急小组出面与侵权人进行沟通协商，看能否和解，或者要求侵权人签订专利实施许可合同或专利转让合同，和解不成的，采用行政处理或诉讼来解决侵权事件。

第十一条【诉讼解决】 选择诉讼解决方案时，需要实施以下内容：

（1）由应急小组会同财务部，权衡比较是交由专利管理机关处理还是通过法院民事诉讼解决。

（2）权衡应诉包括诉讼金额、诉讼成功率、赔偿金额是否能挽回企业损失等。

（3）如果选择民事诉讼，知识产权管理部要积极配合专利律师的工作。

（4）不管采用哪种方式，应急小组都要积极准备所需的材料。

第三章 企业涉嫌侵权处理办法

第十二条【分析该专利侵权是否成立】 由应急小组人员按照以下内容分析知识产权侵权是否成立、是否有效。

（1）分析该专利侵权是否成立

① 知识产权管理部主管组织知识产权管理部对侵权指控事实进行调查，确定本企业是否生产了其他企业专利产品或使用了其他企业专利方法或使用了其他企业商标。

② 技术中心调阅原告的专利文件，确定该专利的保护范围。

③ 技术中心自检本企业的产品或方法，是否具备了专利或商标独立权利要求的全部技术特征，或在某些特征不同的情况下，他们之间是否构成等同。如果产品或方法缺少一个或一个以上的独立权利要求中的技术特征，或尽管不缺少，但其中一个或以上特征不构成等同，则侵权不成立。

④ 如果企业的行为是未经专利权人许可，但不是以生产经营为目的制造并销售专利产品或依照专利方法直接获得的产品。能证明其产品来源合法的，则无须承担赔偿责任，停止侵权行为即可。如确认企业的产品或方法已构成侵权，则还可进一步对该专利权的有效性进行分析。

（2）分析该专利是否有效

① 知识产权管理部调查涉案的专利权是否仍在保护期内，专利权人是否缴纳了年费。

② 由专业律师调查专利是否缺乏新颖性、创造性。

③ 如果根据以上检索结果分析，认为有可能宣告该专利无效，则企业应抓紧时间，在答辩期内，向中国专利局复审委员会提出宣告该专利无效的请求，

同时，将宣告专利无效请求书的复印件提交给法院，请求法院裁定中止诉讼程序。

第十三条【采取和解措施】 如果该专利权无法宣告无效，企业应及时停止侵权行为，并由应急小组积极争取与专利权人达成和解协议，减少摩擦，降低损失。

第十四条【据理力争，应对诉讼】 如果本企业与对方在赔偿数额上无法达成一致，就应做好应诉准备。企业需尽量收集对自己有利的证据和法律依据来支持自己的主张，维护己方权益。

第四章 附则

第十五条【解释权】 本办法由知识产权管理部负责解释。

第十六条【生效时间】 本办法自发布之日起生效。

第16章

企业合规——商业伙伴

16.1 商业伙伴行为合规

16.1.1 商业伙伴合规调查管理办法

企业与商业伙伴之间的关系是长期性的、复杂的，制定商业伙伴合规调查管理办法，可以规范商业伙伴尽职调查工作，选择合适的商业伙伴，并降低与商业伙伴的合作风险。以下是商业伙伴合规调查管理办法，仅供参考。

商业伙伴合规调查管理办法

第一章 总则

第一条【目的】 为了提升企业依法合规经营管理水平，规范对企业商业伙伴的尽职调查工作，根据企业《合规管理制度》，特制定本办法。

第二条【基本原则】 商业伙伴的尽职调查工作应遵循以下3个原则：

（1）独立、客观原则。尽职调查人员应保持独立客观性，真实反映调查过程中了解的情况，不以主观推测影响调查结果。同时调查人员承担的其他职责不应与尽职调查职责产生利益冲突。

（2）全面覆盖原则。企业应坚持将商业伙伴尽职调查要求覆盖各业务领域、各部门、各级子企业和分支机构，贯穿决策、执行、监督、反馈、改进全流程。

（3）突出重点原则。企业应结合业务的重点程度对商业伙伴开展尽职调查，调查结果应当能明确反映开展该业务所需的业务能力、履约能力及合规建设等情况。

第三条【相关概念】 本办法所称的"商业伙伴"是指与企业签有合同或提供服务的机构或人员。包括但不限于代理、咨询师、供应商、承包商、分包商、合资企业和其他与企业有业务往来的实体，无论其为个人、合伙企业、法人或非法人实体。

第二章 尽职调查的内容和要求

第四条【尽职调查的内容】 商业伙伴的尽职调查内容包括但不限于以下内容：

（1）项目名称、项目情况及项目金额等方面在内的拟合作项目基本情况。

（2）商业伙伴基本信息，主要包括商业伙伴的工商登记信息、股权结构、股东背景、经营资质、特殊资质、行业声誉、经营业绩以及涉外制裁等。

（3）商业伙伴资信状况、履约能力、以往合作情况、利益冲突等方面在内的合规信息披露。

（4）各业务部门根据其实际情况认为应扩充细化的其他信息。

第五条【尽职调查的要求】 企业对商业伙伴展开尽职调查时应做到真实、客观。

第三章 尽职调查的流程

第六条【尽职调查一般程序】 对商业伙伴的尽职调查一般程序如下：

（1）在同商业伙伴建立、更新或续签任何合作关系之前，业务部门应完成或更新商业伙伴的相关信息，收集、汇编商业伙伴的相关背景材料。如果在合作期间商业伙伴信息发生变化，商业伙伴应尽快向本企业业务部门报告，业务部门应及时更新该商业伙伴信息。

（2）业务部门应严格审核商业伙伴信息和相关背景证明材料，并在此基础上完成对商业伙伴的合规风险评估。对商业伙伴的合规风险评估主要包括聘用商业伙伴的理由，商业伙伴提供的具体服务，可能涉及的不合规行为和存在的合规风险等。

（3）业务部门应将上述商业伙伴的合规信息、合规风险评估以及相关证明材料编制成完整的尽职调查档案，并提交首席合规官或分、子企业合规负责人审批。

尽职调查文档应完整并能证明企业或所属各单位已完成了针对商业伙伴的全面调查，包括任何能反映商业伙伴负面行为和声誉的信息。如果业务部门发现商业伙伴存在负面信息或合规风险但仍决定递交申请，业务部门必须在尽职调查申请文件中解释原因。

第七条【尽职调查审批】 首席合规官或企业合规负责人在决定是否给予批准时，应考虑下列因素：

（1）商业伙伴的良好存续状况是否可被证明。

（2）商业伙伴的办公地点和人员是否真实存在，以及是否有履行合同要求所需要的相关资质、经验。

（3）商业伙伴是否有综合声誉、产品质量或商业道德等方面的负面记录。

（4）商业伙伴是否正在接受行政或刑事调查。

（5）商业伙伴的陈述或行为是否不真实或没有进行完全披露。

（6）与商业伙伴甄选或有直接业务联系的员工与商业伙伴是否存在经济利益或其他利益关系。

（7）企业或关联企业的领导或管理人员与商业伙伴是否存在经济利益或其他利益关系。

（8）商业伙伴是否被任何政府或国际公共组织直接或间接持有或控制，如是，是否有任何费用可能最终支付至任何政府官员。

第八条【尽职调查有效时间】 每一位商业伙伴的尽职调查有效期为2年。有效期届满后若仍需与该商业伙伴交易，业务部门应重新对该商业伙伴进行尽职调查。

第四章 豁免情形

第九条【豁免标准】 企业设定的商业伙伴尽职调查豁免情形仅限于低价值豁免和个案豁免，即当业务价值或者拟与商业伙伴签订的合同价值低于企业设定的豁免标准，则该等商业伙伴可免于尽职调查。

（1）拟合作商业伙伴要获得低价值合同豁免的资格，必须同时满足下列基本的豁免标准和条件。

① 该商业伙伴资信状况良好，不存在被列入失信名单、禁止或制裁名单现象，没有贿赂腐败或者任何其他综合声誉、产品质量或商业道德等方面的负面记录。

② 与该商业伙伴的拟签订的合同金额不超过各业务部门规定的限定金额。

③ 企业管理人员或其他员工与该商业伙伴不存在任何经济利益或其他利益冲突关系。

④ 该商业伙伴与拟议项目有关的政府官员没有特殊利害关系。

⑤ 机械设备采购时，单台设备采购金额在人民币___万元以下，且采购总金额在人民币___万元以下。单台设备月租赁费在人民币___万元以下，且租赁总金额在人民币___万元以下。

⑥ 物资采购时，供应商为小量、零星的可不签订采购合同，可网络询价确认订单的供应商。

（2）当商业伙伴有特殊情况，负责对接该商业伙伴的员工可提交一份附有资料和理由的书面报告申请个案豁免。

第十条【豁免审批】 低价值豁免和个案豁免都需要经过相关人员审批通过后方可执行，豁免审批应遵循以下要求：

（1）对满足低价值豁免条件和金额限度的拟合作商业伙伴，由负责对接该商业伙伴的员工提交低价值豁免申请表，报企业部门负责人和财务负责人联名审批。该豁免申请必须经过首席合规官或企业合规负责人审核通过，备案并存档。

（2）个案豁免申请应先由所属部门负责人审批，再交由首席合规官或企业合规负责人审批。

第五章 附则

第十一条【解释权】 本办法由合规部负责解释。

第十二条【生效日期】 本办法自发布之日起生效。

16.1.2 商业伙伴行为合规管理办法

通过制定完善的商业伙伴行为合规管理办法，企业可以有效加强与商业伙伴业务合作的分析工作，确保商务活动符合企业的道德准则和策略目标，规范商业行为，降低法律责任风险，提高企业的信誉和影响力。以下是商业伙伴行为合规管理办法，仅供参考。

商业伙伴行为合规管理办法

第一章 总则

第一条【目的】 为了规范商业伙伴行为，加强对商业伙伴行为的合规管理，防范商业伙伴的不当行为给企业和客户带来的风险，保障企业的利益和客户的权益，特制定本办法。

第二条【适用范围】 本办法适用于企业与商业伙伴之间的所有商业往来及合作行为的合规管理。

第三条【相关概念】 本办法所称商业伙伴行为合规管理，是指企业对商业伙伴的行为进行监督、管理和控制，确保商业伙伴的行为符合企业的政策、规定和标准，以达到合规经营的目的。

第四条【岗位职责】 企业合规部负责商业伙伴行为合规管理的总体监管和协调工作，各业务部门应当积极配合，共同做好商业伙伴行为合规管理工作。商业伙伴应当遵守本企业的商业行为准则和合规管理规定，保证自身行为合法、公正、透明。

第二章 商业伙伴行为要求

第五条【法律遵从】 商业伙伴应该遵守国家法律法规及相关政策，保证自身合法经营并符合法律法规的要求，建立完善的内部管理制度、财务管理制度、税收管理制度，加强法律风险管理，采取有效措施防范法律风险和维护自身权益。

第六条【员工管理】 商业伙伴应建立健全员工薪酬管理制度、员工培训管理制度、员工沟通机制与福利机制，保障员工的合法权益和稳定性，防止劳动纠纷的发生。

第七条【宣传营销】 商业伙伴应建立宣传和营销审查与监督机制，确保宣传和营销内容真实、准确、合法，不得虚假宣传或误导消费者。商业伙伴应该尊重消费者的知情权和选择权，不得侵犯消费者的合法权益。

第八条【反贿赂管理】 商业伙伴应加强对合作方的资格审查，避免与不良企业或个人合作；应建立廉洁、自律的企业文化，防止员工收受贿赂；应加强对合作方的监督，及时发现并纠正违规行为。商业伙伴不得收受贿赂或其他不正当利益，不得侵害国家、社会、企业或他人的合法权益。

第九条【反垄断管理】 商业伙伴在业务开展中应遵守反垄断法律法规，尊重市场规律，遵守公平竞争原则，建立公平竞争机制，及时发现违规行为，不得采取不正当手段排挤竞争对手。

第十条【商业竞争管理】 商业伙伴应该遵守公平竞争原则，遵守相关法律法规，建立商业竞争规则，加强对竞争对手的监督，及时发现并纠正违规行为。不得利用虚假宣传等手段进行商业竞争，不得利用技术手段进行不正当竞争。

第十一条【渠道政策管理】 商业伙伴应建立合理的渠道结构，优化渠道布局，加强对渠道的管理和监督，及时发现并纠正违规行为。商业伙伴需要保证渠道信息的真实性和准确性，提高产品信誉度。

第三章 商业伙伴行为合规管理措施

第十二条【商业伙伴准入制】 商业伙伴的准入应当符合以下要求：
（1）具有相应的资质和资格，符合企业的要求和标准。
（2）具有相应的行业背景和业务经验，能够为企业带来价值。
（3）经过严格的合规调查，未违反企业的规定和标准，且无不良记录。

第十三条【商业伙伴评估】 为确保商业伙伴行为合规，企业应对商业伙伴进行以下内容评估。

（1）进行业务风险和合规风险评估，并针对不同业务的不同需求进行评估。

（2）评估信誉度、资质、经营实力、合规水平，以及其行为是否符合企业的商业伙伴管理要求。

（3）对于高风险的商业伙伴，企业应当加强监督并设立严格的防范措施。

（4）评估结果应当及时报告企业高层管理人员并建立合规风险台账，确保企业合规管理有效运行。

第十四条【合同管理】 为确保商业伙伴行为合规，应对商业伙伴的合同实施以下管理。

（1）商业伙伴合同应当明确约定合作范围、合作方式、服务质量要求、风险及风险分担等条款。

（2）应当认真审查合同内容，并通知有关部门或人员进行审批签署。

（3）在合同履行过程中，应当及时做好资料记录和信息披露工作，费用发放应当经过合法审批，并严格按照合同约定执行。

（4）对于商业伙伴的不当行为，企业应当及时进行记录和处理，并采取合法手段解决争议。

第十五条【违规整改】 对于发现存在违规行为的商业伙伴，企业应当加强监督，要求其立即纠正，并视情况采取相应的惩戒措施。

第十六条【违法处理】 对于涉嫌犯罪或违反法律法规的商业伙伴，企业应当及时向有关部门或机构报告，并积极配合相关的调查、侦查和处置工作。

第四章 附则

第十七条【解释权】 本办法由合规管理部负责解释。

第十八条【生效日期】 本办法自发布之日起生效。

16.2 商业伙伴信息保护

16.2.1 商业伙伴保密信息管理办法

在企业与商业伙伴合作的过程中，泄露商业秘密的行为可能给企业带来重大的法律风险，因此制定商业伙伴保密信息管理办法，有利于规范企业合作行为，降低法律风险。以下为商业伙伴保密信息管理办法，仅供参考。

商业伙伴保密信息管理办法

第一章 总则

第一条【目的】 为了规范企业内部对商业伙伴保密信息的管理，保护商业伙伴的商业秘密，根据《中华人民共和国保守国家秘密法》和有关法律法规、行政法规的规定，结合企业实际，特制定本办法。

第二条【适用范围】 本办法适用于所有与企业有合作关系的商业伙伴的保密信息管理。

第三条【相关概念】 本办法所称商业伙伴保密信息，是指商业伙伴在与本企业合作过程中所涉及的技术方案、商业计划、营销方案、客户名单、财务信息等商业秘密。

第四条【基本原则】 商业伙伴保密信息的管理应当遵循保密性、完整性和可用性原则。

第二章 保密信息管理

第五条【保密信息分类】 商业伙伴的保密信息主要包含以下内容：

（1）技术方案。包括但不限于产品设计、生产工艺、质量控制、市场推广等方面的技术资料和信息。

（2）商业计划。包括但不限于销售、市场拓展、融资等方面的方案和计划。

（3）营销方案。包括但不限于市场调研、品牌推广、销售策略等方面的方案和计划。

（4）客户名单。包括但不限于客户姓名、联系方式、合同细节等方面的信息。

（5）财务信息。包括但不限于财务报表、财务报告、财务合同等方面的信息。

第六条【保密制度】 为加强商业伙伴保密信息管理，企业应建立和完善保密信息管理制度，明确有关部门和人员的职责和权限，并建立保密意识和管理责任制度。

（1）商务部负责保密信息的收集和处理工作，申请和审批保密工作，并对商业伙伴的保密信息分类管理和保密措施进行评估和监测。

（2）信息技术部负责商业伙伴保密信息的加密、传输和存储等工作，确保商业伙伴保密信息的安全性。

（3）人力资源部负责商业伙伴保密信息的人员进退场管理、教育和监督等工作，防止商业伙伴保密信息泄露风险。

第七条【保密协议】 为加强商业伙伴保密信息管理，企业应当与商业伙伴签署保密协议，并在协议中明确保密信息的范围、保密等级和安全控制措施等。

签署保密协议的企业与责任人应严格遵守保密协议，不得以任何方式泄露和利用所获得的商业伙伴保密信息。

第八条【保密人员管理】 企业应安排保密专员对商业伙伴保密信息进行管理，并建立严格的保密制度。

（1）保密专员应当对商业伙伴提供的保密信息进行严格的保密审查，确保其不会泄露企业的商业秘密。

（2）保密专员应当建立保密信息档案，详细记录商业伙伴提供的保密信息、接触和使用情况等。

（3）保密专员应当定期检查保密信息，及时发现并制止泄密行为。

（4）对于违反保密协议的保密专员，企业将依法对其采取相关的措施，使其承担相应的赔偿责任。

第九条【保密措施】 为确保商业伙伴保密信息管理的严谨性，应实施以下保密措施：

（1）商业伙伴保密信息的获取、处理和存储应当根据保密信息的等级采取不同的保密措施，并定期进行安全审查和更新措施。

（2）商业伙伴保密信息的共享和传递，应当根据不同的保密等级进行安全控制，并要求接收方按照约定保护商业伙伴保密信息。

（3）商业伙伴保密信息的销毁应当按照规定的销毁程序进行，并确保完全销毁，防止信息泄露风险。

第三章 附则

第十条【解释权】 本办法由信息管理部负责解释。

第十一条【生效日期】 本办法自发布之日起生效。

16.2.2 商业伙伴信息使用管理办法

通过制定完善的商业伙伴信息使用管理办法，企业可以规范、安全地处理商业伙伴信息，确保数据使用合规，防止商业伙伴资源过度消耗或企业形象受损，保护企业内外部关系，提高企业信誉度。以下是商业伙伴信息使用管理办法，仅供参考。

商业伙伴信息使用管理办法

第一章 总则

第一条【目的】 为了规范商业伙伴信息的使用，保障商业伙伴信息的安全和隐私，特制定本办法。

第二条【适用范围】 本办法适用于所有与企业有合作关系的商业伙伴信息的使用管理。

第三条【相关概念】 本办法所称商业伙伴信息，是指企业与合作伙伴在商业活动中所涉及的商业伙伴的商业秘密、技术信息、经营策略、客户名单等信息。

第二章 信息使用管理

第四条【信息使用原则】 企业使用商业伙伴信息时，应遵循以下原则：

（1）公正、合法原则。企业应当遵守国家法律法规，严格按照公正、合法的原则收集和使用商业伙伴的信息。

（2）明示原则。企业应当向商业伙伴明确说明所需要的信息及其使用目的，得到商业伙伴的同意才能进行信息采集和处理。

（3）最小范围原则。在获取商业伙伴信息时，企业应采取最小范围的原则，仅获取必需信息。

（4）保密原则。企业应当严格保护商业伙伴信息的机密性，并采取各种合理的措施确保其安全性和完整性。

第五条【信息使用范围】 商业伙伴信息可以用于商业目的，包括但不限于以下几个方面：

（1）商业调查。了解竞争对手或者潜在客户的信息，以便制定更有竞争力的营销策略。

（2）客户关系管理。收集客户信息，以便更好了解客户需求和偏好，提高客户满意度。

（3）市场营销。通过分析客户数据，制定更有效的市场营销策略，提高市场占有率。

（4）商业决策。通过分析商业伙伴信息，制定更明智的商业决策，降低经营风险。

第六条【信息保密措施】 企业应采取以下保密措施对商业伙伴信息的保密工作进行严格管理。

（1）采用加密技术对商业伙伴信息进行加密处理，确保商业伙伴信息的安全性。

（2）建立严格的保密制度，对商业伙伴信息的接触、存储、传输等环节进行保密控制。

（3）对商业伙伴信息的使用进行审批和监督，防止商业伙伴信息被不当使用。

（4）对商业伙伴信息的丢失、泄露等风险进行评估和预防，制定应急预案。

第七条【信息销毁】 应当将商业伙伴信息在合法、规范的时间内彻底消除，并采取技术措施保证不会在后继的数据恢复中被恢复。

第八条【保密责任】 商业伙伴及其保密专员在商业伙伴信息的使用过程中应当承担以下保密责任：

（1）严格遵守保密制度，不得泄露商业伙伴信息。

（2）不得擅自复制、传播或转让商业伙伴信息。

（3）不得在未经企业授权的情况下，向任何第三方提供商业伙伴信息。

第九条【违规处理】 企业应采取相应的内部处理措施，并依法依规处理侵犯商业伙伴信息的行为和企图。

若企业存在泄露商业伙伴信息的行为，企业应向商业伙伴公开道歉，赔偿商业伙伴因企业违规行为而造成的损失，并采取必要措施防范类似事件再次发生。

第三章 附则

第十条【解释权】 本办法由信息管理部负责解释。

第十一条【生效日期】 本办法自发布之日起生效。

第17章

企业合规——信息安全

17.1　企业与客户信息安全

17.1.1　企业信息安全保护制度

企业信息安全对企业的持续发展至关重要，它是企业运营的基础保障。通过制定完善的企业信息安全保护制度，能够减少信息安全风险，提高企业识别和预防风险的能力。以下是企业信息安全保护制度，仅供参考。

企业信息安全保护制度

第一章　总则

第一条【目的】　为了规范企业信息的管理和保护，保证企业信息的安全性、可靠性和完整性，防止信息泄露、损毁和滥用等风险，特制定本制度。

第二条【适用范围】　本制度适用于企业收集、处理、存储和使用的所有信息，包括但不限于员工个人信息、商业伙伴信息、财务信息、技术信息等。

第三条【岗位职责】　信息管理部是企业信息安全管理的归口部门，负责落实上级部门关于企业信息安全保护的决策，实施企业信息安全保护与管理，确保重要信息系统得到有效保护和安全运行。

信息管理部具体职责包括组织制定和实施企业信息安全政策标准、管理制度和体系建设规划，组织实施信息安全项目和培训工作，组织信息安全工作的监督和检查。

第四条【信息安全保护目标】　信息安全保护总体目标是实施信息系统安全等级保护，建立和健全先进实用、完整可靠的信息安全体系，保证系统和信息的完整性、真实性、可用性、保密性和可控性，保障信息化建设和应用，支撑企业业务持续、稳定、健康发展。

第二章　信息安全保护措施

第五条【信息分类】　企业内部信息主要分绝密、机密、秘密、一般四个级别，其保护级别根据信息重要性和安全性进行划分。

（1）一般级。对企业无保密要求即可共享的信息，如公告、咨询、培训、论文等信息。

（2）秘密级。对企业业务有较强保密要求的信息，如价格政策、业务合作、客户信息等。

（3）机密级。对企业业务起着关键作用的信息，如企业业务机密、研究报告、专利申请等与企业业务相关的高度保密信息。

（4）绝密级。对企业信用、安全、稳定等至关重要的信息，如企业机密、财务核算、生产设计等涉及商业秘密、个人隐私等具有高度保密度的信息。

第六条【一般级信息保护】 信息管理部主要采取以下措施对一般级信息进行保护。

（1）建立公开信息数据库，并采取相应的访问控制措施。

（2）规范信息出口的管理，防止信息泄露。

第七条【秘密级信息保护】 信息管理部主要采取以下措施对秘密级信息进行保护。

（1）建立保密文件管理制度，对秘密级信息实行备案和授权管理。

（2）规范秘密级信息传输渠道和方式，要求采用加密安全措施传输。

（3）秘密级信息需在安全的地点和设备上存储，并采取访问控制措施。

第八条【机密级信息保护】 信息管理部主要采取以下措施对机密级信息进行保护。

（1）严格控制机密级信息的传输和使用。

（2）对机密级信息进行备份，并加密存放在安全存储设备内。

（3）加强信息系统的安全防护，防范网络攻击、病毒侵入等安全风险。

（4）避免机密级信息在公共网络上传输，并采用加密验证等安全措施。

第九条【绝密级信息保护】 信息管理部主要采取以下措施对绝密级信息进行保护。

（1）仅准许特定人员接触。

（2）存储在特定场所，进行严格的电子加密和物理保护，实施复杂的身份验证和权限控制。

（3）进行定期的安全漏洞扫描和内部安全审计。

第三章 保护与使用管理

第十条【查阅使用管理】 信息管理部人员在进行信息的查阅使用时，应遵守以下规定：

（1）应按照岗位、操作权限、工作需要等因素合理考虑信息的使用和查阅范围，严格遵守信息分级管理制度，未经许可不得查看其他级别的信息。

（2）在工作中使用信息时，必须严格遵守保密制度，严格保护客户信息及商业机密等任何非公开信息。

（3）使用信息时，必须保证自己的账号密码安全。

（4）所有电子邮件的使用应当从标准化、规范化、分类化的战略出发，符合企业安全管理的要求，并遵循"工作需要、安全保障、信息存留"的宗旨。

第十一条【信息安全教育和培训】 企业应当加强员工信息安全教育和培训，提高员工信息安全意识和技能。对全体员工进行信息安全基本知识和技能的普及教育，提高员工的信息安全意识和防护能力。

第十二条【信息安全检查】 企业应当定期开展信息安全检查，及时发现和处理信息安全隐患，企业的信息安全检查主要包括以下内容：

（1）企业信息安全管理机构的设置情况。

（2）企业信息安全管理制度和技术规范的落实情况。

（3）企业信息安全风险评估和安全测评的开展情况。

（4）企业信息安全应急预案的制定和演练情况。

（5）员工信息安全教育和培训的开展情况。

第十三条【信息安全事件处理】 信息管理部对于发生的所有安全事件，应立即采取措施处理，并进行跟踪和监督。对于重大信息安全事件，应及时报告企业领导层，启动事故应急预案。

第四章 附则

第十四条【解释权】 本制度由信息管理部负责解释。

第十五条【生效日期】 本制度自发布之日起生效。

17.1.2 客户信息安全保护制度

制定客户信息安全保护制度可以规范企业的客户信息保护工作，完善企业管理体系，提高企业的管理效率和服务质量，为客户提供更加安全、便捷的服务。以下是客户信息安全保护制度，仅供参考。

客户信息安全保护制度

第一章 总则

第一条【目的】 为保护企业客户信息安全，维护企业及客户的权益，结合企业的实际情况，特制定本制度。

第二条【适用范围】 本制度适用于所有维护或直接操作使用各相关客户信息系统的人员，包括企业内部员工和外部协作单位人员。

第三条【相关概念】 本制度所称客户信息，是指客户基本信息、客户消费信息、业务合同、客户付款信息、服务记录等所有涉及客户隐私的信息。

第四条【基本原则】 在客户信息使用过程中，各类客户信息按照"谁主管，谁负责"原则进行管理。

第二章 客户信息管理

第五条【客户信息的收集】 企业在收集客户信息时应遵循以下规定：

（1）客户信息应当通过正当、合法的途径收集。在收集客户信息时，必须明确告知客户信息的用途，并严格遵守法律法规、行业规范。

（2）收集内容包括但不限于客户姓名、性别、年龄、联系方式、地址、购买记录、偏好等。

（3）为减少客户信息被盗窃、泄露、篡改等危害，必须在客户信息的收集、处理、传输过程中，保持高度警惕和监管。

（4）在从第三方获取客户信息时，须征得客户明示同意。

第六条【客户信息的更新】 企业在更新客户信息时应遵循以下规定：

（1）客户信息应当定期更新，确保客户信息的准确性和及时性。

（2）企业应当制定严格的客户信息更新办法，对于未及时更新的客户信息，应采取积极措施进行更新，包括电话、邮件、短信等方式。

（3）在客户信息更新过程中，必须确保数据的安全性，进行加密保护，防止信息泄露。

第七条【客户信息的保管】 企业在保管客户信息时应遵循以下规定：

（1）企业必须采取多种技术和管理手段，做好客户信息的保密工作，避免客户信息被未经授权的人披露或使用，保障客户信息的安全。

（2）对于机密等级较高的客户信息，企业应采取额外保护措施，如使用加密技术、数据备份等措施。

（3）企业内部应采取审批、授权、备份等措施，确保客户信息的完整、准确、安全。

（4）企业应实行客户信息权限管理制度，确保存储和处理客户信息的人员得到许可并具有相应权限，限制操作客户信息的员工权限。

第八条【客户信息的查询】 操作员通过操作界面进行客户信息查询时，

系统自动将操作员工号、查询时间、查询内容等信息记录到操作日志中。

第九条【密级管理】 客户信息管理人员根据企业文件信息保密规定，界定客户信息的密级，具体可将客户信息分为绝密、机密、秘密三级。

（1）在企业经营发展中，直接影响企业权益的重要客户的资料信息为绝密级。

（2）企业重要的业务往来的客户信息为机密级。

（3）企业一般业务往来的客户信息为秘密级。

凡属企业"机密""绝密"的客户信息，登记时，必须在检索工具备注栏写上"机密""绝密"字样，必须单独存放、专人管理，其他人员未经许可，不得接触。属于企业"秘密"的客户信息，须确定保密期限，保密期限届满，自行解密。

第三章 客户信息管理人员要求

第十条【签订保密协议】 企业需与维护或使用各相关系统的人员签订客户信息保密协议，加强相关人员的客户信息安全意识，明确保密要求和管理规定，保证不向任何单位和个人泄露企业客户信息。

第十一条【不得泄露信息】 因企业经营服务和生产维护的需要，经企业领导授权或许可，相关人员可以按照规定对客户信息进行查询。查询内容不得向无关人员泄露。不准在私人交往和通信中泄露客户信息。不准在公共场所谈论客户信息。不准通过普通电话、明码电报和私人通信泄露客户信息。

第十二条【信息查询与使用权限】 客户信息管理人员在查询或使用客户信息时应遵循以下要求：

（1）客户信息管理人员因工作需要进行维护或使用客户信息时，未经许可不得告知他人，更不能作为商业用途使用。

（2）客户信息管理人员在对外交往与合作中如果需要提供客户信息资料的，应当事先经上级主管人员批准。

（3）客户信息管理人员需要严格执行企业客户信息查询权限，凡非工作直接需要，一律不授予员工查询权，具体授权岗位由部门经理提报，企业总经理最终确定。

（4）客户信息管理人员应严格保管好系统密码，严禁借给他人使用，凡是系统记录的操作工号，均视同工号所有人本人操作。

第十三条【定期安全抽查】 信息管理部定期进行客户信息安全检查，各使用相应信息的部门经理进行经常性抽查,如每季度对所属员工进行一遍抽查。

第四章 泄密管理

第十四条【信息泄密行为】 客户信息泄密行为有以下 2 种。

(1) 客户信息被不应得知者得知。

(2) 客户信息超出了限定的接触范围,无法证明未被不应得知者得知。

第十五条【信息泄密处理】 相关工作人员发现客户信息已经泄露或者可能泄露时,应当立即采取补救措施并及时报告客户信息主管及客户服务部经理。相关人员接到报告后,应立即做出处理。信息泄密处理办法如下所示:

(1) 违规查询客户信息但未向他人泄露者,给予记过处分。

(2) 泄露秘密尚未造成严重后果或经济损失的,或已泄露秘密但采取了有效的补救措施的,企业给予警告,并处以 ___ ~ ___ 元罚款。

(3) 出现以下 3 种行为的有关人员,企业将予以辞退并酌情赔偿经济损失。

① 故意或过失泄露企业重要客户信息,造成严重后果或重大经济损失的。

② 违反保密规定,为他人窃取、刺探企业商业秘密的。

③ 以公谋私,滥用职权,强制他人泄密的。

(4) 员工涉嫌违法犯罪的,企业将其移交司法机关处理。

第五章 附则

第十六条【解释权】 本制度由信息管理部负责解释。

第十七条【生效日期】 本制度自发布之日起生效。

17.2 个人信息安全

17.2.1 个人信息采集、处理、保存制度

通过制定完善的个人信息采集、处理、保存制度,可以加强企业对个人信息的保护,规范企业的信息管理流程和操作,减轻个人信息泄露、滥用所带来的负面影响和法律责任,提高信息安全管理水平。以下是个人信息采集、处理、保存制度,仅供参考。

个人信息采集、处理、保存制度

第一章 总则

第一条【目的】 为了保护企业员工、客户等个人信息的安全和隐私,规

范企业对个人信息的收集、处理和保存工作，特制定本制度。

第二条【适用范围】 本制度适用于企业内部对员工与客户等各种个人信息的采集、处理、保存工作。

第三条【岗位职责】 信息管理部是企业内部信息管理的归口部门，负责企业内部信息的管理与监督工作。

第二章 个人信息采集

第四条【个人信息采集范围】 企业采集的个人信息主要包括员工姓名、性别、家庭住址、联系电话等，及客户姓名、联系方式、购买记录等。

第五条【个人信息采集原则】 企业在采集个人信息时，应遵循以下原则：

（1）最小化原则。企业在获取个人信息时，应采取最小化的原则，仅获取企业必需的信息。

（2）告知原则。企业在采集个人信息时，应告知信息被收集者企业收集其个人信息的使用目的、范围、方式、期限等，并取得信息被收集者的同意。

（3）合法性原则。企业收集个人信息的目的必须合法、正当、必要，不得超出收集范围使用。

（4）保密性原则。企业在采集个人信息时，应采取必要的措施保护个人信息的安全和隐私，不得泄露、篡改、毁损个人信息。

第六条【个人信息采集场景】 企业主要在以下场景，需要采集个人信息。

（1）在进行员工招聘、员工入职办理等需要员工提供个人信息情况时。

（2）企业在履行基于劳动合同及劳动法规定的相关义务时。

（3）企业在进行特殊管理时。

第三章 个人信息处理与保存

第七条【保密处理】 企业应采取必要的措施保护个人信息的安全和隐私，确保个人信息的机密性、完整性和可用性。

第八条【分类处理】 企业应对个人信息进行分类、分级管理，对不同级别的信息采取不同的安全措施。

第九条【备份处理】 企业应建立个人信息的备份和恢复机制，确保个人信息的安全和可用性。

第十条【实名制保存】 个人信息的保存，应当遵循实名制、精简原则，确保个人信息客观、真实、完整、准确。

第十一条【加密保存】 信息管理部在保存个人信息时，应采取相应保密措施，进行加密处理，规定查看权限。

第十二条【保存时间设定】 个人信息的保存时间，应当根据法律法规、合同约定及业务需要等因素合理地设定，保存期限届满后，应当及时对个人信息进行销毁处理。

第十三条【个人信息的销毁】 企业应在个人信息达到存储期限或者信息被收集者要求删除时，及时将个人信息销毁。

第四章 个人信息监督与保障

第十四条【个人信息安全保障机制】 企业应根据个人信息特征类型、重要程度和安全风险等因素，制定相应的技术、安全和管理措施，确保个人信息安全、可靠。企业应对全体员工进行个人信息安全保密培训，并签署保密协议，确保员工明确个人信息安全知识和保密要求。

第十五条【个人信息安全监督机制】 企业应建立并完善与个人信息安全有关的监督机制，设立专门负责部门和相应的管理人员，对个人信息安全进行监督和管理。若员工、客户发现个人信息被泄露、误用、丢失等安全事件，应及时向企业及有关部门进行反馈，企业有关部门应主动处理，保障客户和员工的合法权益。

第十六条【责任追究】 任何违反本制度规定的行为，相关责任人员将受到相应处罚，包括口头警告、书面警告、离职处理等。如相关责任人员的违规行为造成了严重后果，企业将追究相关责任人员的法律责任。

第五章 附则

第十七条【解释权】 本制度由信息管理部负责解释。

第十八条【生效日期】 本制度自发布之日起生效。

17.2.2 个人信息使用管理办法

制定个人信息使用管理办法可以规范企业或组织在处理个人信息时的行为，保护相关人员在个人信息使用过程中的权益。以下是个人信息使用管理办法，仅供参考。

个人信息使用管理办法

第一章 总则

第一条【目的】 为了规范企业个人信息的使用，保护员工和客户等相关人员的合法权益，根据《中华人民共和国个人信息保护法》和有关法律、行政法规的规定，结合企业实际，特制定本办法。

第二条【适用范围】 本办法适用于企业内部收集的员工、客户及其他相关人员各种个人信息的使用管理工作。

第三条【相关概念】 本办法所称企业个人信息，是指企业在经营活动中收集、使用、加工、传输、提供、公开的能够单独或者与其他信息结合使用的员工、客户及其他相关人员的个人信息。

第四条【岗位职责】 信息管理部是企业内部信息管理的归口部门，负责企业内部信息使用的监督与管理工作。

第二章 个人信息使用原则

第五条【依法处理】 企业应当依法处理和使用个人信息，不得非法收集、使用、加工、传输、提供、公开个人信息，不得危害国家安全、公共利益和个人隐私安全。不得恶意或者过度处理，不得以营利为目的或者以违法方式处理个人信息。

第六条【合法性原则】 企业应遵守相关法律法规，明确个人信息收集、使用、处理的合法性要求，以确保合法获取和合法使用个人信息。

第七条【透明性原则】 企业应通过公开、透明的方式告知个人信息被收集和使用的目的、内容、方式、范围等相关信息，保证个人信息使用的透明性。

第八条【自主原则】 企业应尊重个人信息的自主权，不得擅自泄露、更改或公开个人信息，不得使用未经授权的个人信息。

第九条【安全性原则】 企业应建立健全个人信息保护体系，加强信息安全管理，保障个人信息的机密性、完整性和可用性。

第十条【责任原则】 企业对于存在的任何合规性问题都需要督促相关人员履行保密义务和责任。

第三章 个人信息使用要求

第十一条【目的限制】 企业应严格限制个人信息使用的目的，不得超越特定使用目的范围，或者未经信息主体同意使用个人信息，或者用作涉及个人隐私的活动。

第十二条【规定范围】 企业应在规定的特定使用范围内使用个人信息，不得擅自向外发布或者提供，不得非法收集、传播数据，或者销售、出售、泄露个人信息。

第十三条【保密管理】 企业应重视个人信息保密工作,确保个人信息在存储、传输、处置过程中的安全,防止外力侵扰、恶意攻击以及内部不当行为造成的损害。

第十四条【合理使用】 企业应根据实际需求,谨慎选择个人信息的必要获取部分,确保信息处理既必要又适当,并符合正当性原则。同时,企业应及时履行信息主体的删除或移除义务,确保个人信息不会被用于公共媒体和赌博及其相关活动。

第十五条【限制权限】 企业应设立专门部门管理个人信息,在规定范围内明确授权使用权限,确保数据采集、传输、存储、解释、更新等活动的合法性和合理性。

第十六条【数据保护】 企业应采取技术和管理措施,保护个人信息安全,包括使用密码、数字签名、实名认证等安全技术,限制并标识处理相同数据的不同部门和职责,落实人员岗位责任制和安全管理制度。

第十七条【使用提醒】 企业应在个人信息使用的各个阶段及时告知信息主体相关处理信息、共享范围、异议要求及行动,保证数据主体知情权和参与度,并提供数据补齐、纠错、删除等相应操作。

第四章 对个人信息采取的保护措施

第十八条【建立保护机制】 企业应当依法处理和使用个人信息,建立健全个人信息保护制度,采取有效措施保护个人信息安全。明确个人信息保护的责任部门和责任人员,对违反本办法的行为依法追究责任。

第十九条【监督管理】 企业应每年进行一次内部监督检查,以防止非法互联服务的可能性,对于违规情况需要制定相应的纠正措施。企业需要加强信息安全教育和培训,明确个人信息保护的重要性,增强员工保密意识与能力。企业需要定期进行信息安全管理规范的修订,不断完善保密管理机制和方法,保障个人信息的安全。

第二十条【违规处理】 企业有下列行为之一的,由有关主管部门责令改正,予以警告,没收违法所得,并根据严重程度予以相关罚款。

(1)未经个人同意或者授权,收集、使用、加工、传输、提供、公开个人信息的。

(2)未按照规定告知个人对其个人信息进行处理目的、方式和范围,或者未取得个人同意或者授权的。

（3）收集、使用、加工、传输、提供、公开个人信息时未经过脱敏处理或者未按照规定进行个人信息脱敏处理的。

（4）公开、泄露或者非法向他人提供个人信息的。

（5）未按照规定处理个人信息投诉、举报的。

第五章 附则

第二十一条【解释权】 本办法由信息管理部负责解释。

第二十二条【生效日期】 本办法自发布之日起生效。

第18章

企业合规——礼品与接待

18.1 礼品

18.1.1 礼品接受管理制度

礼品接受管理制度可以规范企业内部礼品的接受和使用行为，加强对礼品的管理和监督，防止内部腐败和不正之风的滋生，维护企业正常的经营管理秩序。以下是礼品接受管理制度，仅供参考。

礼品接受管理制度

第一章 总则

第一条【目的】 为了执行企业全体员工遵纪守法、廉洁奉公的企业员工准则，加强在经济业务交往中员工收受礼品的管理，维护企业的名誉和利益，加强企业精神文明建设，根据国家及上级单位的有关规定，结合企业实际情况，特制定本制度。

第二条【适用范围】 本制度适用于企业各部门、员工在对外交往过程中的礼品接收管理。

第三条【相关概念】 本制度所称礼品，是指企业各部门或员工在对外业务交易中收受的礼品，包括礼金（货币）、有价证券、股权、消费卡（券）及各种物品。

第四条【基本原则】 各部门及员工在对外交往和经营活动中不得接受或索取各种礼品、礼金和其他有价证券。因各种因素无法拒收或无法退还的，应在企业档案中登记并按规定上交。

企业全体员工在对外业务交往中，不准向对方单位或个人索要或变相索要礼品礼金，不准收受可能影响公正执行公务或明显超出正常礼尚往来的礼品礼金。

第五条【岗位职责】 企业相关部门及人员在进行礼品接受管理时需要分别履行相关职责。

（1）财务部负责企业礼品、礼金和其他有价证券的登记、保管和处理工作。

（2）总经办负责制定礼品接受相关管理制度，并对制度的执行情况进行监督检查。

第二章 礼品接受与登记

第六条【礼品接受规定】 企业员工在对外交往中,不得收受或索要可能影响企业利益或声誉的礼品,因各种因素未能拒收或返还的礼品,必须登记上交。在以下情况下不得接受礼品。

（1）员工接受礼品后对员工业务决策产生影响。

（2）礼品的市场价值超过限额。

（3）员工在过去较短时间内多次收到对方赠送的礼品。

（4）礼品赠送为现金、贵金属、珠宝等贵重物品。

（5）任何法律或规章明文禁止的物品。

第七条【礼品登记规定】 企业员工在以下情况下接受礼品,须上交财务部登记。

（1）企业员工在进行对外商业活动时,因各种因素未能拒收或返还的礼品。

（2）企业员工代表企业参加各种会议或活动赠送的礼品。

（3）企业员工去往驻外地机构或关联企业执行公务,因各种因素未能拒收或返还的礼品。

（4）外地机构或派驻关联企业人员来企业交往办公,企业领导、部门员工因各种因素未能拒收或返还的礼品。

（5）企业员工接受与企业对外交往或内部经营管理活动没有联系的礼品,不在本管理制度登记上交范围之内的礼品。

第三章 礼品上交

第八条【礼品上交要求】 企业员工接受对方礼品后,应按以下要求上交处理。

（1）企业员工接受的礼品为礼金及各种代金券、卡券等的,不论金额多少,一律上交财务部。

（2）一次收受的礼品价值合计在500元以下的,必须进行登记,礼品可由受礼人自行处理；一次收受的礼品价值合计在500元（含）以上的,必须登记上交,由财务部按规定处理。

（3）受礼人在收到礼品、礼金和其他有价证券后,在接受之日或返回企业后一周内,应主动上交登记,并填写相关资料。因故不能在规定期限上交的,应在登记上交时说明理由。

第九条【礼品未上交处理】 受礼人在一个月内未按制度登记、上交的,一经发现视同侵占财产，情节较轻的予以通报批评，并按收受礼品的市场价格或礼金额的3倍处罚。情节严重的作开除处理。触犯法律的移送司法机关处理。

第四章 礼品保管与处理

第十条【礼品保管要求】 企业财务部应严格管理上交的礼品、礼金和其他有价证券，做到手续完备、账目清楚、账物相符，并按以下要求保管。

（1）所有上交的礼金，一律由财务部保管。

（2）上交的各类礼品和其他有价证券，凡是可委托有关部门兑现的，由财务部负责兑现。无法兑现的交由行政部用于接待、慰问等。

（3）上交的礼品如需留在本单位、本部门使用的，经批准后，作为单位资产管理使用。

第十一条【礼品处理办法】 员工上交的礼品财务部可按照以下办法处理。

（1）贵重礼物，高级工艺品，有保存和纪念意义的礼品，由财务部交企业陈列展览。

（2）现金、有价证券、金条等额度较大且可计入企业资产的礼品，财务部根据财务管理规则计入企业相应财务项目，纳入管理。

（3）专业用品，设备器材等礼品，由财务部按固定资产登记后，分配给有关部门使用。

（4）食品、水果类等季节性或具有时限性礼品，可以归受礼人所在部门使用。烟酒可以归受礼人所在部门作为礼品馈赠客户时使用。

（5）黄金、珠宝、汽车等高档制品，由财务部按固定资产登记后分配给有关部门使用，或者由财务部处理。

（6）礼品为代金券、消费卡等现金等价物，或其他实物礼品，或受礼形式为接受娱乐保健、培训旅游、促销优惠等，在财务部登记后由企业行政部文化建设团队负责接收和处置。

（7）其他礼物，由财务部处理。

第十二条【违规处理】 对于礼品接受中存在的违规行为，管理部门应及时认定，并按照企业规定进行相应的处罚或纠正。根据不同情节严重程度，企业可以采取口头警告、书面警告、罚款、纪律处分以及职务或奖金取消等处罚方式，对违规员工加以处理。

第十三条【监督检查】 企业应定期进行内部监督检查，确保全面落实礼品接受合规管理制度，避免出现礼品接受行为的违规情况。

第五章 附则

第十四条【解释权】 本制度由总经办负责解释。

第十五条【生效日期】 本制度自发布之日起生效。

18.1.2 礼品送出管理制度

通过制定完善的礼品送出管理制度，企业可以加强礼品管理，在礼品把控、职业道德合规方面得到有效的管理。以下是礼品送出管理制度，仅供参考。

礼品送出管理制度

第一章 总则

第一条【目的】 为了加强企业礼品送出管理，强化企业内部控制，避免资源浪费，增强企业市场形象管理与内部合规管理，特制定本制度。

第二条【适用范围】 本制度适用于企业各部门或员工向外部单位或个人送出礼品的管理。

第三条【相关概念】 本制度所称礼品是指经企业批准，由行政部直接批量购置或定制的专门用于对外公关工作或业务交往，以企业或部门名义向有关单位、个人赠送的纪念物品。

第四条【管理职责】 企业相关部门在管理礼品送出时，应履行以下职责：

（1）企业的礼品管理工作由行政部负责，行政部可指定专人负责此项工作，主要负责礼品的保管及发放。

（2）企业总经办负责制度制定、监督落实情况。

（3）业务部门负责提出礼品购买申请及需求。

第二章 礼品采购与定制

第五条【需求提出】 礼品的购置或定制要根据企业对外开展业务工作的需要，由相关部门提出，综合管理部汇总负责制订计划，经企业分管领导批准后进行。

第六条【礼品选取】 采购的礼品应与企业的市场地位及企业文化相符合，以达到提升企业对外形象的目的。在礼品的选材和品种上不追求贵重奢侈，要体现企业或地域特色。

第七条【礼品采购】 企业确定的礼品购置或定制计划后，行政部礼品管理员应对比多方供应商，选定性价比最高的方案进行购买，以最大限度地提高资金的使用效率。

第八条【礼品定制】 企业定制礼品时应遵循以下要求：

（1）定制礼品必须与企业的业务相关、高新科技相关或符合企业对市场营销的需求。

（2）定制礼品必须遵循节俭、节省的原则，具有实用性，寓意深刻，且价格不得超过企业规定标准。

（3）定制礼品的规格、材质、设计图纸等必须得到企业高层的批准。

（4）礼品定制合同必须注明礼品的设计、规格、数量、价格以及税务信息等详细内容。

第九条【礼品审批】 当企业业务部门或企业高层管理人员提出礼品需求，需要填写需求表单且审批通过后方可购买。

第三章 礼品保存

第十条【礼品进出仓管理】 行政部负责人做好礼品进出仓登记手续，将物品摆放整齐。礼品进出仓必须有总负责人的签字，方可办理进出仓手续。企业其他任何人不准随意进入仓管区。相关人员在礼品进出仓过程中若遇到问题，应及时报告。

各部门必须做好各种保障工作，各种资料必须齐备，登记必须准确，本项工作由各相关部门协调完成。

第十一条【礼品分类保管】 各类礼品由行政部礼品管理员进行保管，送出礼品按照价值和贵重程度分为高、中、低三类，库存管理人员要按照礼品类别进行分类管理。

第四章 礼品送出

第十二条【礼品赠送分类】 企业员工在实施礼品赠送时要根据对方的级别、身份等选取礼品级别。

第十三条【礼品领用】 礼品的领取和发送必须履行审批手续，由经办人提出申请，注明礼品领用人、领用用途、领用数量，由本部门负责人同意后方可领取礼品。申请人领取礼品后若因故未送出，应及时退回行政部，由礼品管理员重新进行登记。

第十四条【礼品送出规定】 企业人员向他人送出礼品时应遵循以下规定：

（1）送礼人员必须根据企业文化和礼品接收方的习俗选择礼品，并在礼品送出前征求领导的同意。

（2）送礼人员不得以任何形式暗示对方索取任何东西，也不得给对方带来任何侵犯利益、不公正或者管理不透明的风险。

（3）送礼人员在向客户、供应商等赠送礼品前，必须经过企业法律顾问、财务部的审批，涉及重大企业政策及业务的礼品必须得到企业董事会的批准。

（4）礼品送达时，要主动告知接收方礼品的内容、来源等信息，并提供送礼人员的姓名、职务等信息，加强送出礼品的合规性和透明度。

第十五条【礼品送出记录】 礼品送出后，应按以下要求进行记录。

（1）形成礼品记录管理制度，将送出礼品的品种、数量、送出时间、送出对象以及其他应当记录的事项全部记录在册，并据此进行领料核对和清理盘点。

（2）各部门必须按照制度要求，严格遵照礼品记录管理系统进行礼品记录，符合原则和实际情况，防范出现未记录、遗漏错漏等情况。

（3）接受礼品人员也应当按照制度要求，留有签名和收文印章，确保宣示公开、审核立文、处置流程等各项细节规范。

第五章 附则

第十六条【解释权】 本制度由行政部负责解释。

第十七条【生效日期】 本制度自发布之日起生效。

18.2 接待

18.2.1 商务接待管理制度

通过制定完善的商务接待管理制度，企业可以加强对商务活动的管控，降低商业风险，改善企业形象，提升企业影响力，提高员工的职业道德及素养水平，维护企业声誉，获得更高的商业经济效益。以下是商务接待管理制度，仅供参考。

商务接待管理制度

第一章 总则

第一条【目的】 为了切实加强企业廉政建设，进一步规范商务招待管理，打造统一、良好的企业对外形象，合理控制接待费用，根据企业有关法律法规及规章制度，结合企业实际，特制定本制度。

第二条【适用范围】 本制度适用于企业所有的商务接待活动，包括企业及所属各部门经营管理所必需的接送、食宿、购票、会谈和陪同参观等方面的安排工作。

第三条【基本原则】 企业商务接待应遵循依法依规、从严从紧、廉洁节俭、规范透明、对口对等原则。

第四条【管理职责】 行政部是企业商务接待的主管部门,负责协调企业的商务接待活动。其他职能部门的商务接待活动,由所在部门自行承办,行政部予以必要的协助。

第二章 接待申请与审批

第五条【了解接待对象】 接待人员应事先了解接待对象的具体情况,主要包含以下3方面内容。

(1) 来访事由。明确接待对象的来访目的、意图和任务。

(2) 行程情况。明确接待对象来访乘坐的交通工具、抵达时间和地点、离开时间、行程路线及日程安排。

(3) 人员情况。明确接待对象具体人数、姓名、性别、年龄、职务、民族、宗教信仰、生活习俗、国别、地区、所代表的机构或组织等。

第六条【确定接待规格】 需要开展商务接待的部门或个人应提前向责任部门提出申请,填写相关表格,并经过审批。审批时应明确接待对象、目的、预算和计划等。

第七条【制订接待计划】 接待人员应根据审批意见制订详细的接待计划,包括接待时间、地点、人员、餐饮、住宿等安排。接待计划应确保合理使用企业资源,符合相关标准和规定。

第三章 接待实施流程

第八条【迎接安排】 接待人员应根据接待对象的身份、人数、性别预订招待所或宾馆,安排好用餐标准、进餐方式、时间和地点,并按抵达时间派人派车迎接。

第九条【日程商议】 接待对象到达后,接待人员应根据接待计划安排其入住预订的宾馆,并安排企业有关人员前往看望,表示欢迎和问候,了解其来访日程和目的,商定活动日程并通知有关部门。

第十条【接待地点与陪同人员选择】 有关部门应根据接待类型选择接待地点与陪同人员,具体如下所示:

(1) 经常性商务接待:对于与企业经常发生业务往来的单位,一般由行政部经理或相关业务部门经理陪同接待，一般为对等接待，在企业会议室接待。

（2）重点业务往来单位商务接待：由行政总监或总经理指定的其他高层领导出面陪同接待，一般为对等或高格接待，在专用会客室接待。

（3）特殊客人商务接待：对于与本企业有密切联系的特殊客人一般由总经理亲自出面或指定专人陪同接待，一般为高格接待，由企业总经理指定宾馆酒店接待。

第四章 明确接待标准

第十一条【商务宴请】 企业实施商务宴请时应遵循以下标准：

（1）商务宴请原则上应安排在企业内部或定点饭店、宾馆进行，不得安排在私人会所及高档的餐饮、娱乐、休闲、健身、保健等消费场所。

（2）企业开展商务宴请，不得提供用野生保护动物制作的菜肴，不得提供鱼翅、燕窝等高档菜肴，不得提供香烟，不得提供高档酒水，晚餐后不得安排夜宵等。企业可根据宴请所在地和业务实际情况，分级、分档控制商务宴请标准。

（3）企业商务宴请应根据宴请对象，严格控制陪同人数，宴请对象5人以内，陪餐人数可对等。宴请对象超过5人的，超过部分陪餐人数原则上不超过接待对象的二分之一，与商务活动不相关人员一律不得参与用餐。

（4）企业商务宴请应严格执行事前审批制度，事前审批单需列明宴请事由、宴请对象（单位、姓名、职务、人数）、陪餐人员、宴请地点、宴请时间等，报销时需提供报销单、发票、事前审批单等，并如实反映宴请费用使用情况，实行宴请费用总额和人均费用双控管理。不提供事前审批单的，费用不予报销。

第十二条【接待用车】 对于需要企业派车接送的商务接待活动，需提前制订用车计划，接待用车应当遵循统一管理、定向保障、经济适用、节能环保的原则，合理调配、规范用车，严禁公车私用、私车公用，且不得违反有关规定。

由行政部车辆主管进行调配，按照以下顺序安排车辆。

（1）经常性商务接待，由行政部调拨一般性公务车辆接送。

（2）重点业务往来单位和特殊客人由企业专门的迎宾车辆接送。

（3）如果需要接送的人员过多，可通过出租车或企业租赁中巴车接送。

第十三条【住宿标准】 商务招待确需安排住宿的，按当地同级别差旅报销住宿标准执行。对特殊情况、重要客户，可酌情安排普通标（单）间、套间。

接待单位有内部接待场所的，不得安排其他宾馆住宿；没有内部接待场所的，安排在当地定点宾馆（酒店），不得安排入住名胜风景区和旅游度假区内。

第十四条【参观旅游安排】 企业商务接待过程中，原则上不安排旅游活动，特殊情况下经总经理批准后方可执行。商务接待过程中，需要参观企业的可以在合适的时间安排专人陪同参观，参观之后请参观者留下宝贵意见。但要注意，企业核心工作区不在开放参观之列，特殊情况需经总经理批准。

第十五条【礼品馈赠】 在商务接待过程中，如需馈赠礼品，应选择合适、有意义的礼品，并遵守国家法律法规和企业规章制度中关于礼品馈赠的规定。不得馈赠违反道德、法律法规或可能产生不良影响的礼品。礼品馈赠应按以下标准执行。

（1）节约从简，以宣传企业形象、展示企业文化或体现企业所在地地域文化等为主要内容，礼品标准原则上每次人不得超过＿＿元。

（2）严禁赠送现金、购物卡、消费卡、会员卡、商业预付卡和各种有价证券、支付凭证、贵重物品以及名贵土特产等。

（3）企业应建立纪念品管理制度，规范纪念品订购、领用等审批程序，实行纪念品清单台账管理，如实反映纪念品赠送对象等情况。

第五章 接待规范

第十六条【分档接待】 企业须根据商务活动内容和接待对象情况，在控制标准内，分级、分档确定商务宴请、接待用车、住宿、赠送纪念品及其他商务招待活动的标准，不得简单就高或一刀切。

第十七条【不得超标准接待】 企业不得提供或接受超标准接待，不得扩大接待范围，不搞层层陪同，严禁变相旅游，不得组织与接待活动无关的参观，不得组织到营业性娱乐、健身场所活动，不得安排专场文艺演出。确需参观本地景点或观看本地特色演出的，应当严格控制陪同人数，经主要负责人审批同意，并报企业纪委备案后，本着节俭、就近原则安排。

第十八条【费用严格审批】 企业商务宴请、接待用车、住宿、赠送纪念品及其他商务招待的费用，必须经严格审批、管理，并即时结算，不得量化到个人名下，不得以会议、培训、调研等名义虚列、隐匿费用。不得向下级单位或下属企业及其他企业或个人摊派或转嫁接待费用。禁止借商务接待名义列支其他支出。

第十九条【明确管理制度】 对商务接待过程中无法执行相关制度标准的特殊情况，行政部应进一步明确管理制度，严格履行内部审批程序，经主要负责人审批同意,做好登记并报履行出资人职责机构及企业纪委备案。

第二十条【监督问责】 企业应当切实完善内部控制体系,严格审批、报销、检查等关键环节,加强内部监督,有下列行为之一的,应予以严肃处理,并追究有关人员责任。

(1)违规增加商务接待活动内容。

(2)擅自提高商务接待开支标准。

(3)虚报来访人数、天数、人员身份等套取接待经费。

(4)使用虚假发票报销接待经费。

(5)报销因私接待费用和个人消费费用。

(6)向各级子企业或其他有利益关系的企业摊派或转嫁接待费用。

(7)其他违反本规定的行为。

第六章 附则

第二十一条【解释权】 本制度由总经办负责解释。

第二十二条【生效日期】 本制度自发布之日起生效。

18.2.2 接受招待管理制度

为避免企业在接受招待的过程中出现法律和商业风险,企业要规范员工接受招待的行为,加强内部管理,提升企业的形象。以下是接受招待管理制度,仅供参考。

接受招待管理制度

第一章 总则

第一条【目的】 为规范企业接受招待的行为,保护企业和员工的合法权益,保证企业正常的生产经营,特制定本制度。

第二条【适用范围】 本制度适用于企业及其全体员工。

第三条【基本原则】 企业要遵循合法、合规等原则,不得有违法违规、损害公共利益和违反社会公共道德的行为。

第二章 组织和职责

第四条【行政部职责】 行政部是企业内部的管理机构,履行以下职责:

(1)制定企业接受招待的管理制度和规范,对员工进行必要的培训和教育,使其了解和遵守相关规定和标准。

（2）对企业员工接受招待的计划和安排、费用、礼品、场所进行审核和审批，保证员工接受招待的合理性、合法性和安全性。

第五条【宣传部职责】 宣传部是企业的外部形象管理部门，履行以下职责：

（1）维护企业的公关形象，处理企业与客户和合作伙伴的关系，促进业务发展。

（2）对企业接受招待的效果和影响进行评估和分析。

第三章 接受招待的要求

第六条【接受招待前的要求】 企业员工在接受招待前，要注意以下2点：

（1）接受招待前，员工应当了解活动的性质、目的、参与人员以及与企业的业务关系，并报经主管部门或上级领导批准。

（2）员工接受招待应当以企业利益为重，遵守制度和相关规定，不得因私接受招待，不得违反国家法律法规规定和损害企业的利益。

第七条【接受招待中的要求】 企业员工在接受招待中，要注意以下7点：

（1）员工接受的招待应当是合法、合理、适度的招待，不得过度索取，不得对招待方提出不合理要求。

（2）员工接受招待的内容应当与工作相关，不得影响工作效率，不得违反企业的业务流程和规定。

（3）员工不得接受招待方提出的超出正常商务活动的要求，也不得私下与招待方进行交易。

（4）员工不得以接受招待为名谋取私利，不得向招待方泄露企业机密和业务秘密。

（5）员工不得接受已经被禁止或不适宜接受的招待，如接受违法招待。

（6）员工不得利用企业职务或权力干预招待方的正常经营管理活动，不得对招待方施加不正当压力。

（7）员工在接受招待过程中，应当坚守职业道德和行为规范，做到廉洁自律，不得有违法违规、损害企业利益和社会公共道德的行为。

第四章 接受招待审批和报销

第八条【填写接受招待审批表】 员工接受招待前，应当填写"接受招待审批表"，并报经主管部门或上级领导审批，确保接受的招待符合企业政策和规定。

第九条【及时汇报问题】 员工应当及时将接受招待的情况汇报给上级领导或主管部门，如发现违法违规行为，应当及时向有关部门报告。

第十条【处理赠送物品】 员工应当妥善保管招待方赠送的礼品，如有超出规定范围的，应当上交给企业相关部门，由相关部门统一处理。

第十一条【提供规范凭证】 员工如需报销接受招待的费用，应当提供真实、合法、规范的费用凭证，并按照企业的相关规定进行报销。

第五章 违规处理

第十二条【违规行为认定】 员工违反本制度的规定，存在接受不适宜的招待、以接受招待为名谋取私利等行为的，将受到相应的纪律处分。

第十三条【违规行为处理】 员工出现违规行为的，要及时进行处理，处理方式如下：

（1）员工涉嫌违反国家法律法规的，将被移交有关部门处理，企业将配合有关部门的调查工作。

（2）如员工的行为导致企业或招待方受到损失，将承担相应的赔偿责任。

第六章 附则

第十四条【解释权】 本制度由行政部负责解释。

第十五条【生效日期】 本制度自发布之日起生效。

第19章

企业合规——捐赠与赞助

19.1 捐赠

19.1.1 捐赠管理制度

企业为了回馈社会、提高品牌形象等，一般会进行捐赠活动，因此，企业需要建立一个有效的捐赠管理制度来确保捐赠的合规性和透明度。以下是捐赠管理制度，仅供参考。

捐赠管理制度

第一章 总则

第一条【目的】 为了加强对企业捐赠事项的管理，规范捐赠行为，确保企业的捐赠活动遵守所有适用的法律法规，促使企业更好地履行社会责任，根据《中华人民共和国公益事业捐赠法》《中华人民共和国公司法》及《企业章程》的规定，结合企业实际情况，特制定本制度。

第二条【适用范围】 本制度适用于企业本部以及子企业（包括全资子企业、控股子企业和虽不控股但拥有实际控制权的企业）的捐赠行为。

第三条【相关概念】 本制度所称捐赠，是指企业自愿无偿将其合法财产赠予合法的受赠人，用于公益事业的行为，包括现金捐赠及非现金资产捐赠。

第四条【基本原则】 企业捐赠事项遵循以下原则：

（1）预算管控原则。捐赠事项应纳入年度预算管理，企业捐赠预算原则上根据过往年度实际捐赠情况、预算年度重点、任务重点等确定。

（2）统一管理原则。企业对所属各单位捐赠实行统一管理，各单位应明确捐赠事项的归口管理部门。

（3）量力而行原则。企业已经发生亏损或者由于捐赠将导致亏损或者影响企业正常生产经营的，除特殊情况以外，不能捐赠。

（4）诚实守信原则。企业内部审议决定并已经向社会公众或者受赠对象承诺的捐赠，必须诚实履行。

第二章 组织管理体系与职责分工

第五条【捐赠管理体系】 企业本部建立董事会为决策机构、行政部为经办部门、财务部为审核会签部门、合规管理部为监督部门的捐赠组织管理体系。

第六条【董事会职责】 董事会在捐赠活动中，负责审议企业本部及各子企业捐赠年度预算、捐赠活动方案。

第七条【行政部职责】 行政部在捐赠活动中，履行下列职责：

（1）提出企业本部捐赠方案。

（2）根据企业董事会或股东（股东会、股东大会）批准的捐赠方案，代表企业本部进行捐赠活动。

（3）编制捐赠年度预算建议方案，及预算外事项申请。

（4）指导子企业进行捐赠活动。

（5）建立全企业捐赠台账。

第八条【财务部职责】 财务部在捐赠活动中，履行下列职责：

（1）对捐赠方案进行审核会签。

（2）办理捐赠财产的支付手续。

（3）编制企业全年度捐赠预算。

第九条【合规管理部职责】 企业合规管理部负责对企业本部及各子企业捐赠行为进行合规性指导与监督。

第三章 捐赠类型、对象和财产范围

第十条【捐赠类型】 捐赠类型有以下3种：

（1）公益性捐赠。即向教育、科学、文化、卫生医疗、公共安全、体育事业和环境保护及节能减排等社会公益事业进行的捐赠。

（2）救济性捐赠。即向受灾地区、定点扶贫地区、定点援助地区或者困难的社会弱势群体提供的用于生产、生活救济、救助的捐赠。

（3）其他捐赠。即除上述捐赠外，企业出于弘扬人道主义目的或者促进社会发展与进步目的而进行的其他社会公共福利事业的捐赠。

第十一条【捐赠对象】 捐赠对象应当为企业外部的地区、单位、社会弱势群体或个人。企业内部职工、与企业存在股权、经营关系或者财务方面具有控制与被控制关系的单位或个人，不得作为捐赠对象。

第十二条【财产范围】 企业可以用于捐赠的合法财产包括现金、库存商品及其他物资。企业生产经营需用的主要固定资产、持有的股权和债权、国家特准储备物资、国家财政拨款、受托代管财产、已设置担保物权的财产、权属关系不清的财产，或者变质、残损、过期报废的商品物资，不得用于捐赠。

第四章 捐赠的执行规范

第十三条【遵守法律法规】 企业在捐赠过程中必须严格遵守国家法律法规，确保捐赠行为合法合规。

第十四条【符合企业战略】 企业的捐赠行为应与企业发展战略相符，以推动企业的可持续发展和社会责任实践。

第十五条【充分评估风险】 在捐赠过程中，企业应对捐赠对象、项目和领域进行充分的风险评估，避免因捐赠行为引发不良后果。

第十六条【合理确定预算】 企业应根据自身实力和承受能力合理确定捐赠预算，确保捐赠行为不会对企业的正常运营产生负面影响。

第十七条【捐赠实施】 经董事会批准的捐赠事项，由行政部负责组织实施，行政部应在捐赠实施完成后的＿＿日内，报企业董事会、财务部备案。

第十八条【信息披露】 企业在捐赠过程中应保持极高的透明度，及时公开捐赠信息，接受社会监督。

第十九条【合规收据】 企业办理捐赠事项，应当按规定取得合规收据。

第二十条【行为监督】 企业内部合规管理部负责监督受捐方行为符合捐赠协议要求，出现不相符或改变定向捐赠资金用途时，需及时书面反馈至董事会、财务部。

第二十一条【责任追究】 对于未依照本制度捐赠的，由合规管理部视情节轻重，根据企业责任追究的相关规定，对相关责任人进行责任追究。

第二十二条【法律责任】 对捐赠过程中存在营私舞弊、滥用职权、转移企业资产等违法违规行为的，企业将依法追究有关人员的领导责任或直接责任。涉嫌犯罪的，移交司法机关依法追究刑事责任。

第五章 捐赠的登记备案与财务处理

第二十三条【登记备案】 企业本部及子企业经批准的捐赠事项，应当由企业行政部建立台账进行统一登记管理。

第二十四条【财务处理】 企业本部及子企业的捐赠，应当按照《企业财务通则》《企业会计准则》的规定进行财务处理，并在年度财务决算报告中单独披露。

第六章 附则

第二十五条【其他说明】 本制度未尽事宜，依照国家有关法律法规、规范性文件及《企业章程》的规定执行。本制度若与国家日后颁布的法律法规、规范性文件或经合法程序修改后的《企业章程》相抵触，按国家有关法律法规、规范性文件和《企业章程》的规定执行。

第二十六条【解释权】 本制度由董事会负责解释。

第二十七条【生效日期】 本制度自颁布之日起生效。

19.1.2 捐赠审批制度

为符合企业与法律法规的规定，满足监管部门对捐赠财产的合规管理要求，企业应制定捐赠审批制度，确保企业的捐赠活动符合企业内部准则，并能促进企业战略规划的实现。以下是捐赠审批制度，仅供参考。

捐赠审批制度

第一章 总则

第一条【目的】 为规范企业捐赠行为，确保企业捐赠活动符合企业内部准则和政策，并遵守适用的法律法规，特制定本制度。

第二条【适用范围】 本制度适用于对企业本部以及子企业（包括全资子企业、控股子企业和虽不控股但拥有实际控制权的企业）捐赠行为的审批。

第三条【基本原则】 企业捐赠事项的审批遵循以下原则：

（1）先审核后决策原则。企业捐赠事项实行"先审核、后决策"管理，即由牵头业务部门负责对项目必要性、可行性等方面进行审核，审核通过后由归口管理部门履行审批决策程序。

（2）统一组织原则。企业捐赠，原则上由行政部统一组织实施。企业所属各级子企业的捐赠，应经董事会研究决定，未经批准不得擅自捐赠。

第二章 捐赠审批委员会职责分工

第四条【捐赠审批委员会】 设立专门的捐赠审批委员会，负责审批捐赠申请并确保其符合企业的准则和政策，捐赠审批委员会的成员包括董事会、财务部、合规管理部、法务部。

第五条【董事会职责】 董事会在捐赠审批中，履行下列职责：

（1）按权限审批企业年度捐赠预算方案。

（2）按权限审批企业年度预算外的捐赠支出。

（3）审核各部门、各子企业提出的捐赠活动方案。

第六条【财务部职责】 财务部在捐赠审批中，履行下列职责：

（1）确认捐赠事项费用被控制在当年企业财务预算幅度内，并按照批准的方案执行。

（2）审核捐赠活动所产生的各项费用，审核无误后方可进行支付。

第七条【合规管理部职责】 合规管理部在捐赠审批中，履行下列职责：

（1）审查捐赠人与受赠主体是否存在利害关系，是否对受赠主体履行了尽职调查。

（2）审查捐赠人与受赠主体是否存在以合法形式掩盖非法目的情况，如利害关系人通过捐赠形式进行利益输送行为。

（3）审查捐赠协议相关条款是否合规。

第八条【法务部职责】 法务部在捐赠审批中，履行下列职责：

（1）审查捐赠人和受赠主体是否具备相应的民事权利能力和民事行为能力。

（2）审查捐赠协议相关条款是否存在相关法律风险。

第三章 捐赠审批权限与程序

第九条【审批权限】 企业及下属分、子企业发生的捐赠，遵照以下审批权限：

（1）捐赠的单笔金额不超过人民币＿＿万元的，由企业首席执行官审批通过后实施。

（2）捐赠的单笔金额超过人民币＿＿万元的，由企业董事会审批通过后实施。

（3）企业捐赠的金额超出董事会审批权限的，经董事会审议通过后提交股东大会审批，经股东大会审批通过后实施。

第十条【审批程序】 董事会是企业捐赠事项的管理部门。企业各部门及下属分、子企业（以下统称"业务单元"）提出捐赠申请的，须遵照以下程序：

（1）经业务单元第一负责人批准，报请董事会办公室确认。

（2）提交企业主管高级管理人员、首席财务官、董事会秘书审核。

（3）审核通过后按照本制度第九条履行相应的审批决策程序。

遇有突发性重大自然灾害或其他特殊事项超出预算范围，需要紧急安排捐赠支出的，不论金额大小，业务单元在履行内部决策程序之后，及时向本企业备案。

第四章 捐赠审批材料

第十一条【审批材料】 企业向集团企业上报审批捐赠事项时，应提交以下材料：

（1）申请捐赠的请示文件。

（2）捐赠项目实施方案。

（3）依据《企业章程》或内部管理制度，有权对捐赠事项进行决策的机构作出的决议。

（4）捐赠协议文本及审查意见。

（5）企业或有关主管部门要求提供的其他材料。

第十二条【资料备案】 企业应在办理捐赠手续后5个工作日内报财务部备案。备案材料应包括企业捐赠备案表、相关会议决议、捐赠方案和捐赠协议等。

第五章 捐赠审批标准

第十三条【审批标准】 审批事项报送资料齐全的，董事会原则上应在受理日起5个工作日内出具审核意见。有以下情形之一的，原则上不予批准。

（1）各种摊派或变相摊派的捐赠。

（2）亏损、资不抵债、欠缴税费、拖欠职工工资或社会保险费以及经营活动现金净流量为负数企业的捐赠。

（3）企业以个人名义提供的捐赠。

（4）国家及所在省有关规定的其他不被允许的捐赠。

第六章 附则

第十四条【其他说明】 本制度未尽事宜，依照国家有关法律法规、规范性文件及《企业章程》的规定执行。本制度若与国家日后颁布的法律法规、规范性文件或经合法程序修改后的《企业章程》相抵触时，按国家有关法律法规、规范性文件和《企业章程》的规定执行。

第十五条【解释权】 本制度由董事会负责解释。

第十六条【生效日期】 本制度自颁布之日起生效。

19.2 赞助

19.2.1 赞助管理制度

企业出资赞助公益活动或文化事业，能引起社会公众关注和好感，有利于树立企业的良好形象。赞助管理制度能够帮助企业管理者更好地规划、执行和监督赞助项目，确保赞助活动能够有效地实现企业的战略目标。以下是赞助管理制度，仅供参考。

赞助管理制度

第一章 总则

第一条【目的】 为加强企业资产监督管理，规范企业赞助行为，根据《中华人民共和国公司法》《企业章程》等有关法律法规，结合企业实际，特制定本制度。

第二条【适用范围】 本制度适用于企业本部以及子企业（包括全资子企业、控股子企业和虽不控股但拥有实际控制权的企业）的赞助行为。

第三条【相关概念】 本制度所称赞助是指企业将其有权处分的合法财产有偿提供给被赞助人，要求被赞助人采取一定形式宣传企业形象、推介企业产品等的行为。

第四条【基本原则】 企业赞助事项按照以下原则办理：

（1）合法合规原则。企业必须遵守国家法律法规及其他规章制度，不得违背社会公德，不得损害社会公共利益和其他公民的合法权益。

（2）严格控制原则。企业应当充分考虑自身经营规模、盈利能力、负债水平、现金流量等承受能力，严格控制赞助规模与标准。

（3）程序规范原则。企业应有严格的内部决策程序和规范的审核流程，提供赞助必须经董事会（未设董事会的为总经办，下同）审议通过。

第二章 组织管理体系和职责分工

第五条【赞助管理体系】 企业本部建立以董事会为决策机构、营销部为经办部门、财务部为审核会签部门、合规管理部为监督部门的赞助组织管理体系。

第六条【董事会职责】 董事会在赞助活动中，负责审议企业本部及各子企业赞助年度预算、赞助活动方案。

第七条【营销部职责】 营销部在赞助活动中，履行下列职责：

（1）提出企业本部赞助方案。

（2）根据企业董事会或股东（股东会、股东大会）批准的赞助方案，代表企业本部进行赞助活动。

（3）编制赞助年度预算建议方案，及预算外事项申请。

（4）指导子企业进行赞助活动。

（5）建立全企业赞助台账。

第八条【财务部职责】 财务部在赞助活动中，履行下列职责：

（1）对赞助方案进行审核会签。

（2）办理赞助财产的支付手续。

（3）编制企业全年度赞助预算。

第九条【合规管理部职责】 企业合规管理部负责对企业本部及各子企业赞助行为进行合规性审查。

第三章 赞助类型、对象和财产范围

第十条【赞助类型】 企业赞助的类型有以下2种：

（1）公益性赞助。指以承担企业的社会责任和尽义务为主要目的而进行的出资赞助、关心和支持社会公益事业。

（2）商业性赞助。以赞助活动为手段，扩大企业知名度，使之成为公共关系广告，增强企业商业广告的说服力和影响力。

第十一条【赞助对象】 企业赞助的对象包括但不限于社会福利和慈善事业、体育事业、文化事业、教育事业等。

第十二条【财产范围】 企业可以用于赞助的财产包括现金、实物资产。下列物资不得用于对外捐赠和赞助：用于企业生产经营的主要固定资产、企业持有的股权和债权、国家特准储备物资、国家财政拨款、受托代管财产、已设置担保物权的财产、权属关系不清的财产，变质、残损、过期报废的商品物资。

第四章 赞助执行规范

第十三条【诚实履行】 企业应按照内部审议决定赞助支出，同时必须诚实履行。

第十四条【执行监督】 相关人员应监督和管理赞助项目的执行过程，保证赞助活动依据赞助方案合法、合规地进行。

第十五条【处理问题与风险】 活动经办人员应及时处理赞助项目执行中遇到的问题和风险，保证赞助的顺利进行。

第十六条【禁止行为】 企业进行赞助时，须重点关注以下事项：

（1）企业经营者或者其他职工不得将企业拥有的财产以个人名义对外捐赠及赞助。

（2）任何人不得借赞助的名义为家人或亲戚朋友谋取不正当利益，不能将赞助财产挪作他用。

（3）企业应在力所能及的范围内，积极参加社会公益活动，已经发生亏损或者由于赞助将导致亏损或者影响企业正常生产经营的，除特殊情况以外，不得赞助。

<h3 style="text-align:center">第五章 赞助项目评估</h3>

第十七条【费用评估】 赞助活动所产生的费用不仅应包括购买赞助权益的花销，还应包括激活的费用（如为赞助所生产的周边商品）和广告费用。

第十八条【触达人数评估】 每个季度，营销人员应该利用从代理商处拿到的数据或自己的内部数据，来统计通过各种方式（个人亲眼见到或参与活动，或通过电视、短视频传播）所触达的人数。触达人群的计算应该聚焦在目标人群的触达量上，而不是所有人群。

第十九条【长期品牌特征、品牌价值评估】 营销人员应定期进行定性的测量或调查问卷，帮助企业了解每一个赞助对于品牌的哪些特征有所帮助。

第二十条【间接回报评估】 赞助会激发间接的销售，因此对于赞助效果的评估应该把非直接的回报考虑进去。

第二十一条【投入与产出评估】 将赞助的投入和一些关键的定性测量指标联系起来，例如知名度、购买倾向、考虑意愿，然后跟踪测量每个变量对于短期销售和长期销售的影响。

<h3 style="text-align:center">第六章 附则</h3>

第二十二条【其他说明】 本制度未尽事宜，依照国家有关法律法规、规范性文件及《企业章程》的规定执行。本制度若与国家日后颁布的法律法规、规范性文件或经合法程序修改后的《企业章程》相抵触时，按国家有关法律法规、规范性文件和《企业章程》的规定执行。

第二十三条【解释权】 本制度由董事会负责解释。

第二十四条【生效日期】 本制度自发布之日起生效。

19.2.2 赞助审批制度

赞助审批制度是企业内部的规范，旨在确保企业的赞助活动符合企业内部准则和价值观，并遵守适用的法律和法规。以下是赞助审批制度，仅供参考。

<h3 style="text-align:center">赞助审批制度</h3>

<h4 style="text-align:center">第一章 总则</h4>

第一条【目的】 为规范企业赞助行为，确保企业赞助活动符合企业内部

准则和政策,并遵守适用的法律法规,特制定本制度。

第二条【适用范围】 本制度适用于对企业本部以及子企业(包括全资子企业、控股子企业和虽不控股但拥有实际控制权的企业)赞助行为的审批。

第三条【基本原则】 企业赞助事项的审批遵循以下原则:

(1)先审核后决策原则。赞助事项实行"先审核、后决策"管理,即由牵头业务部门负责对赞助事项的必要性、可行性等方面进行审核,审核通过后由归口管理部门履行审批决策程序。

(2)统一组织原则。企业赞助,原则上由行政部统一组织实施。企业所属各级子企业的赞助,应经董事会研究决定,未经批准不得擅自赞助。

第二章 赞助审批委员会职责分工

第四条【赞助审批委员会】 设立专门的赞助审批委员会,负责审批赞助申请并确保其符合组织的准则和政策,赞助审批委员会的成员包括董事会、财务部、合规管理部、法务部。

第五条【董事会职责】 董事会在赞助审批中,履行下列职责:

(1)按权限审批企业年度赞助预算方案。

(2)按权限审批企业年度预算外的赞助支出。

(3)审核各部门、各子企业提出的赞助活动方案。

第六条【财务部职责】 财务部在赞助审批中,履行下列职责:

(1)确认赞助事项费用被控制在当年企业财务预算幅度内,并按照批准的方案执行。

(2)审批赞助活动所发生的各项费用,审核无误后方可进行支付。

第七条【合规管理部职责】 审计部在赞助审批中,履行下列职责。

(1)审查赞助人与受益人是否存在利害关系,是否对受益人履行了尽职调查。

(2)审查赞助人与受益人是否存在以合法形式掩盖非法目的情况,如利害关系人通过赞助形式进行利益输送行为。

(3)审查赞助协议相关条款是否合规。

第八条【法务部职责】 法务部在赞助审批中,履行下列职责:

(1)审查赞助人和受益人是否具备相应的民事权利能力和民事行为能力。

(2)审查赞助协议相关条款是否存在相关法律风险。

第三章 赞助审批权限与程序

第九条【审批权限】 企业（包括子、分企业及其所属机构）每一会计年度内发生的赞助，按照下列审批权限进行审批。

（1）累计金额占最近一期经审计的企业净资产的比例0.5%以下的情况。

① 单项赞助在50万元以下的，赞助方案由企业总经理办公会讨论后报董事长审批，并报董事会备案。

② 单项赞助在50万元以上的，赞助方案经总经理办公会讨论后，提请董事会审批。

对于同一主体、同一事项产生的赞助行为，在连续12个月内视为单项赞助并累计计算。

（2）累计金额占最近一期经审计的企业净资产的0.5%以上，1%以下的，赞助方案经总经理办公会讨论后，提请董事会审议批准，报监事会备案。

（3）累计金额占最近一期经审计的企业净资产的比例1%以上的，赞助方案经总经理办公会讨论后，报董事会审议并经股东大会批准后实施。

第十条【审批程序】 企业组织赞助活动，应遵循以下审批程序：

（1）赞助价值在本年度预算范围内的，企业履行内部决策程序，并组织实施。

（2）赞助价值超出年度预算范围的，分、子企业履行内部决策程序后，向本企业提出赞助申请，提交赞助方案，说明原因、依据、企业经营状况、捐赠赞助价值等。经企业财务部同意，并报企业总经理办公会审核批准后，由企业组织实施。未经批准，不得实施。

（3）遇有特殊事项超出预算范围，需要紧急安排赞助支出的，不论金额大小，出资企业在履行内部决策程序之后，及时逐笔向企业本部备案。

第四章 赞助审批材料

第十一条【赞助审批材料】 企业向集团企业上报审批赞助事项时，应提交以下材料：

（1）申请赞助的请示文件。包括赞助的金额、受助方以及赞助的目的和预期效果。应该考虑赞助所带来的商业利益、公共形象、社会责任等因素。

（2）赞助项目实施方案。

（3）依据《企业章程》或内部管理制度，有权对赞助事项进行决策的机构作出的决议。

（4）赞助协议文本及审查意见。

（5）企业或有关主管部门要求提供的其他材料。

第十二条【资料备案】 企业应在办理赞助手续后5个工作日内报财务部备案。备案材料应包括企业赞助备案表、相关会议决议、赞助方案和赞助协议等。

第五章 赞助审批标准

第十三条【审批标准】 企业在审批赞助活动时应遵循以下标准：

（1）合法合规性。赞助活动必须符合国家法律法规，不得违反任何法律条款。企业应确保赞助行为不涉及任何违法或违规行为。

（2）与企业战略一致性。赞助活动应与企业的发展战略、品牌形象和市场定位相符合，有助于提升企业的社会形象和市场地位。

（3）风险评估。企业应对赞助活动进行全面的风险评估，包括但不限于市场风险、声誉风险、财务风险等。确保赞助活动的风险在可控范围内。

（4）财务合规。企业应制定赞助预算，并对赞助预算的使用进行严格管理。确保赞助资金的使用合法、合规，符合企业的财务规定。

第六章 附则

第十四条【其他说明】 本制度未尽事宜，依照国家有关法律法规、规范性文件及《企业章程》的规定执行。本制度若与国家日后颁布的法律法规、规范性文件或经合法程序修改后的《企业章程》相抵触时，按国家有关法律法规、规范性文件和《企业章程》的规定执行。

第十五条【解释权】 本制度由董事会负责解释。

第十六条【生效日期】 本制度自颁布之日起生效。

第20章

企业合规——跨境贸易

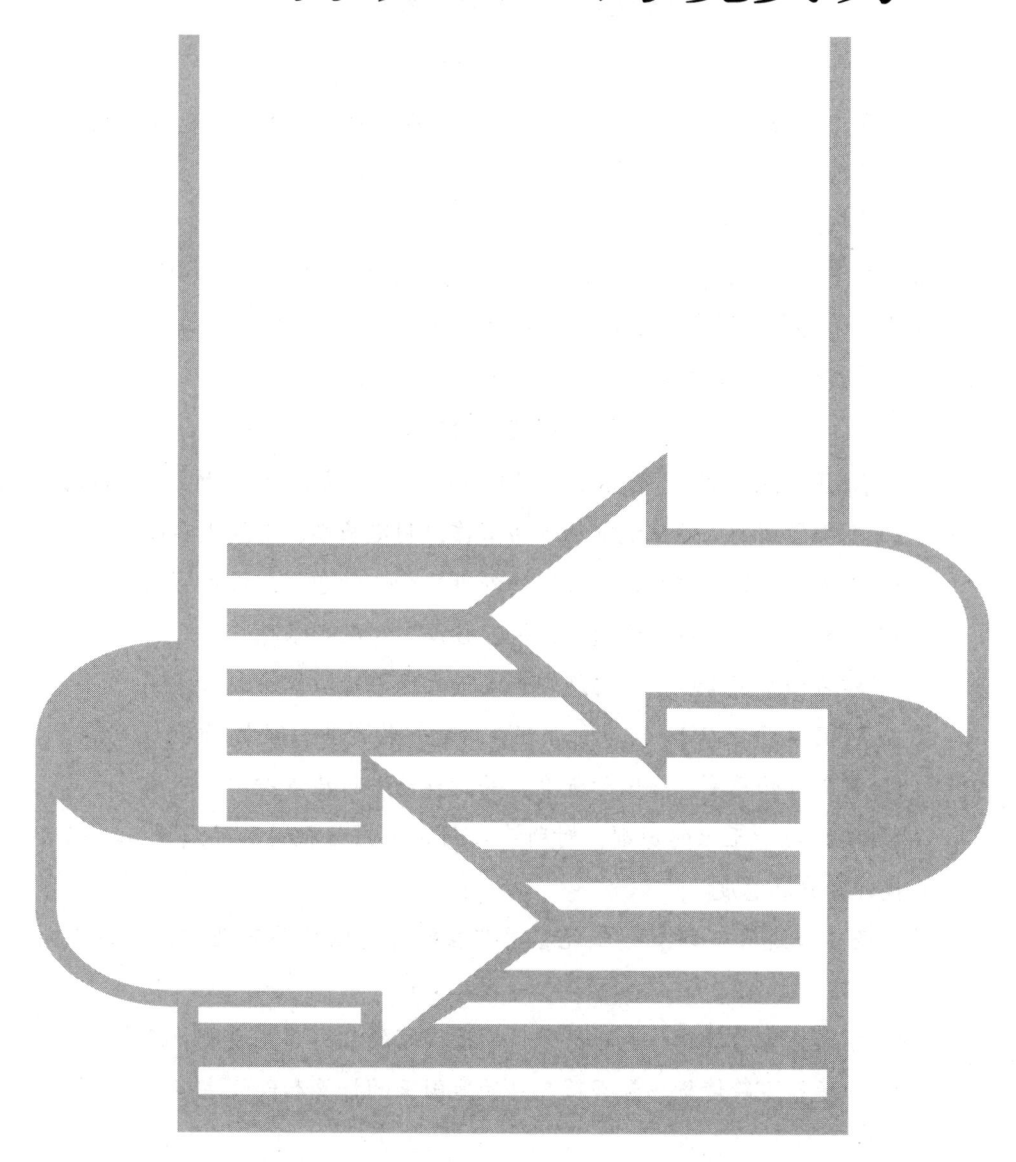

20.1 跨境货物贸易

20.1.1 跨境货物贸易管理办法

企业开展跨境货物贸易是推动经济一体化、贸易全球化的重要手段，对企业加强与国际的经济合作和技术交流，强化品质管理，提高企业效益有重要作用。以下为跨境货物贸易管理办法，仅供参考。

跨境货物贸易管理办法

第一章 总则

第一条【目的】 为规范企业跨境货物贸易行为，维护货物进出口秩序，促进对外贸易的健康发展，依据《中华人民共和国对外贸易法》，结合企业实际情况，特制定本办法。

第二条【适用范围】 本办法适用于对跨境货物贸易工作的管理。

第三条【基本原则】 企业根据平等互利的原则，实行统一的跨境货物贸易管理，维护公平、自由的对外贸易秩序。

第二章 职责分工

第四条【国际业务部】 国际业务部在跨境货物贸易管理中，履行下列职责：

（1）全面管理企业的跨境货物贸易工作，制定长期、中期战略规划。

（2）开展行业信息收集，掌握国内外市场行情动态，分析市场走势。

（3）负责客户的联络、沟通、协调、咨询、拓展、跟踪工作。

（4）学习和掌握跨境平台的规则和政策，保证跨境贸易经营合规。

第五条【质量管理部】 质量管理部在跨境货物贸易管理中，履行下列职责：

（1）确保货物质量符合国际标准，并对货物进行质量控制。

（2）坚持质量至上的原则，对所有物料进行严格把关和品质保证，以最大限度提升客户满意度。

第六条【合规管理部】 合规管理部在跨境货物贸易管理中，履行下列职责：

（1）负责检查跨境货物是否符合目的地国家的相关贸易法规和标准。

（2）负责检查跨境货物是否符合目的地国家的标签和包装法规。

第三章 外汇管理

第七条【外汇管理中心登记】 财务人员在跨境贸易结汇、购汇等操作前，须按规定向外汇管理中心进行登记和备案。

第八条【收汇、付汇】 财务人员在进行跨境贸易结算、支付等操作时，须履行结汇和购汇手续，按规定向银行提交申请并提供相关的资料和文件。

第九条【外汇结算】 财务人员在与海外供应商或客户进行跨境贸易结算时，在遵守外汇管理相关规定的前提下，可以选择使用 T/T、L/C 等方式进行结算。

第十条【外汇账户管理】 财务人员在进行跨境贸易结算等操作时，须在商业银行开立以下账户：外汇结算账户、进口货物结算账户、出口货物结算账户等。

第十一条【外债管理】 财务人员在进行跨境贸易、融资等活动时，须向银行申请外债，按规定办理相关手续，并定期向外汇管理部门进行报告和备案。

第四章 货物管理

第十二条【跨境货物质量】 跨境货物应遵循以下质量标准：

（1）货物类目。所有进口和出口货物必须符合目的国家或地区的进出口要求和许可证要求。

（2）包装质量。出库人员要确保在货物运输过程中合理使用包装用品，以减少对环境的影响和浪费。

（3）货物质量。生产人员要保证进口和出口的货物符合标准，包括产品规范、安全要求以及质量控制等方面。

第十三条【跨境货物运输】 跨境货物的运输应遵循以下要求：

（1）报关和报检。出口业务人员要对所有进口和出口货物进行准确的报关和报检。

（2）充分检查。出口业务人员要确保货物在装运前得到充分检查，以防止任何未授权的物品混入货物。

（3）保险。出口业务人员必须确保货物在运输过程中得到充分保险。

（4）遵守相关规定。所有进口和出口货物必须遵守目的国家或地区的进口禁令和限制，并在进出口时严格遵守目的地国家或地区的安全和环保规定。

（5）沟通与协调。出口业务人员需要与货物运输各个环节的参与者进行有效的沟通和协调，包括制造商、物流企业和海关等。

第五章 跨境货物报关

第十四条【内部报批】 国际业务部在对外签订采购合同之前，必须提前一个月将所需进口货物名称、数量、规格技术参数、价格、产地和用途等详细地以书面形式向企业领导报告审批，如进口货物属易损零配件，则必须考虑中、长期计划如行李运输带、消防系统等。

第十五条【货物报关】 货物报关应遵循以下步骤：

（1）委托报关行。由国际业务部委托专业的报关行或报关代理企业进行货物报关，也可以自己开展报关业务。委托前须签订报关委托协议并确定报关事项及执行标准。

（2）准备报关资料。报关人员报关前需备齐相关的资料，包括进出口合同、海关发票、装卸货单、产地证明、报关单等。

（3）现场报关验货。报关人员在涉及的口岸或机场的海关现场申报，接受海关的验货检查，并处理验货中出现的问题。

（4）缴税及核销。一旦确定货物交付海关，财务人员就需要向海关进行关税核销，索取相关的缴纳税费清单，并按照清单及时缴纳相应的税款。

（5）交货。完成报关手续后，报关行或报关代理企业完成交货，将货物分类放在指定区域等待被物流企业提货。

第六章 跨境货物贸易合同

第十六条【签约前审查】 国际业务部、合规管理部在签约前需审查以下内容：

（1）筛查该交易各参与方相关情况，防止因禁止或限制交易名单变动引发的违规风险。

（2）发货前需确认之前各审查环节是否完备、审查货运人情况、核对许可证以及装运文件是否与交付货物一致等。

（3）在收付款以及提供售后服务、维修、保养等过程中，一旦发现出口管制物项的最终用户、最终用途、安装地点等可能发生变动，应按照《中华人民共和国出口管制法》第十六条要求，立即报告国家出口管制管理部门。

第十七条【合同执行】 在货物进口和出口时，双方必须遵守跨境货物贸易合同，以保障各方利益。对于涉及争议或纠纷的问题，应当采取合适的方法或机制进行解决，避免争议扩大。

第十八条【合同跟踪】 货物进口和出口的相关跟踪要记录在案，并保持长期有效性和可浏览性。

<h2 style="text-align:center">第七章 附则</h2>

第十九条【解释权】 本办法由国际业务部负责解释。

第二十条【生效日期】 本办法自颁布之日起生效。

20.1.2 跨境货物贸易海关监管和出口管制规范

企业应该充分了解海关监管和出口管制政策,并针对这些政策做好合规管理,建立完善的合规管理体系,以防出现海关行政处罚乃至走私犯罪的法律风险。以下是跨境货物贸易海关监管和出口管制规范,仅供参考。

<h3 style="text-align:center">跨境货物贸易海关监管和出口管制规范</h3>

<h4 style="text-align:center">第一章 总则</h4>

第一条【目的】 为了加强海关对过境货物的监督,规范出口管制,维护企业的安全和利益,促进贸易便利化,根据《中华人民共和国海关法》《中华人民共和国出口管制法》以及其他相关法律法规的有关规定,结合企业实际情况,特制定本规范。

第二条【适用范围】 本规范适用于对企业所有跨境货物的管理。

第三条【相关概念】 本规范所称报关,是指进出口货物在装船出运前,向海关申报的手续。

第四条【基本原则】 跨境货物贸易海关监管和出口管制应遵循合法性原则,严格执行国家海关监管及出口管制的相关法律法规,充分认识合法合规经营的重要意义。

<h4 style="text-align:center">第二章 职责分工</h4>

第五条【国际业务部】 国际业务部在跨境货物贸易海关监管和出口管制中,履行下列职责:

(1)学习并掌握国家有关进出口政策、法规和基本知识。

(2)负责完成企业交办的进出口办证和报关业务。

(3)严格检查企业进出口货物,保证合法合规。

第六条【合规管理部】 合规管理部在跨境货物贸易海关监管和出口管制中,履行下列职责:

(1)提供所有报关必备文件资料,如合同、发票、载货清单等。

（2）协助进出口业务人员向海关提供有关资料。

（3）负责协助进出口业务人员联系落实其他事宜。

第三章 海关监管

第七条【报关要求】 报关人员在报关时应遵循以下要求：

（1）出口货物时必须在规定的时间内按照规定填写申报单，提交海关申报。

（2）须向海关提供真实、准确、完整的商业装箱单、发票、合同等与出口货物有关的单证和资料。

（3）确保海关申报单信息的准确性，遵守关于商品名称、品质、型号、价格及产地等的规定。

第八条【货物检验】 当海关对跨境货物进行检验时，出口业务人员应遵循以下要求：

（1）通过提供符合标准的证书和检验报告等方式，证明、确保出口货物符合国家规定的质量、卫生、安全和环保标准。

（2）当海关实施检验时，出口业务人员应按要求提供出口产品样品，并在时间上配合海关进行检验。

（3）对于需要出口检验检疫的商品，出口业务人员应向海关提供有关委托。

第四章 出口管制

第九条【出口货物许可】 出口管制清单所列管制物项或者临时管制物项时，国际业务部应当向国家出口管制管理部门申请出口许可。

第十条【出口货物用途】 对于出口管制物项用途，国际业务部人员应遵循以下规定：

（1）向国家出口管制管理部门提交管制物项的最终用户和最终用途证明文件，有关证明文件由最终用户或者最终用户所在国家和地区政府机构出具。

（2）国际业务部发现最终用户或者最终用途有可能改变时，应按照规定立即向国家出口管制管理部门报告。

第五章 知识产权管理

第十一条【知识产权保护】 国际业务部应优先使用合法、受法规保护的商标和标识，并遵循出口地知识产权保护法律法规，保护出口产品或技术的知识产权，防止出口产品被侵权或盗窃。

第六章 法律责任

第十二条【处分】 对于以下情节，企业领导应根据情节的轻重给予责任人相应的处分。

（1）因进料单位工作疏忽、协调不当、提供资料不全或错误，影响报批进度，造成经济损失的。

（2）业务人员利用职权，谋取私利、弄虚作假或玩忽职守给企业造成较大损失的。

第十三条【责任追究】 如未经企业总经理同意，擅自挪用进口设备物资的，企业将予以严肃处理，情节严重的，可由企业提请有关管理机关依法追究其责任。

第七章 附则

第十四条【解释权】 本规范由国际业务部负责解释。

第十五条【生效日期】 本规范自颁布之日起生效。

20.2 跨境服务贸易

20.2.1 跨境服务贸易管理办法

企业跨境服务贸易是指在不同国家或地区之间提供的服务交易，企业跨境服务贸易是一项复杂而又重要的经济活动，需要各方共同努力，建立合理的管理体系和制度，促进其健康、有序的发展。以下是跨境服务贸易管理办法，仅供参考。

跨境服务贸易管理办法

第一章 总则

第一条【目的】 为了促进企业跨境服务贸易的发展，规范服务行为，特制定本办法。

第二条【适用范围】 本办法适用于企业跨境提供技术支持、咨询、营销、培训等服务的管理。

第三条【相关概念】 本办法所称跨境服务贸易，是指境内服务提供者以跨境方式向境外市场主体及个人提供服务的商业活动。

第二章 职责分工

第四条【国际业务部】 国际业务部在跨境服务贸易管理中，履行下列职责：

（1）制定跨境服务的发展战略，为企业的跨境服务提供长期的发展规划和指导，确保企业在跨境服务市场中的领先地位。

（2）负责跨境服务的市场营销，销售渠道的建立和维护，开拓国际市场，增加企业的跨境业务收入。

第五条【合规管理部】 合规管理部在跨境服务贸易管理中，履行下列职责：

（1）负责监督跨境服务业务对相关法律法规的遵守，保障跨境服务业务的合法性和稳定性。

（2）负责跨境服务团队的合规管理和培训，提升团队综合素质和能力，确保跨境服务业务的高质量运行。

第三章 跨境服务贸易的准入管理

第六条【资质和能力】 企业应当具备相关资质和能力，并且遵守所在国和目的地国家或地区的相关法律法规。

第七条【提出申请】 国际业务部应当向所在国主管部门申请开展跨境服务贸易，并提供相应的资料和证明文件，包括以下内容：

（1）申请表。

（2）申请人的合法证照复印件。

（3）服务项目的技术说明和服务方案。

（4）其他主管部门要求提供的材料。

第八条【特别审批】 如果涉及敏感领域，例如互联网信息服务、金融等，需要进行特别审批。

第九条【公平竞争】 所有跨境服务贸易应当遵循公平竞争原则，不能危害所在国和目的地国家或地区市场的公平竞争。

第四章 跨境服务贸易的运营管理

第十条【运营行为及规范】 跨境服务贸易的运营人员，应做到以下规范：

（1）合同履行。按照合同约定履行服务义务，确保服务质量和效果。

（2）隐私保护。保护客户隐私，不得泄露客户信息。

（3）合法纳税。遵守目的地国家或地区和所在国的税收规定，履行相关纳税义务。

第十一条【培训和考核】 国际业务部应当对员工进行必要的培训和考核，提高其专业素质和服务意识。主要应培训以下内容：

（1）政策法规。跨境服务贸易的政策法规，如所在国税收政策、信息安全管理等。

（2）知识产权保护。如何申请知识产权和通过合理的技术手段、管理措施保护服务和信息的安全。

（3）跨文化交际技巧。在跨境服务贸易中，不同文化的交流是必然的，因此需要掌握相应的跨文化交际技巧，提高交际的效果。

（4）财务管理和风险控制。跨境服务贸易无论是线上还是线下都需要进行财务的管理和风险控制，因此需要了解国际结算、汇率风险管理和信用保险等财务方面的知识。

第十二条【安全保障】 跨境服务贸易运营的安全保障有以下要求：

（1）合规管理部应当建立健全信息安全和风险管理制度，增强信息安全意识和技能，加强技术和设备安全保护，保障用户数据和信息的安全。

（2）跨境服务运营人员应当加强国际安全合作和交流，加强对信息安全和服务质量的监督和管理，提升企业跨境服务贸易的信誉度和市场竞争力。

第五章 跨境服务贸易的监管管理

第十三条【信息统计和监测系统】 建立跨境服务贸易的信息统计和监测系统，及时掌握市场动态和风险情况。

第十四条【投诉处理机制】 建立跨境服务贸易投诉处理机制，及时解决消费者的投诉和纠纷。

第十五条【加强沟通】 加强与其他国家的合作和沟通，促进跨境服务贸易的发展。

第十六条【服务人员资格管理】 加强对涉外服务机构和人员的资格认证和管理，提高服务质量和安全。

第六章 附则

第十七条【解释权】 本办法由国际业务部负责解释。

第十八条【生效日期】 本办法自颁布之日起生效。

20.2.2 跨境服务贸易风险预防办法

跨境服务风险预防需要从多个方面入手，包括合法合规、风险管理、信任建立和数据隐私保护等，以确保服务的安全性和可靠性。以下是跨境服务贸易风险预防办法，仅供参考。

跨境服务贸易风险预防办法

第一章 总则

第一条【目的】 为了加强企业跨境服务贸易风险预防，有效防范和控制风险，特制定本办法。

第二条【适用范围】 本办法适用于跨境服务贸易的政治法律风险、合规风险、信用风险、文化差异风险、泄密风险、汇率风险的预防工作。

第三条【基本原则】 跨境服务贸易风险预防工作应遵循以下原则：

（1）全面性原则。风险预防应当覆盖各项业务的各项工作和各级人员，覆盖研究、决策、执行、监督、评估等各业务流程和环节。

（2）有效性原则。风险预防措施应符合法律法规规定，并得到有效执行。

（3）实时性原则。风险预防措施须根据企业战略、经营方针、业务开展、风险控制理念等内部情况变化，实时调整。

第二章 职责分工

第四条【国际业务部】 国际业务部在跨境服务贸易风险预防中，履行下列职责：

（1）贯彻落实股份企业、集团企业、企业董事会关于跨境服务贸易风险预防工作的相关要求，拟定相关工作计划。

（2）领导、部署、协调企业跨境服务贸易风险预防工作的开展，建立健全企业跨境服务项目风险管理体系。

（3）研究、组织制定企业跨境服务贸易风险预防办法。

第五条【风险管理部】 风险管理部在跨境服务贸易风险预防中，履行下列职责：

（1）收集、整理与汇报跨境服务贸易风险信息及动态的相关信息。

（2）执行跨境服务风险管理领导小组的风险决策，制定具体跨境服务项目的风险管理规定，并将跨境服务项目风险管理工作落实到人。

（3）编写并向国际业务部提交项目风险管理的工作报告。

第六条【合规管理部】 合规管理部在跨境服务贸易风险预防中，履行下列职责：

（1）监督与指导跨境服务项目的风险管理工作。

（2）培育与宣传企业跨境服务合规管理文化。

第三章 跨境服务贸易风险预防措施

第七条【政治、法律风险】 政治、法律风险预防措施如下：

（1）了解、掌握并遵守当地的法律法规，包括税务、劳动力和知识产权等方面的规定。

（2）关注政治和经济环境的变化，及时调整战略和风险管理策略。

第八条【合规风险】 合规风险预防措施如下：

（1）遵循合规和道德原则，拒绝参与任何可能涉及贿赂、洗钱或其他不当行为的交易。

（2）在跨境服务贸易中，应采用标准化的业务流程和操作规范，以提高跨境服务效率和质量。

（3）对于涉及敏感行业或领域的项目，要进行充分论证和审慎决策，并获得必要的批准和许可。

第九条【信用风险预防】 信用风险预防措施如下：

（1）在与新合作伙伴开展业务之前，应对其进行全面的背景调查和尽职调查，以确保其信誉良好。

（2）确保与合作伙伴建立清晰、详细的合同，合同中须包含关于付款、服务内容和期限的具体条款。

（3）强调双方的责任和义务，不忽视可能发生的争议或纠纷，并确保有明确的解决方案。

（4）评估潜在客户的信用和支付能力，并要求提供担保或信用证等保障措施。

第十条【文化差异风险预防】 文化差异风险预防措施如下：

（1）了解当地文化和礼仪，尊重当地传统和习惯，以建立良好的业务关系。

（2）了解目标市场的商业文化，确保企业的服务符合当地人的需求和习惯。

（3）保持沟通畅通，及时回复合作伙伴的邮件和电话，并与他们保持良好的关系。

第十一条【泄密风险预防】 对于涉及机密信息或敏感数据的服务，采取严格的安全措施，包括数据加密和访问权限控制等。

第十二条【汇率风险预防】 为了避免货币汇率波动带来的风险，可以考虑使用货币套期保值工具。

第四章 附则

第十三条【解释权】 本办法由国际业务部负责解释。

第十四条【生效日期】 本办法自颁布之日起生效。

第21章

企业合规——重点环节

21.1 制度制定环节

21.1.1 制度与文件合规审查管理办法

企业制度与文件可以有效地保障企业的合法权利，规范企业的经营行为，减少企业与外部机构的纠纷，保护企业和员工的合法权益，维护企业的社会责任。在制度与文件颁布或使用前，企业应进行合规性审查，保证制度与文件符合相关标准与企业要求。以下是制度与文件合规审查管理办法，仅供参考。

制度与文件合规审查管理办法

第一章 总则

第一条【目的】 为进一步提高企业制度建设工作水平，强化文件合规审查工作，推进企业各项工作规范化、法治化，防控法律与合规风险，为管理创新与业务发展提供有效的法律支持和充分的制度保障，根据《中小企业合规管理体系有效性评价》和监管部门有关规定，结合企业实际情况，特制定本办法。

第二条【适用范围】 本办法适用于企业本部各部门以及子企业（包括全资子企业、控股子企业和虽不控股但拥有实际控制权的企业）制度与文件的合规审查工作。

第三条【相关概念】 本办法涉及以下2个概念。

（1）本办法所称的制度是指本企业依据国家法律法规和监管部门的有关规定，结合本企业实际情况起草、制定的，以本企业名义签发的，由本企业及员工在履行职责过程中形成的，在本企业内具有普遍约束力、可以反复适用的制度、规定、办法、流程、规程、细则等制度建设性文件。

（2）本办法所称文件是指以本企业名义签订的合作协议、框架协议、合同或出具的承诺书等。企业各职能部门下发的工作提示、工作要求、业务通知等一般类文件，不属于合规审查范围。

第四条【基本原则】 企业制度与文件的合规性审查应当遵循以下原则：

（1）符合性原则。制度要符合法律法规和集团规章制度的相关规定。

（2）前瞻性原则。从企业可持续发展的角度制定制度，避免因经营环境的快速变化而对制度及文件做出频繁修改。

（3）实效性原则。从企业运营实际出发制定制度，认真调查研究，确保制度的可操作性。

（4）系统性原则。从企业全局出发制定制度，避免制度间相互冲突。

第五条【审查内容】 相关人员对制度与文件开展合规审查，主要审查以下内容：

（1）制定主体、权限是否合法。

（2）制定依据和程序是否合法。

（3）文件内容是否符合法律法规；政策有关规定。

（4）是否与企业原有的规范性文件相协调、相衔接。

（5）是否存在其他的法律问题。

审查对外签署的重要协议、合同的合规性，除审查上述内容外，还要审查重要协议或合同的签订背景、必要性、可操作性、对等性、适当性和风险情况等。

第二章 合规审查组织与职责分工

第六条【合规审查组织】 企业本部建立包括送审部门、合规管理部、风险管理部、法务部的合规审查组织。

第七条【送审部门职责】 送审部门在制度与文件合规审查中，履行下列职责：

（1）负责提供审查所需材料。

（2）负责确定制度与文件的业务性条款，并对业务性条款的合规性负主要责任。

第八条【合规管理部职责】 合规管理部在制度与文件合规审查中，履行下列职责：

（1）负责审查条款是否符合国家经济政策、产业政策、货币政策、监管政策等业务性规范。

（2）负责审查条款是否符合相关行业管理制度及政策，内部控制机制是否严密、完备，操作流程与岗位节点设置是否合理、科学。

（3）负责审查条款是否符合行业规定的技术等级、施工规范、产品质量标准以及相应的资质要求。

（4）负责审查条款是否超越业务权限。

（5）负责审查条款是否真实反映情况。

第九条【风险管理部职责】 风险管理部在制度与文件合规审查中，履行下列职责：

（1）对法律审查工作进行指导、培训、检查和监督。

（2）负责审查制度与文件的相关风险，包括道德风险、结构风险、财务风险等。

第十条【法务部职责】 法务部在制度与文件合规审查中，履行下列职责：

（1）负责审查条款间是否存在冲突。

（2）负责审查条款间是否有歧义。

（3）负责审查条款与现行法律法规；规章和国家政策是否相抵触。

（4）负责其他方面的法律合规性审查。

第三章 合规审查程序

第十一条【启动审查】 凡属于合规审查范围的制度与文件，起草部门应当在提交董事会研究前，充分征求并汇总各方面意见后，递交合规审查组织进行审查。

第十二条【提供材料】 制度与文件起草部门在申请合规审查时应提交下列材料，并对所提供材料的真实性、完整性负责。

（1）填写信息完备的"合规送审表"。

（2）规范性文件送审稿。

（3）有关征求意见的综合材料。

（4）合规审查组织认为审查所需要的其他资料。

第十三条【开展审查】 合规审查组织收到上述文件和材料后，可以根据实际需要，采取以下方式开展合规审查。

（1）书面审查。

（2）要求起草部门或其他相关部门、单位说明情况。

（3）征求有关方面的意见。

（4）组织法律顾问、有关专家学者进行论证。

（5）组织有关部门或单位集体会商。

（6）其他方式。

第十四条【出具意见书】 合规审查组织在接到送审材料后，应及时开展合规审查，并与法务部充分沟通、分析研判，原则上应在7个工作日内向送审部门提交合规审查意见书。合规审查意见书应当载明下列内容：

（1）审查的制度与文件送审稿名称。

（2）制度与文件送审稿内容是否合规的明确判断和理由。

（3）修改的意见和建议。

第十五条【修改完善】 制度与文件起草部门应认真研究合规审查意见书，合理吸纳审查意见。有不同意见的，应与合规审查组织沟通研究，形成统一意见。

第四章 合规审查标准

第十六条【制度审查标准】 送审制度的，应符合以下标准：

（1）相关职能部门已对制度进行了论证、研究及审查。

（2）制度内容与领导批示或相关会议纪要的要求一致。

（3）对起草目的、适用范围、具体规范和施行日期等做出明确规定。

（4）制度条理清楚、结构严谨、用词准确、文字简明、标点符号正确。

（5）对取代现行制度或对现行制度做出部分修订的，应在草案中明确注明。

（6）如有征求意见的，附上相关意见及意见采纳情况。

第十七条【文件审查标准】 送审文件，应符合以下标准：

（1）相关职能部门已对文件进行了充分论证、研究及审查。

（2）文件所承载的内容已经谈判确定，并已全面、真实地反映在文件中。

（3）文件各方当事人均未在文件上有效签章。

（4）文件约定的内容尚未实际履行。

（5）文件内容逻辑清晰、条款齐备、文字表述准确。

（6）文件是外文文本的附有相对应的中文文本，并明确以中文文本为准。

第五章 附则

第十八条【解释权】 本办法由董事会负责解释。

第十九条【生效日期】 本办法自发布之日起生效。

21.1.2 制度制定与颁布管理办法

制度是企业管理的核心，能够为企业管理提供有效的参考，并有效地指导和调整企业的经营活动。此外，完善的企业规章制度也可以有效地保护企业的利益，预防和减少企业的经营风险，促进企业的可持续发展。以下是制度制定与颁布管理办法，仅供参考。

制度制定与颁布管理办法

第一章 总则

第一条【目的】 为促进企业制定与颁布工作规范化、程序化，提高建章立制的质量，特制定本办法。

第二条【适用范围】 本办法适用于企业各部门及子企业（包括全资子企业、控股子企业和虽不控股但拥有实际控制权的企业）制度的制定与颁布管理。

第三条【相关概念】 本办法所称的制度，是指企业针对生产、经营、技术、管理等活动所制定的管理规范的总称。

第四条【基本原则】 制定制度时，应遵循以下原则：

（1）全面性。全面性既包括制度范围的全面性，也包含制度本身的全面性。

（2）准确性。制度用语应当准确、简洁，条文内容应当明确、具体。

（3）可操作性。具有操作的相关流程，明确相关工作的负责部门和责任人。

（4）实际性。高标准切合企业经营管理的实际。

（5）稳定性。能在一定时间和一定范围内适用。

（6）服务性。制度本身应体现为企业发展服务的需求。

第二章 职责分工

第五条【董事会职责】 董事会负责制度的审批、颁布、修订和废止。

第六条【行政部职责】 行政部是制度制定与颁布的归口管理部门，履行以下职责：

（1）负责制度体系的编制工作。

（2）负责组织拟定制度制定的年度计划。

（3）根据规划督促、检查、协助各部门起草制度草案。

（4）起草企业综合性制度。

（5）负责制度草案规范性的审核。

（6）组织制度草案论证、修改、定稿、报送、审批等工作。

（7）收集制度执行中存在的问题，提出完善、修改和废止有关制度的建议。

第三章 制度的起草

第七条【起草步骤】 制度的起草，应按下列步骤进行：

（1）收集资料，掌握有关法律法规以及企业的相关规定。

（2）调查研究，提出解决问题的办法、措施。

（3）撰写制度草案。

（4）将制度草案发至集团相关单位征求意见。

（5）汇总意见，修改草案。

第八条【起草内容】 制度一般应包括下列内容：

（1）目的。清晰、简洁地说明本制度控制的活动和内容。

（2）适用范围。明确制度所涉及的有关部门（单位）、人员、事项和活动。

（3）职责。规定实施本制度的部门（单位）或人员的职责和权限。

（4）制度规范的内容、要求与程序，对相应经济活动的约束与要求。

（5）相应活动、事项的详细流程，附上相关的工作流程图。

（6）支持性文件和相关记录、图表，包括与本制度相关的支持性文件、规定，各种应保留的相关记录、表格、单据等。

第九条【制度结构】 制度篇章应根据内容多少分为章、条、款、项、目结构表达，内容简单的也可直接以条的方式表达。章、条的序号用中文数字依次表述。款不编序号，项的序号用中文数字加括号依次表述。目的序号用阿拉伯数字依次表述。

第四章 征求意见

第十条【征求相关人员意见】 制度草案完成后应送相应职能部门、基层企业和员工代表征求意见。

第十一条【意见存档】 被征求意见的部门和人员应认真研读制度草案，并对制度草案进行修改。征求意见的部门应将各部门的修改意见存档备查。

第十二条【提交审核】 制度起草部门在采纳多方意见，修改、完善制度草案后，报部门主管和总经理审核。

第十三条【制度审查】 制度草案经部门主管、总经理审核后，起草部门填写"制度审核表"，经承办部门负责人签字后，将制度草案及"制度审核表"送审查组进行审查。

第五章 制度的颁布

第十四条【提交审批】 经审查符合要求的，由行政部审核后，报企业总经理审批。

第十五条【制度的编写、印刷、颁布】 以企业名义下发的制度，由行政部负责编号、印刷、颁布；以企业职能部门名义下发的制度，由主管部门编写、印刷、颁布。

第十六条【制度试行】 首次颁布的制度为试行文件。试行期为一年，试行期后经修订的文件为正式文件，正式文件根据需要每2年修改1次。

第十七条【制度备案】 制度发布后5日内，主管部门应送企业档案室备案。

第六章 制度的施行、修订、修改和废止

第十八条【制度施行】 制度一经颁布生效后，企业各级人员必须严格遵守。

第十九条【制度修订】 为加强对制度的动态管理，在制度实施过程中，制度制定部门每年向各相关部门征求制度执行意见，搜集制度执行过程中存在的问题，以便适时修订。

第二十条【制度修订和废止】 制度的修订和废止应由制度的制定部门提出，经行政部审核通过后，报董事会审定。

第七章 附则

第二十一条【解释权】 本办法由总经办负责解释。

第二十二条【生效日期】 本办法自发布之日起生效。

21.2 经营决策环节

21.2.1 经营决策管理制度

经营决策管理制度可以帮助企业合理确定企业的经营形式和管理体制，设置管理机构，配备管理人员，对企业实现稳定的可持续发展有重要意义。以下是经营决策管理制度，仅供参考。

经营决策管理制度

第一章 总则

第一条【目的】 为规范企业经营决策管理，提升经营决策的合理性和科学性，明确相关人员决策权限和职责，成立有效的风险防范和控制体制，保障各项业务的顺利展开，依照《中华人民共和国公司法》《企业章程》以及有关法律法规的规定，结合企业的业务特色，特制定本制度。

第二条【适用范围】 本制度适用于企业经营决策事项的权限划分与决策程序的规定，有关法律、行政法规或股东大会决议另有规定或要求的除外。

第三条【相关概念】 本制度所称经营决策事项，主要包括下列类型：

（1）研究与开发新项目。

（2）购买或者出售资产。

（3）对外投资（含委托理财、对子公司的投资等）。

（4）提供财务资助（含有息或者无息借款、委托贷款等）。

（5）提供担保（含对控股子公司提供的担保等）。

（6）租入或者租出资产。

（7）委托或者受托管理资产和业务。

（8）赠与或者受赠资产。

（9）债权、债务重组。

（10）签订许可使用协议。

（11）转让或者受让研发项目。

（12）放弃权利（含放弃优先购买权、优先认缴出资权等）。

（13）××证券交易所认定的其他交易。

第四条【基本要求】 企业应严格遵守有关法律法规及《企业章程》的规定，在经营决策中，保障股东大会、董事会、董事长、经理层各自的权限均得到有效发挥，做到权责分明，保证企业运作效率。

第二章 经营决策权限划分

第五条【股东大会权限】 股东大会是企业经营的最高决策机构，主要决策下列事项：

（1）《企业章程》的制定与修改。

（2）企业业务战略的制定，决定企业的经营方针和投资计划。

（3）决定企业的合并、分立、变更企业形式、解散，开设子公司。

（4）审议批准企业的利润分配方案和亏损弥补方案。

（5）审议批准企业的年度财务预算方案、决算方案。

（6）审议批准企业增资、减资方案。

（7）决定企业产权或股权的变动、转让、划拨。

（8）决定企业重大资产处置、对外投资决策。

（9）决定企业贷款、借款、担保、抵押事项。

（10）选举和改换董事、监事。

（11）需由股东大会决定的其他事项。

第六条【董事会权限】 董事会是企业重大经营事项的决策机构（拥有在权限范围内的决策权。必要时，需提请企业股东大会决策），主要决策下列事项：

（1）决定企业的经营计划和投资方案。

（2）制定企业的年度财务预算方案、决算方案。

（3）制定企业的利润分配方案和亏损弥补方案。

（4）制定企业增加或者减少注册资本的方案。

（5）拟订企业合并、分立、变更企业形式、解散的方案。

（6）决定企业内部管理机构的设置。

（7）决定聘用或解聘企业经理、副经理、财务负责人及其酬劳事项。

（8）对违反法律及《企业章程》或股东决策的董事，高管提出免除建议。

（9）需由董事会决定的其他事项。

第七条【总经理权限】 总经理负责主持企业平时经营管理工作，主要决策下列事项：

（1）全面组织实行董事会的有关决策和规定。

（2）达成董事会下达的各项指标，并向董事会报告执行状况。

（3）主持企业平时各项经营管理工作。

（4）拟订年度经营计划（应于每年一月份制订企业年度经营计划，报董事会审查同意）。

（5）依据市场变化，调整企业的经营方向，使企业连续健康发展。

（6）负责企业组织构造的调整。

第三章 经营决策程序

第八条【决策前信息征集】 决策经营事项前，主办人员、部门经理及决策层应组织对有关事项的必需性、可行性、成效、有关法律等状况信息进行采集、论证，为决策层提出客观、公正的决策建议。

第九条【决策记录】 重要事项可经过部门经理层级会议征采建议，在决策过程中应充分听取各方建议，如非一致经过，则应以无记名投票的形式表决，决策过程、投票结果、保存建议等必须记录在案。

第十条【决策会议】 凡涉及重要事项决策的会议，需参会人员应全部到会，特别状况可四分之三以上到会。

第十一条【决策建议】 决策事项经会议研究同意后，决策人员要签署书面详细建议，并明确决策责任和包办责任。履行部门应依据建议及时编制履行计划并履行。

第十二条【财务监察】 涉及资金进出的事项，履行部门应向财务部提交齐备的资料，由财务部按有关文件及批文完善所需手续后按计划拨款，并监察资金使用状况。

第十三条【履行检查】 决策履行后，主管领导和主管部门要持续对此工作进行检查。决策履行人员应按期将运行状况、成效、存在的问题以书面形式向上报告，以便实时调整，保证获得优秀成效。

第四章 决策责任、纪律

第十四条【禁止行为】 为防止决策失误，给企业造成重大损失，禁止以下行为。

（1）违反决策制度，由个人或少数人决定重要事项。

（2）私自改变集体作出的重要决策。

（3）作出与法律法规、规章制度相悖的决定。

第十五条【决策记录】 所有决策过程都须由专人记录，重要决策的参加人员须署名出席。

第十六条【经营责任】 决策者肩负决策责任，运行中责任由具体包办者负责。

第五章 附则

第十七条【解释权】 本制度由股东大会负责解释。

第十八条【生效日期】 本制度自颁布之日起生效。

21.2.2 决策事项合规论证制度

企业通过决策事项合规论证工作，可以防范企业合规风险，维护企业合法权益，有助于降低企业营运风险，提高经营管理水平，保障企业持续、长久、健康发展。以下是决策事项合规论证制度，仅供参考。

决策事项合规论证制度

第一章 总则

第一条【目的】 为进一步提高企业经营决策的质量，促进决策的科学化、民主化和制度化，规范企业经营决策合规论证过程，特制定本制度。

第二条【适用范围】 本制度适用于企业总部及下属各单位经营决策事项的合规论证工作（具体的经营决策事项参照"经营决策管理制度"），控股企业参照执行。

第三条【相关概念】 决策事项合规论证是指按照规定应当由股东大会、

董事会集体决策，由总法律顾问、合规归口管理部按照职责进行审核，并出具决策事项合规性审核意见的过程。

第二章 职责分工

第四条【合规管理部职责】 合规管理部是决策事项合规论证的归口管理部门，履行下列职责：

（1）参与决策，按要求牵头组织决策合规论证工作。

（2）组织开展对决策事项涉法内容的讨论研究。

（3）根据工作安排，签署合规意见。

（4）按照要求列席决策会议，发表合规意见。

（5）负责决策事项合规论证过程中的其他工作。

第五条【法务部职责】 企业法务部在决策事项合规论证中，履行以下职责：

（1）具体组织、落实决策合规审核工作。

（2）参加决策事项涉法内容的讨论研究。

（3）按照要求列席或参加决策会议。

（4）在决策实施过程中提供法律咨询和法律保障。

（5）对第三方中介机构提出的合规意见书进行复核。

（6）对下级单位决策事项合规论证工作进行管理和指导。

（7）履行与决策事项合规论证相关的其他工作。

第六条【承办部门职责】 企业各级单位提出并承办决策事项的部门（以下简称"承办部门"）在决策事项合规论证中，履行以下职责：

（1）对决策事项议题材料的完备性、规范性和程序合规性进行核对。

（2）对属于本制度规定的决策事项，提交合规管理部开展合规论证。

（3）向合规管理部提供决策事项背景、依据和有关信息，并保证提供信息的真实、准确和完整。

（4）落实决策事项合规论证意见，并反馈落实情况。

（5）履行与决策事项合规论证相关的其他工作。

第七条【审计部职责】 审计部在决策事项合规论证中，履行以下职责：

（1）将"决策事项合规论证制度"执行、落地情况纳入管理层责任制考核。

（2）对决策事项合规论证工作进行审计监督评价和巡视监督检查。

（3）履行与其业务相关的其他职责。

第三章 决策事项合规论证标准

第八条【主体标准】 作出决策事项的主体的资格是否符合法律法规和企业内部规章要求。根据现行"经营决策管理制度",有权进行决策的主体应为股东大会、董事会以及总经理。

第九条【权限标准】 作出决策时,是否有符合企业内部控制的决策权限、是否超越该决策权限,包括层级、职责、范围等方面。

第十条【程序标准】 决策事项的提出程序是否合法合规,决策之前是否经过专业法律论证,专业法律论证发现的不合规事项是否已整改。

第十一条【内容标准】 决策事项的合法合规性、法律可行性、风险可控性。

第十二条【依据标准】 决策事项是否遵守合法、有效的法律法规、企业内部规章制度,适用依据是否正确、合理。

第四章 决策事项合规论证规程

第十三条【论证时间】 凡属规定的经营决策事项(紧急、特殊情况除外),应于集体决策前20天,由相关人员进行合规论证。

第十四条【论证资料】 企业在进行决策事项合规论证时,承办部门需提供下列资料:

(1)关于决策事项的基本情况。

(2)与决策事项有关的法律法规、规章和政策依据。

(3)决策事项的施行方案、可行性说明以及其他类似案例。

(4)进行决策事项合规论证需要的其他资料。

第十五条【论证形式】 企业在进行决策事项合规论证时,可采取下列形式:

(1)书面论证。以书面形式对决策事项进行合规论证,并提出合规论证意见的一种论证方式。合规部对待审材料进行书面论证后,提出书面合规论证意见。

(2)会议论证。企业的总法律顾问(首席合规官)或经总法律顾问(首席合规官)授权的合规管理负责人,通过组织召开合规论证专项会议或参加相关会议的方式,对会议上讨论研究的决策事项发表合规论证意见,并将合规论证意见记载于会议记录或会议纪要。

(3)联合论证。对决策事项进行合规论证时,根据具体情况还可以委托外部中介机构,采用专家论证、专家研讨会、征询董事会专业委员会咨询意见等辅助形式开展合规论证。

第十六条【结果处理】 决策事项经合规论证后,按照以下情形办理。

(1)不存在合规性问题的,提请股东大会或董事会进入送审签批程序。

(2)相关内容存在合规问题,修改建议与承办部门取得一致意见的,由承办部门修改完善后提请股东大会或董事会等审议,或者进入送审签批程序。

(3)相关内容存在合规问题,且修改建议与承办部门未能达成一致意见的,或者存在其他复杂疑难问题未能解决的,报请股东大会或董事会同意,暂缓提请会议审议或者进入送审签批程序,退承办部门修改完善后按程序重新报送。

第五章 决策事项合规论证意见

第十七条【论证意见形成】 对决策事项进行合规论证后,要形成书面论证意见,明确说明合规、修改、反对的理由、依据,报合规管理部制办并备案存档。

第十八条【论证意见应用】 对决策事项的合规论证意见形成后,应用于以下方面:

(1)重大事项决策依据。在企业"三重一大"相关制度中,将合法合规性论证意见直接明确表述为企业股东大会、企业董事会和企业职工代表大会决策的"依据",提交会议。

(2)筛选会议议题。承办人员要高度重视合规人员的审查论证意见,对认定为违法的事项,不能列入决策的会议议题。

第六章 附则

第十九条【其他说明】 合规论证意见是决策的重要依据,只供内部使用,有关单位或者个人不得对外公开。

第二十条【解释权】 本制度由股东大会负责解释。

第二十一条【生效日期】 本制度自发布之日起生效。

21.3 生产运营环节

21.3.1 合规生产管理制度

合规生产是企业发展的重要保障,企业需要在生产经营中贯彻这一重要理念,建立合规生产管理制度,明确生产合规管理的主管部门,确定生产合规性管理程序和要求,保障企业安全生产和产品质量的合规性。以下是合规生产管理制度，仅供参考。

合规生产管理制度

第一章 总则

第一条【目的】 为有效防范生产过程中的合规风险，保证生产管理人员履行合规生产义务，防止和减少生产安全事故，依据《中华人民共和国安全生产法》，结合企业实际情况，特制定本制度。

第二条【适用范围】 本制度适用于企业全体生产人员、生产管理员和与生产相关的其他人员。

第二章 职责分工

第三条【生产管理部】 生产管理部在合规生产管理中，履行以下职责：

（1）负责制订生产计划，并监督相关人员严格执行生产计划。

（2）负责合规生产、环境保护的指挥、部署、监督和控制。

（3）负责协调重大危险应急措施的实施。

（4）负责生产现场危险源的辨别工作。

（5）负责记录生产过程。

第四条【质量管理部】 质量管理部在合规生产管理中，履行以下职责：

（1）建立健全质量管理体系；完善并制订明确的质量管理目标。

（2）制定进料、加工品、成品检验标准并落实。

（3）对产品、原材料、加工品等规格及作业标准，提出改善意见或建议。

（4）随时掌握生产过程中的质量状态，协调各部门之间的沟通与合作，及时解决生产中出现的问题。

第五条【环境管理部】 环境管理部在合规生产管理中，履行以下职责：

（1）负责制订环保工作年度计划，确保环境保护设施的正常运行及污染事故的处理工作。

（2）负责企业环境保护监督和管理工作，组织技术培训，推广环境保护先进技术，并及时上报有关环保报表。

第六条【合规管理部】 合规管理部负责贯彻执行企业的安全生产管理规章制度，及时纠正生产中的违规违章操作行为、安全事故隐患。

第三章 生产过程监控及预警

第七条【重要环节监控】 企业应当对生产过程中的重要环节、关键工序以及关键设备进行监控，查看工序状态、所用工时、物料消耗情况、不良品率等，预测生产过程中的问题，并采取必要的预防措施。

第八条【生产过程预警】 生产管理部应建立生产过程预警体系，进行安全生产风险分级，依据危险源辨识、风险评价和控制程序等，识别危险源，并及时发布预警，确定处理方式。

第九条【生产过程记录】 生产管理部应建立生产记录制度，对生产过程中的各项数据进行记录和保存，以备查验。

第四章 安全生产

第十条【安全生产责任制】 生产管理部应建立安全生产责任制，明确安全生产的主体和责任，加强安全教育和培训，提高员工安全意识。

第十一条【安全生产条件】 生产管理部应对生产场所、生产设备、生产用具等进行检查和维护，确保安全生产的条件。

第十二条【安全事故应急预案】 生产管理部应建立安全事故应急预案，并定期进行演练，以提高企业应急处置的能力。

第十三条【安全生产记录】 生产管理部应建立安全生产记录制度，对安全生产工作进行记录和保存。

第五章 产品质量管理

第十四条【质量标准与规范】 质量管理部应采用科学的质量管理方法进行生产，严格执行质量标准和规范，确保产品质量合规。

第十五条【产品质量追溯】 质量管理部应建立产品质量追溯制度，对产品的原材料、生产过程、质量检验等进行记录和保存，以备查验。

第十六条【客户投诉处理】 质量管理部应建立客户投诉处理机制，对客户投诉进行认真核实和处理，以解决客户问题，提高客户满意度。

第六章 环境保护

第十七条【环境保护要求】 为保证合规生产，环境管理部应遵循以下环境保护要求。

（1）执行《中华人民共和国大气污染防治法》，严格限制向大气排放有毒有害废气和粉尘，确需排放的，必须经过净化处理，不得超过规定标准排放。

（2）执行《中华人民共和国水污染防治法》，加强污水治理，减少污水排放量。坚持做好生产废水闭路循环和生产废水综合处理工作。

（3）执行《中华人民共和国噪声污染防治条例》，控制噪声污染。

第十八条【环境保护设施】 环境保护设施由专人管理,按其操作规程进行操作,并做好运维记录,使用环境保护设施如发现有问题要及时填写"环境保护设施停运报告"并上报环保组。

第十九条【环境监测】 环保管理部人员应定期进行大气环境、水环境及噪声环境监测,做好记录,并将监测结果定期报送上级主管部门。

<h3 style="text-align:center">第七章 奖励与处罚</h3>

第二十条【违规行为报告】 企业应当依法依规生产,如发现违法违规行为,应当及时报告相关部门,并积极配合处理。

第二十一条【奖励】 企业将对以下人员予以奖励。

(1)认真执行国家安全生产、质量管理及环境保护法律法规、方针、政策,在安全生产、质量管理及环境管理宣传教育工作中成绩显著者。

(2)在防止安全事故、质量事故及污染事故或对污染事故及时报告的有功人员。

第二十二条【处罚】 企业将对以下人员予以处罚。

(1)违反安全生产规程,造成安全事故,给企业造成影响的。

(2)由于自身管理不善造成污染事故,被上级主管部门处罚的。

<h3 style="text-align:center">第八章 附则</h3>

第二十三条【其他说明】 本制度是企业合规生产管理的依据,是合规生产的最高准则。

第二十四条【解释权】 本制度由生产管理部负责解释。

第二十五条【生效日期】 本制度自颁布之日起生效。

21.3.2 重点流程监督检查制度

企业重点流程监督检查制度是企业风险管理的重要组成部分,通过对关键流程的严格把控有助于提高企业效率,优化企业运作,为客户提供更好的服务,维护企业利益,提升企业形象,对于企业的持续发展具有重要意义。以下是重点流程监督检查制度,仅供参考。

<h3 style="text-align:center">重点流程监督检查制度</h3>

<h3 style="text-align:center">第一章 总则</h3>

第一条【目的】 为了加强对企业重点流程的监督管理,规范企业运营行为,

保障企业合法合规经营，特制定本制度。

第二条【适用范围】 本制度适用于对企业内部所有重点流程的监督检查。

第三条【基本原则】 监督检查工作应坚持实事求是、突出重点、注重实效的工作原则，全面、准确、客观地反映有关重点流程的执行情况。

第四条【相关概念】 企业重点流程包括但不限于以下内容：

（1）人事管理流程。招聘、录用、培训、晋升、调动、离职等。

（2）财务管理流程。预算编制、资金管理、会计核算、财务报表等。

（3）采购管理流程。采购计划、采购审批、供应商管理、采购合同管理等。

（4）销售管理流程。销售计划、销售合同管理、客户管理、售后服务等。

（5）生产管理流程。生产计划、生产调度、生产过程控制、质量管理等。

（6）安全管理流程。安全生产管理、环境保护管理、职业健康管理等。

第二章 监督检查机构与职责分工

第五条【合规管理部】 合规管理部在重点流程监督检查中，履行以下职责：

（1）制定重点流程监督检查工作的有关规定和计划，并实施监督，做好监督记录。

（2）识别重点流程工作中的不符合问题。

（3）督促不符合事项的整改、纠正和预防工作，做好相关的过程记录。

（4）制止违反操作规程，影响检查结果真实性、有效性、正确性的操作活动。

第六条【重点流程执行部门】 重点流程执行部门在重点流程监督检查中，履行以下职责：

（1）各部门应指定专人负责重点流程执行情况的信息反馈工作。

（2）协助做好监督检查事项的对接工作。

第三章 监督检查要点

第七条【检查时间和频率】 每个重点流程至少每季度进行一次检查，按照工作轮班进行检查，确保监督检查的全面性。

第八条【检查通知】 合规管理部应提前通知相关单位，确保相关人员可以提供必要的流程、数据和其他相关材料。

第九条【检查范围】 检查范围应当涵盖所有重要的流程，尤其是与客户服务相关的流程应进行重点监督。

第十条【检查人员】 检查人员应该具备丰富的业务知识和经验，能够全面、准确地检查企业的流程和数据。

第十一条【检查报告】 合规管理部应拟写完整的检查报告和建议改进措施。

第四章 监督检查内容

第十二条【流程的执行情况】 对重点流程的执行情况进行检查和评估,包括流程的标准化、规范化,流程的执行人员,流程的执行时间等。

第十三条【流程的标准高效】 检查重点流程是否完整、规范、适用、可操作性强等,明确各个流程的环节,保证业务处理的高效性。

第十四条【流程的风险】 对流程的风险进行检查和评估,包括流程的风险点、流程的风险程度等。

第十五条【业务数据规范】 检查业务数据上传、存储、使用等方面,对各种数据进行监督和检查,确保业务数据的完整、准确和规范。

第五章 监督检查程序

第十六条【制订监督检查计划】 合规管理部根据企业内部流程的重要性和风险程度,制订监督检查计划。

第十七条【组织监督检查】 由专门的监督检查小组进行监督检查,对流程的执行情况进行检查和评估。

第十八条【整理监督检查结果】 监督检查小组如发现流程不符合标准,应及时向相关部门、领导汇报,并制定整改措施和监察计划。

第十九条【整改措施的落实】 监督检查小组对整改措施进行跟踪和监督,确保整改措施的落实。

第六章 附则

第二十条【其他说明】 本制度是企业合规生产管理的依据,是合规生产的最高准则。

第二十一条【解释权】 本制度由生产管理部负责解释。

第二十二条【生效日期】 本制度自颁布之日起生效。

第22章

企业合规——重点人员

22.1 管理人员

22.1.1 合规管理职责制度

合规管理职责是企业要求其员工遵守有关法律法规和企业内部规章制度，以保护企业利益，避免可能发生的合规风险。企业合规管理人员在合规管理方面肩负着巨大的责任，必须履行应尽职责，确保企业可持续发展。以下是合规管理职责制度，仅供参考。

合规管理职责制度

第一章 总则

第一条【目的】 为促使企业合规管理人员了解合规相关法律法规，明确合规管理相关主体职责，确保企业行为合规，特制定本制度。

第二条【适用范围】 本制度适用于企业管理人员合规职责的明确。

第三条【基本原则】 企业合规管理职责的履行应当遵循以下原则：

（1）强化责任。加强合规管理，建立全员合规责任制，明确管理人员和各岗位员工的合规责任并督促有效落实。

（2）协同联动。推动合规管理与法律风险防范、监察、审计、内控、风险管理等工作相统筹、相衔接，确保合规管理体系有效运行。

（3）客观独立。合规管理牵头部门独立履行职责，不受其他部门和人员的干涉。

第二章 合规治理结构

第四条【治理结构】 结合企业发展需要建立权责清晰的合规治理结构，在决策、管理、执行三个层级上划分相应的合规管理责任。

第五条【决策层】 企业决策层应以保证企业合规经营为目的，通过原则性顶层设计，解决合规管理工作中的权力配置问题。

第六条【高级管理层】 企业高级管理层应分配充足的资源建立、实施、评价、维护和改进合规管理体系。

第七条【执行部门】 各执行部门及分支机构应及时识别归口管理领域的合规要求，改进合规管理措施，执行合规管理制度和程序，收集合规风险信息，落实相关工作要求。

第三章 合规管理机构

第八条【合规管理机构】 根据业务性质、地域范围、监管要求等设置相应的合规管理机构。合规管理机构由合规委员会、合规负责人和合规管理部组成。

第九条【合规委员会】 企业结合实际设立合规委员会，作为企业合规管理体系的最高负责机构。合规委员会一般应履行以下合规职责：

（1）确认合规管理战略，明确合规管理目标。

（2）建立和完善企业合规管理体系，审批合规管理制度、程序和重大合规风险管理方案。

（3）听取合规管理工作汇报，指导、监督、评价合规管理工作。

第十条【合规负责人】 企业结合实际，任命专职的首席合规官，也可由法律事务负责人或风险防控负责人等担任合规负责人。首席合规官或合规负责人是企业合规管理工作具体实施的负责人和日常监督者，不应分管与合规管理相冲突的部门。首席合规官或合规负责人一般应履行以下合规职责：

（1）贯彻执行企业决策层对合规管理工作的各项要求，全面负责企业的合规管理工作。

（2）协调合规管理与企业各项业务之间的关系，监督合规管理执行情况，及时解决合规管理中出现的重大问题。

（3）领导合规管理部，加强合规管理队伍建设，做好人员的选聘、培养工作，监督合规管理部认真、有效地开展工作。

第十一条【合规管理部】 企业结合实际设置专职的合规管理部，或者由具有合规管理职能的相关部门承担合规管理职责。合规管理部一般应履行以下合规职责：

（1）持续关注我国及业务所涉国家（地区）法律法规、监管要求和国际规则的最新发展，及时提供合规建议。

（2）制定企业的合规管理制度和年度合规管理计划，并推动贯彻落实。

（3）审查、评价企业规章制度和业务流程的合规性，组织、协调和监督各业务部门对规章制度和业务流程进行梳理和修订。

（4）组织或协助业务部门、人力资源部开展合规培训，并向员工提供合规咨询。

（5）积极主动识别和评估与企业经营相关的合规风险，并监管与供应商、代理商、分销商、咨询顾问和承包商等第三方（以下简称"第三方"）相关的合规风险。

（6）为新产品和新业务的开发提供必要的合规性审查和测试，识别和评估新业务的拓展、新客户关系的建立以及客户关系发生重大变化等所产生的合规风险，并制定应对措施。

（7）实施充分且具有代表性的合规风险评估和测试，查找企业规章制度和业务流程中存在的缺陷，并进行相应的调查。对已发生的合规风险或合规测试发现的合规缺陷，应提出整改意见并监督有关部门进行整改。

（8）针对合规举报信息制定调查方案并展开调查。

（9）将合规责任纳入岗位职责和员工绩效管理流程。建立合规绩效指标，监控和衡量合规绩效，识别改进需求。

（10）建立合规报告和记录的台账，制定合规资料管理流程。

第四章 合规管理协同

第十二条【合规管理部与业务部门协同】 合规管理部应与业务部门密切配合。相关业务部门应主动进行日常合规管理工作，识别业务范围内的合规要求，制定并落实业务管理制度和风险防范措施，组织或配合合规管理部进行合规审查和风险评估，组织或监督违规调查及整改工作。

第十三条【合规管理部与其他监督部门协同】 合规管理部与其他具有合规管理职能的监督部门（如审计部、监察委员会等）应建立明确的合作和信息交流机制，加强协调配合，形成管理合力。企业应根据风险防控需要以及各监督部门的职责分工划分合规管理职责，确保各业务系统合规运营。

第十四条【企业与外部监管机构沟通协同】 企业应积极与境内外监管机构建立沟通渠道，了解监管机构期望的合规流程，制定符合监管机构要求的合规制度，降低在报告义务和行政处罚等方面的风险。

第十五条【企业与第三方沟通协同】 企业与第三方合作时，应做好相关的风险研究和项目尽职调查，深入了解第三方合规管理情况。企业应当向重要的第三方传达自身的合规要求并了解对方的合规要求，在商务合同中明确约定。

第五章 附则

第十六条【解释权】 本制度由合规委员会负责解释。

第十七条【生效日期】 本制度自发布之日起生效。

22.1.2 合规管理问责制度

企业管理人员对于任何一个企业的发展来说都起着决定性的作用，处于不同层次的企业管理人员又在企业发展过程中承担着不同的责任。所以，无论是企业的基层管理人员还是高层管理人员，都有着一定的决策权和执行权，而这些也是企业发展过程中不可或缺的中坚力量。

合规管理问责可以发现合规管理中是否存在问题与缺陷，对于强化内部监督制约与完善合规管理体系具有重要意义。以下是合规管理问责制度，仅供参考。

合规管理问责制度

第一章 总则

第一条【目的】 为促进企业持续稳定发展，增强企业各级管理机构、各级管理人员的责任意识，明确岗位责任，强化服务意识和提高管理能力，特制定本制度。

第二条【适用范围】 本制度适用于企业所有中高层管理人员，具体包括以下人员：

（1）高层管理人员。董事长、总裁。

（2）中层管理人员。分公司董事长、总经理、副总经理。

（3）各级经理。部门经理、部门副经理。

第三条【基本原则】 企业进行管理人员问责时应遵循实事求是、客观准确的基本原则，实行"谁主管、谁负责"的责任追究原则。

第二章 管理机构与职责分工

第四条【问责提出机构】 企业任何部门和个人均有提出问责的权利，将问责事由提请人力资源部／行政部受理。

第五条【问责决策机构】 组建问责小组进行问责决策，小组成员包括董事长、副董事长、总经理、合规管理部经理及人力资源部经理。由问责小组代表企业对问责对象出现的相关责任问题进行认定，并判定问责处罚方式。

第六条【问责执行机构】 人力资源部及行政部为问责执行机构，负责受理问责，调查、核实问责事项，提报调查结果，送达、执行问责决定，督办、改善跟踪等具体工作。

第三章 问责范围

第七条【问责范围】 管理人员有下列情形之一的,应实施问责。

(1) 利用职务便利,进行与个人利益相关的关联交易,损害企业利益而谋取个人利益的。

(2) 参与与企业构成同业竞争的经营活动,妨碍企业正常经营,造成企业整体利益受损的。

(3) 贯彻执行股东大会、董事会、监事会通过的企业规章制度以及决议不力,对企业造成影响的。

(4) 在用人上严重违反内控程序,群众反映强烈,或者用人失察、失误造成严重后果的。

(5) 在思想意识和对外宣传工作方面出现重大问题,造成严重不良影响的。

(6) 发生给国家、企业财产和人民群众生命财产造成重大损失或者严重不良影响的特大安全事故和重大案件的。

(7) 违反资本性支出管理规定,不严格执行大额度资金审批制度,在资金预算编制、使用控制过程中弄虚作假的。

(8) 挪用企业资金或将企业资金借贷给他人,或以企业信用、资产为他人提供担保,或未经批准,在经营中赊欠货款,给企业造成损失的。

(9) 违反决策程序,实施计划外项目,或任意扩大建设规模,或提高建设标准,造成项目超投资严重的。

(10) 对资金的使用不履行监督职责造成严重后果和恶劣影响的。

(11) 不认真履行监督管理职责,对下级报告、请示事项不签署具体意见,对内部管理中出现的问题放任不管,对下属的违法违纪行为不制止、不查处的。

(12) 向上级主管部门报告时,弄虚作假、隐瞒真相的。

(13) 对群众反映强烈并经查实的问题有条件处理而不及时处理的。

(14) 对群众反映的属职责范围内的问题不认真调查,故意拖延、隐瞒、不处理、不整改、不按规定追究责任人的责任或在处理中隐瞒真相、弄虚作假的。

(15) 泄露企业商业、技术等方面的相关保密事项,造成企业损失,给企业带来不良影响的。

(16) 其他违反国家法律法规和企业管理制度规定的行为。

第四章 问责措施及要求

第八条【影响较小】 情节轻微,损害和影响较小的,对责任人采用诫勉谈话、责令作出书面检查及经济处罚的方式问责。

第九条【影响较大】 情节严重,损害和影响较大的,对责任人采用通报批评、警告、记过、记大过、降职、降薪及经济处罚的方式问责。

第十条【影响重大】 情节严重,损害和影响重大的,对责任人采用免职、解除劳动关系、辞退、开除的方式问责。

第十一条【其他要求】 本制度与绩效考核挂钩,责任人员应承担的责任经评估后由问责小组认定。

第五章 问责程序

第十二条【问责处理】 企业定期、不定期召开会议,由高管就各自工作作汇报,根据实际情况,对存在的问题与工作失误,集体讨论补救措施与应对策略,假设出现了本制度第七条范围内的问责情形之一,应当对其进行问责,并由董事会作出处理决定。

第十三条【问责申诉】 被问责人对问责决定不服的,可以向问责小组提出书面申诉书,问责小组以书面意见回复。

第六章 附则

第十四条【其他说明】 本制度未尽事宜,参见企业"违规问责制度"(详见24.2.2)。

第十五条【解释权】 本制度由合规管理部负责解释。

第十六条【生效日期】 本制度自颁布之日起生效。

22.2 重要风险岗位人员

22.2.1 重要风险岗位人员培训制度

为了确保企业的安全和稳定运营,对重要风险岗位人员的培训是至关重要的。通过制定一份完善的培训制度,可以提高员工的风险意识和应对能力,从而确保企业的安全和稳定运营。以下是重要风险岗位人员培训制度,仅供参考。

重要风险岗位人员培训制度

第一章 总则

第一条【目的】 为使重要风险岗位人员掌握企业风险评估的知识与原理,具备风险评估的能力。使相关人员掌握岗位存在的风险,以避免工作中受到伤害，制定本制度。

第二条【适用范围】 本制度适用于根据合规风险评估情况界定的重要风险岗位人员的培训工作。

第三条【基本原则】 对重要风险岗位人员进行培训时，应遵循以下原则：

（1）针对性原则。对重要风险岗位人员，有针对性地加大培训力度，使重要风险岗位人员熟悉并严格遵守业务涉及的各项规定。

（2）有效性原则。培训应符合法律法规和监管部门的规章，培训内容的制定应结合企业实际情况，保证实用性及有效性。

（3）适时性原则。应随着法律法规、政策制度的变化，企业经营战略、经营方针、风险管理理念等内外部环境的改变，以及企业业务的发展，及时对培训相关内容进行相应修改和完善。

第四条【相关概念】 本制度所称重要风险岗位人员包括但不限于以下人员：

（1）合规管理岗位。合规总监、合规经理、合规主管等。

（2）财务管理岗位。财务总监、财务经理、会计主管等。

（3）采购管理岗位。采购总监、采购经理、采购主管等。

（4）销售管理岗位。销售总监、销售经理、销售主管等。

（5）生产管理岗位。生产总监、生产经理、生产主管等。

（6）安全管理岗位。安全总监、环保经理、职业健康主管等。

第二章 职责分工

第五条【人力资源部】 人力资源部在重要风险岗位人员培训中，履行下列职责：

（1）拟定重要风险岗位人员培训制度、重要风险岗位人员培训计划。

（2）编制重要风险岗位人员培训预算。

（3）协助风险管理部做好重要风险岗位人员培训实施与效果评估工作。

第六条【风险管理部】 风险管理部在重要风险岗位人员培训中，履行下列职责：

（1）设置重要风险岗位人员培训课程。

（2）审定培训大纲、教材、考题。

（3）做好重要风险岗位人员培训实施与效果评估工作。

第三章 培训人员与内容

第七条【风险管理培训】 在重要风险岗位人员风险管理培训中，应包括风险识别、风险分析、风险应对、风险监督等内容。

第八条【合规管理培训】 使重要风险岗位人员了解企业业务、财务、采购、销售、安全等方面的合规要求，掌握业务操作中的合规风险。

第九条【财务管理培训】 对财务管理政策和流程进行介绍，以及对财务风险的应对措施进行培训。此外，还应该对相关人员的财务管理意识进行培训，使其了解如何预防和应对财务风险。

第十条【安全管理培训】 对安全管理政策和流程的介绍，以及对安全事件的应对措施的培训。此外，还应该对相关人员的安全意识进行培训，让其了解如何预防和应对安全事件。

第四章 培训组织与实施

第十一条【培训时间】 对重要风险岗位人员的培训分为企业培训和部门培训两个阶段，企业培训每年度进行，培训为期7~10天；部门培训每季度进行，培训为期3~5天。

第十二条【培训师资】 对重要风险岗位人员的部门培训由企业内部讲师担任，企业培训由企业管理层指定的讲师担任。

第十三条【培训方式】 对重要风险岗位人员的培训，采用以下2种方式。

（1）理论知识主要采取集中授课、普通讲座的方式进行。

（2）专业技能培训采取实操培训方式，安排相关人员进行实际操作和练习。

第十四条【培训纪律】 培训期间，受训人员应遵循以下纪律：

（1）受训人员在培训期间不得随意请假，如有特殊原因须填写请假单，经上级领导审批通过后提交至人力资源部审批，人力资源部审批通过后方可请假。

（2）课堂纪律。受训员工在上课前进行签到，上课期间应将手机调到静音或振动状态，不得吸烟，不得迟到、早退等，受训人员如有特殊情况需中途离场，须经培训讲师或培训组织者批准后方可离场。

第五章 培训考核及效果评估

第十五条【培训考核】 对重要风险岗位人员的培训结果进行考核可采用以下2种方式。

（1）书面考核。脱岗培训以书面考核为主，考核试题由各位培训师提供，风险管理部统一印制考卷。

（2）应用考核。在岗培训以应用考核为主，通过观察、测试等手段考察受训员工对培训知识或技巧的应用能力、解决问题的能力、承担责任的能力等，由员工所在部门的领导、同事及培训部共同鉴定。

（3）书面考核和应用考核各占考核总成绩的____%。

第十六条【培训效果评估】 风险管理部通过问卷调查法、座谈法、访谈法等方法了解员工培训效果的相关情况，并作为培训工作后续改进的参考依据，以进一步提高岗前培训的成效。

第六章 附则

第十七条【解释权】 本制度由人力资源部负责解释。

第十八条【生效日期】 本制度自颁布之日起生效。

22.2.2 重要风险岗位人员监督问责制度

重要风险岗位人员企业风险管理的重要组成部分，对重要风险岗位人员进行监督问责，确保其行为符合法律法规和企业规定，对保障企业的安全生产、稳健运营有重要意义。以下是重要风险岗位人员监督问责制度，仅供参考。

重要风险岗位人员监督问责制度

第一章 总则

第一条【目的】 为了加强企业重要风险岗位人员的监督管理，规范企业运营行为，保障企业合法合规经营，特制定本制度。

第二条【适用范围】 本制度适用于企业内部所有重要风险岗位人员的监督问责。

第三条【相关概念】 重要风险岗位人员范围详见本书 22.2.1。

第四条【基本原则】 重要风险岗位人员监督问责工作应遵循以下原则：

（1）日常监督与定期考评、组织监督与群众监督、自我监督与专门监督相结合原则。

（2）教育与惩戒相结合的原则。不以惩处为目的，在惩处的同时，要加强对违规违纪人员的教育，增强其法律法规知识和合规经营意识。屡查屡犯，屡教不改的，责令下岗学习，直至测试合格。

第二章 监督问责机制与部门职责

第五条【监督问责机制】 对重要风险岗位人员实行监督问责时要坚持"统一领导、分级落实、各负其责、整体推进、有错必纠"的工作机制。

第六条【合规管理部】 合规管理部在重要风险岗位人员监督问责中，履行以下职责：

（1）主要负责重要风险岗位人员的监督问责工作，确保重要风险岗位人员工作符合法律法规、政策和指导方针的要求。

（2）负责做好上级管理部门交办的问责事项，接受上级合规管理机构的检查和督导。

第七条【审计部】 审计部在重要风险岗位人员监督问责中，履行以下职责：

（1）组织对重要风险岗位人员进行审计，独立或协同完成审计工作任务并撰写审计报告，编制、归类、整理审计资料。

（2）参与制订重要风险岗位人员审计工作计划和审计实施方案。

（3）客观、公正、准确地实施各项审计程序。

（4）对审计项目进行后续整改跟踪。

第三章 监督问责内容

第八条【合法合规情况】 重点监督相关人员遵守和执行《中华人民共和国公司法》《企业章程》及其他合规规定的情况，有无利用职务便利谋取不正当利益等问题。

第九条【重大事项执行情况】 重点监督重大决策、干部任免、重大项目安排、大额采购和大额度资金使用有无违反决策程序、采购程序、个人独断专行等问题。

第十条【财务纪律执行情况】 重点监督财务管理，特别是大额度资金使用情况，有无坐收坐支、应收不收、私存私放、虚列开支套取公款、私设"小金库"和滥发津贴补贴等问题。

第十一条【信息公开情况】 有无不依法公开、不及时更新、暗箱操作等问题。

第十二条【数据真实准确情况】 监督工作应注重数据的真实性和准确性，对数据的来源、采集、处理等进行核查。

第四章 监督问责方式

第十三条【监督方式】 监督人员开展重要风险岗位人员监督，主要有以下3种方式。

（1）跟踪监督。对干部任免、重大项目、大额采购和大额度资金使用等重大事项，全程进行跟踪监督、审计，切实维护企业的利益。

（2）专项监督。根据被监督人员和风险岗位的实际情况，以及职工、群众反映比较集中或强烈的问题，有针对性地开展专项监督。

（3）内部审计监督。内部审计部每年对企业领导、重要风险岗位人员进行经济责任审计。

第十四条【问责方式】 重要风险岗位人员主要有纪律问责、经济问责、其他问责三种方式，具体内容详见"违规问责制度"（本书24.2.2）。

第五章 监督问责措施

第十五条【实行集体决策制度】 对重要风险岗位的主要工作、重要决定、重大事项，都要按照程序，严格实行集体决策，召开有关会议研究决定，并做好会议记录。

第十六条【风险事项报告制度】 重要风险岗位人员要按照要求，对本人在履行职责过程中涉及重要风险的有关事项及时、如实地向企业管理层报告。

第十七条【对重点事项进行重点监督】 对选人用人、聘任招收、物资采购、工程建设、评优晋级等重点事项，要组织专人参加监督，实行零距离、面对面、全方位监督。

第十八条【有针对性地开展风险教育】 对重要风险岗位人员进行风险管理相关知识的培训，提高抵御风险的能力。

第十九条【严格实行岗位权力公开制度】 对需要公开办事流程的要制定工作流程图并公开，严防暗箱操作、违反办事程序等问题的发生。

第六章 监督问责程序

第二十条【事前通知】 监督工作开始前应先通知被监督人员，被监督人员应积极配合，提供必要的资料和信息。

第二十一条【监督实施】 监督应按照程序进行，包括准备工作、实地问责、资料核查、问题发现、整改建议等环节。

第二十二条【结果反馈】 应及时反馈监督工作结果，对发现的问题追究相关责任，提出整改建议，并跟踪整改情况。

第二十三条【责任追究】 对于不可抗力等因素造成的意外事件，不属于违规或差错，重要风险岗位人员不承担责任。但重要风险岗位人员因防范、处理不当，或未能及时处理，导致损失、影响扩大的，应当承担相应责任，由企业按照相关规定进行处理。

第二十四条【监督问责记录】 监督问责应制定问责记录，记录问责的时间、地点、人员、内容、结果等。监督问责记录应保存至少3年，以备查阅。

<h3 style="text-align:center">第七章 附则</h3>

第二十五条【解释权】 本制度由合规管理部负责解释。

第二十六条【生效日期】 本制度自颁布之日起生效。

22.3 境外人员

22.3.1 境外人员上岗培训制度

企业由于业务需要，会外派员工到境外进行工作，对于企业的员工而言，其未来的职业发展将会面临越来越广泛的国际竞争，通过开展上岗培训工作，可以促进员工在异国顺利地工作也能使员工工作技能得到提升。以下是境外人员上岗培训制度，仅供参考。

<h3 style="text-align:center">境外人员上岗培训制度</h3>

<h4 style="text-align:center">第一章 总则</h4>

第一条【目的】 为了加强境外人员的职业素养和跨文化沟通能力，适应异国文化环境，提升员工的工作技能，培养其具备跨文化管理能力，特制定本制度。

第二条【适用范围】 本制度适用于企业外派到境外的人员的培训工作，国外招聘的人员由聘用机构就地组织培训。

第三条【相关概念】 境外人员是指企业根据工作需要，按照有关规定、程序及选派条件派往境外工作的人员（以下简称"境外人员"）。

<h4 style="text-align:center">第二章 职责分工</h4>

第四条【人力资源部】 人力资源部在境外人员上岗培训中，履行下列职责：

（1）拟定境外人员培训制度、境外人员培训计划。

（2）编制境外人员培训预算。

（3）协助国际业务部做好境外人员培训实施与评估工作。

第五条【国际业务部】 国际业务部在境外人员上岗培训中，履行下列职责：

（1）设置境外人员上岗培训课程。

（2）审定培训大纲、教材、考题。

（3）做好境外人员上岗培训实施与评估工作。

第三章 境外人员上岗培训内容

第六条【目标国家政策、法规】 主要涵盖目标国家的相关政策、法规法制、风俗习惯及企业文化介绍等方面的内容。

第七条【文化差异培训】 包括境外文化差异、礼仪习惯、语言沟通等。

第八条【安全风险识别与应对】 针对异国工作的常见安全风险和特殊安全风险的应对策略。包括宿舍、交通、饮食、紧急情况、财产安全等方面的内容。

第九条【跨文化沟通技巧】 针对目标国家文化背景的不同习惯，提供跨文化沟通方面的技能训练，加强员工与当地居民、同事、员工等之间的沟通和交流能力。

第十条【业务技能培训】 国内企业业务与国外业务可能相差较大，需要培训员工在海外开展相关业务的知识，如文化包装、跨境电商相关标准规范等。

第十一条【问题解决和矛盾缓和技巧】 针对在异国工作过程中员工可能遇到的各种常见和非常见问题，制定相应的应对策略并对员工进行培训。

第四章 境外人员上岗培训组织与实施

第十二条【培训时间】 境外人员的培训时间一般应持续3~12个月，视具体情况而定。

第十三条【培训讲师】 选用有异国工作经验且具备相关培训讲师资质的人员，确保教学水平的专业性。

第十四条【培训方式】 对境外员工进行培训时，可采用以下2种方式。

（1）线上培训。通过网络平台进行培训，包括视频教学、在线测试等。

（2）线下培训。由专门的培训师进行现场培训，包括讲解、演示、实操等。

第五章 培训成果的评估和总结

第十五条【培训效果评估】 通过考核和调查等方式，对培训效果进行综合评估。从培训内容、培训讲师、培训提升、学习效果等方面进行考核评估，以此确定是否达到培训目标。

第十六条【培训成果总结】 总结员工训练完成后的总体成效，包括外派后第一时间的工作表现，与当地居民和同事的和谐相处情况，跨文化沟通转化形势评估等。全面总结培训成果并提出合理化改善措施，使培训工作逐渐完善。

第六章 附则

第十七条【解释权】 本制度由人力资源部负责解释。

第十八条【生效日期】 本制度自颁布之日起生效。

22.3.2　境外人员境外工作规定

境外人员境外工作的要求各国都规定得非常细致，并且与国内差异巨大，国内企业如果没有充足的经验，会浪费精力且风险较大，因此，企业应严格规定境外人员的工作行为，保证企业做到合法合规经营。以下是境外人员境外工作规定，仅供参考。

境外人员境外工作规定

第一章　总则

第一条【目的】　为了规范和管理本企业境外人员的境外工作行为，确保其安全、合法、有效地开展工作，特制定本规定。

第二条【适用范围】　本规定适用于企业所有在境外工作的境外员工。

第三条【相关概念】　境外人员是指企业根据工作需要，按照有关规定、程序及选派条件派往境外工作的人员（以下简称"境外人员"）。

第二章　职责分工

第四条【国际业务部】　国际业务部在境外人员境外工作管理中，履行以下职责：

（1）境外人员的归口管理部门，具体负责境外人员的派遣、考核、任免、轮换、调回等日常管理工作。

（2）负责境外人员出国手续的办理。

（3）负责境外人员出国前的外事纪律教育工作。

（4）负责境外人员的外事纪律检查、监督、服务、指导。

第五条【人力资源部】　人力资源部负责境外人员的选派、审查、报批、培训，以及工资管理等各项工作的组织、协调、监督、指导。

第三章　工作纪律

第六条【工作时间】　境外人员应严格遵守目的地国家或地区的工作时间和习惯，不得擅自减少工作时间或增加工作时间，严禁擅自违反当地法律法规。

第七条【工作秩序】　境外人员应恪守工作秩序，遵守所在国家和地区的法律法规，尊重当地的风俗习惯和文化传统，不得从事任何违法违规的活动。

第八条【工作内容】　境外人员在境外工作时应根据派遣单位的具体安排，严格按照工作任务和要求进行工作，不得擅自改变工作内容和方向。

第九条【工作期限】 境外人员在境外工作的期限应根据实际需要和派遣单位的规定确定，到期后应及时返回国内，如有特殊情况需延长工作期限，应在工作期满前向派遣单位提出申请并经批准。

第十条【工作报告】 境外人员在境外工作期间，应每月向派遣单位报告工作进展情况和目标达成情况，并及时反馈境外工作情况中出现的问题和处理方式。

第十一条【保密措施】 境外人员在境外工作期间，应遵守派遣单位和当地法律法规的保密要求，不得泄露国家机密和企业机密。

第十二条【安全防范】 境外人员在境外工作期间，应加强安全防范措施，防范恐怖袭击、绑架等事件，如遇紧急情况应及时向使领馆或驻当地机构报告并采取必要的自救措施。

第十三条【纠纷处理】 境外人员在境外工作期间，如与当地人员发生纠纷，应及时向使领馆或驻当地机构寻求协助，不得施行报复或滋事。

第四章 奖励与处罚

第十四条【奖励措施】 对在境外工作中作出杰出贡献的人员和团队给予相应的奖励、荣誉和其他激励，以提高其工作积极性和创造性。

第十五条【违规行为处理】 境外人员如有违反本规定的行为，经核实后，应依据情节轻重对其进行处理，包括批评教育、通报批评、停职检查、撤职降级、追究法律责任等。

第五章 附则

第十六条【解释权】 本规定由国际业务部负责解释。

第十七条【生效日期】 本规定自颁布之日起生效。

第23章

企业合规——境外投资经营

23.1 境外经营合规风险管理

23.1.1 境外经营合规风险排查与评估制度

随着全球化进程的不断推进,越来越多的企业将目光投向了国际市场,实现了跨国经营,然而,在境外经营中涉及的语言、文化、法律等方面的障碍,也给企业带来了诸多挑战和风险,因此,建立一套系统、行之有效的境外经营合规风险排查与评估制度,是企业实现可持续发展的关键之一。以下是境外经营合规风险排查与评估制度,仅供参考。

境外经营合规风险排查与评估制度

第一章 总则

第一条【目的】 为了排查和评估境外经营中可能存在的合规风险,从而采取相应的措施进行风险防范和控制,确保企业境外经营合法合规,特制定本制度。

第二条【适用范围】 本制度适用于对各境外分支机构的合规风险排查与评估工作。

第三条【基本原则】 境外经营合规风险排查与评估应遵循以下原则:

(1)风险分类原则。将境外经营合规风险分为政治风险、法律风险、税务风险、经济风险、文化风险等不同类别,针对具体风险制定应对措施。

(2)风险全面性原则。要求将所有可能影响境外经营活动的风险都列入排查和评估范围内,并且要保证排查和评估过程中不漏项。

第四条【相关概念】 本制度涉及以下2个概念。

(1)境外经营合规风险:指企业在境外经营活动中可能面临的违反当地法律法规、文化习惯及商业道德等问题,可能给企业带来罚款、损失客户关系、失去商业信誉、财务损失等不良后果的风险。

(2)境外经营合规风险排查与评估:指企业在境外经营活动中,对于可能发生的合规风险进行全面、系统的识别、量化和评估,确定风险等级,建立有效的管理措施,从而避免、降低风险的发生及后果的影响。

第二章 职责分工

第五条【国际业务部】 国际业务部在境外经营合规风险排查与评估中，履行以下职责：

（1）审议境外机构提交的风险评估报告，批准风险管理其他重大事项。

（2）批准境外经营合规风险应对方案。

（3）研究、确定境外机构合规风险事项及应对方案。

（4）审定合规管理部提交的合规风险排查评估报告，并报董事会审议。

第六条【合规管理部】 合规管理部在境外经营合规风险排查与评估中，履行以下职责：

（1）对境外经营机构的合规风险进行排查。

（2）对排查出的风险进行评估，评估出风险等级并将中、高风险以书面形式上报管理层。

（3）对识别的风险进行监控，发生变化时重新评估，并根据新评估的风险等级进行相应的处理。

第七条【境外机构】 境外机构在境外经营合规风险排查与评估中，履行以下职责：

（1）设立境外经营环境监控体系，切实监控并记录相关地内外部经营环境与条件的变化，以修正风险识别与评估。

（2）设立风险预警指标体系，要求各具体部门按期提供数据，以进行指标分析，对于超过风险预警值的指标，应确定相应的整顿、整治措施。

（3）落实审批通过后的风险应对方案，并及时反馈风险应对的结果。

第三章 境外经营合规风险排查时间与领域

第八条【排查时间】 境外经营合规风险排查时间分为定期与不定期2种。

（1）定期排查。合规管理部每半年组织排查1次，境外机构每季度组织排查2次。

（2）不定期排查。境外机构的合规负责人要针对项目进展情况不定期组织专项排查。其他部门组织的排查，合规管理部负责人必须参与。

第九条【排查领域】 风险排查领域包括但不限于所在国出口管制、所在国经济制裁、所在国反腐败、所在国反垄断、所在国证券交易、所在国国家安全审查、所在国知识产权保护以及世界贸易组织相关方面的境外监管法规。

第四章 境外经营合规风险排查方法

第十条【全面排查】 根据所在国家或地区的法律法规、标准、条例和操作规程等规定，排查企业境外经营过程中的合规风险隐患，凡不符合法规、标准规定的，必须立即制止，坚决纠正。

第十一条【重点排查】 合规管理部作为境外经营合规风险排查责任主体，需组织专业技术人员参与，按照所在国家或地区的合规要求，对境外经营的重要风险开展重点排查，集中排查。

第十二条【群体排查】 调动境外机构全体员工预防合规风险的积极性和能动性，同心协力排查境外经营的合规风险隐患，群体排查包括机构内的自查互查、合规管理部的监督检查等形式。

第十三条【类比排查】 借鉴风险事故案例，排查境外机构有没有类似情况，是否存在合规风险。

第五章 境外经营合规风险管理

第十四条【风险控制目标】 境外经营合规风险控制目标为全面合规、持续合规、人人合规。

第十五条【风险识别】 在进行境外经营合规风险评估时，应当准确识别内部风险和外部风险，确定相应的风险承受度，进而制定对策以控制风险，实现控制目标。

第十六条【风险评估】 运用定量与定性方法，评估境外经营合规风险发生的概率和可能带来的负面影响。在风险识别的基础上更深入地了解风险，目的在于精确地估计和测算风险损失，并作为选择应对措施的基础。

第十七条【风险评估报告】 根据风险评估情况，拟定风险评估报告，内容包括风险评估的范围、风险评估的方法、风险清单、风险应对预案等。

第六章 附则

第十八条【解释权】 本制度由合规管理部负责解释。

第十九条【生效日期】 本制度自颁布之日起生效。

23.1.2 境外经营合规风险应对管理办法

境外经营合规风险应对就是为了合理处置境外经营合规风险，通过评估境外经营合规风险应对现状，制订境外经营合规风险应对计划、方案，以及明确境外经营合规风险应对措施来应对境外经营合规风险。以下是境外经营合规风险应对管理办法,仅供参考。

境外经营合规风险应对管理办法

第一章 总则

第一条【目的】 为完善企业境外经营风险管理机制,建立全面的风险管理措施,并明确各风险应对措施的具体操作要求,增强企业抗风险能力,特制定本办法。

第二条【适用范围】 本办法适用于本企业境外合规管理体系活动中的风险应对管理。

第三条【相关概念】 本办法中的政策合规性风险、投资合规性风险、融资合规性风险概念如下:

(1)政策合规性风险:指所在国的政治环境变化、法律法规政策调整等因素所导致的不合规的风险。

(2)投资合规性风险:指因投资管理体系不健全、项目前期研究深度不足、投资决策失误、投资后续管理不善等导致的不合规的风险。

(3)融资合规性风险:指由于对国际融资环境不熟悉或融资机制不健全导致的不合规的风险。

第二章 职责分工

第四条【国际业务部】 国际业务部在境外经营合规风险应对中,履行下列职责:

(1)负责提供境外合规风险应对所需资源,包括人员资源、必要的培训、信息获取等。

(2)负责确定风险可接受程度方针,并按制定的评审周期保持对境外经营合规风险应对情况的评审。

第五条【合规管理部】 合规管理部在境外经营合规风险应对中,履行下列职责:

(1)组织实施境外经营合规风险分析和评估。

(2)制定境外经营合规风险应对措施并落实执行。

(3)编制境外经营合规风险管理计划。

(4)落实跟进境外经营合规风险应对中所采取措施的完成情况并跟进落实措施的有效性。

第六条【境外机构】 境外机构在境外经营合规风险应对中，负责本机构境外经营合规风险的评估工作，制定相应的措施以规避或者降低风险并落实执行。

第三章 政策合规性风险应对

第七条【研究所在国家或地区环境】 境外机构应深入研究企业境外机构所在的国家或地区的政治、政策环境，及时掌握动态和发展趋势，修编国别市场分析报告。

第八条【保持沟通、维护企业形象】 境外机构应同所在地政府、NGO组织（非政府组织）和民众保持持续、稳定的沟通，积极履行社会责任，尊重本地宗教习俗和移民利益，维护企业社会形象，获得所在地政府和民众的认可。

第九条【法律团队建设】 境外机构应加强企业法律团队建设，必要时聘请外部专业法律顾问提起或应对诉讼，运用法律手段最大限度维护和争取企业利益。

第十条【重视投保工作】 境外机构应重视境外项目的国别风险和政策性保险的投保工作，尽可能覆盖和减轻合规风险。

第四章 投资合规性风险应对

第十一条【制定投资标准】 国际业务部应严格制定境外投资项目信息收集标准和可行性研究标准。

第十二条【建立投资评审机制】 国际业务部应建立完善的境外投资评审机制，在评估阶段着手开展评审工作，做可行性研究和尽职调查。

第十三条【投资项目评价】 国际业务部应设置境外投资项目评价指标，明确投资底线和红线。

第十四条【完善投资决策管理体系】 国际业务部应进一步完善境外投资决策管理体系，在决策材料齐备，程序合规、充分研究、评估风险的基础上科学决策。

第十五条【健全参股股权管理制度】 董事会应加强派驻董事、监事和高级管理人员履职管理，强化股权分红，确保达成境外投资战略意图，取得预期收益。

第十六条【项目后评价】 国际业务部应及时开展，境外投资项目后评价工作，实现项目全流程合规管理。

第五章 融资合规性风险应对

第十七条【建立合规风险评估和分析模式】 合规管理部应建立有效的合规风险评估和分析模式，完善风险预警系统，对企业在融资过程中可能出现的各种风险进行评估和分析。

第十八条【健全融资合规风险防范机制】 国际业务部应完善企业境外融资机制，加强融资监督，将融资合规风险防范工作落实在企业生产发展的各环节中。

第十九条【建立企业担保信用体系】 国际业务部吸取发达国家的经验，为企业融资提供更好的环境和条件，以及为企业开辟更多的融资渠道。

第六章 风险应对监督与评审

第二十条【风险应对监督】 合规管理部对风险应对措施的执行进度和效果进行跟进，并监督以下内容：

（1）制定的风险应对措施是否是在现有条件下可执行和可落实的。

（2）制定的风险应对措施是否责任到个人，每个人应完成的内容是否明确。

第二十一条【风险应对评审】 合规管理部应按制定的周期组织实施对境外经营合规风险应对的评审工作，以验证其有效性。境外经营合规风险应对的评审应包含以下内容：

（1）对境外经营合规风险的识别是否有效且完善。

（2）境外经营合规风险应对措施的完成情况和进度。

（3）境外经营合规风险应对措施的实施对产品和服务的符合性和顾客满意度的潜在影响。

第七章 附则

第二十二条【解释权】 本制度由合规管理部负责解释。

第二十三条【生效日期】 本制度自颁布之日起生效。

23.2 境外合规经营

23.2.1 境外合规经营管理制度

随着中国与世界各国在政治、经济、文化等领域的协作交流日益广泛，企业不仅需要了解国内的合规管理要求，也需要不断开阔视野，了解开展海外业务的过程中需要遵循的合规管理要求，并在实际经营中有效遵循。以下是境外合规经营管理制度，仅供参考。

境外合规经营管理制度

第一章 总则

第一条【目的】 为规范企业境外经营业务，加强境外经营合规管理，根据国家有关法律法规和政策规定，参考《企业境外经营合规管理指引》及有关国际合规规则，特制定本制度。

第二条【适用范围】 本制度适用于企业开展对外贸易、境外投资、对外承包工程等相关业务的合规管理。

第三条【基本原则】 企业开展境外经营，应当遵循以下基本原则：

（1）战略、规划引领。符合企业发展战略、滚动规划和国际化经营规划，坚持聚焦主业，注重境内外业务协同，提升创新能力和国际竞争力。

（2）依法合规。遵守我国和投资所在国（地区）法律法规、商业规则和文化习俗，合规经营，有序发展。

（3）能力匹配。经营规模与企业资本实力、融资能力、行业经验、管理水平和抗风险能力等相适应。

（4）合理回报。遵循价值创造理念，加强经营项目论证和风险评估，严格管控投资过程，提高投资收益水平，实现资产保值增值。

第二章 职责分工

第四条【国际业务部】 国际业务部在境外合规经营管理中，履行以下职责：

（1）负责境外经营主体的业务管理，组织境外经营主体编制年度经营目标和工作计划。

（2）负责境外经营主体设立、退出时的业务论证及后评价工作。

（3）负责境外经营主体财务管理和风险控制工作。

（4）负责建立境外经营主体固定资产投资与建设管理相关制度体系、建设管理规范。

（5）组织编制固定资产投资滚动规划，提出国际网络的境内资源需求。

（6）在全面预算框架下，组织编制年度境外投资预算。

（7）审批权限内投资项目，对境外投资项目进行全过程监督、检查及后评价工作。

第五条【资本运营部】 资本运营部在境外合规经营管理中，根据股权投资管理办法，负责集团企业境外股权投资工作的归口管理。

第六条【合规管理部】 合规管理部在境外合规经营管理中，履行以下职责：

（1）负责研究、制定境外经营主体的合规管理体制，提出实施方案。

（2）负责制定境外经营主体组织机构设置原则和边界等。

（3）组织实施对境外经营主体发展战略，重点任务执行情况、财务收支及有关经营情况、投资活动、内部控制及风险管理情况、内部管理的领导干部履行经济责任情况的合规审查工作。

第七条【法务部】 法务部负责对境外运营重大法律风险与合规风险分析提供指导。

第八条【财务部】 财务部在境外合规经营管理中，履行以下职责：

（1）负责牵头审核境外经营主体年度预算方案，制定、下达绩效考核办法。

（2）负责对财务管理工作进行指导和监督评价。

第九条【人力资源部】 人力资源部负责境外机构成员的派驻、任免。

第三章 境外经营管理体系

第十条【规定研究】 国际业务部与境外机构应深入研究以下规定：

（1）深入研究所在国家和地区关于境外机构经营有关方面的法律法规和监管要求，以及与中国政府签署的多双边投资、贸易等协定。

（2）深入研究世贸组织货物贸易、服务贸易等有关协议、协定，全面掌握禁止性规定，明确境外经营行为的红线、底线，以便在具体开展业务时能够确保经营行为的合规性。

第十一条【规章制度建设】 国际业务部应结合本企业实际，明确境外机构管理部门和职责，细化境外投资决策程序，建立健全境外企业设立和授权管理制度及境外投资风险管控制度。

第十二条【风险管理】 国际业务部应定期对境外经营业务的风险状况进行排查和梳理，不断提升企业的风险评估、风险预警、安全防范和应急处置能力。

第十三条【绩效管理】 国际业务部应坚持规模、质量和效益并重，完善境外经营评价、考核和激励办法，提高境外投资绩效水平。

第十四条【财务监督】 国际业务部应加强对境外机构在资金调拨、融资、股权和其他权益转让、再投资及担保等方面的监督和管理，审慎开展高杠杆投资，规范境外金融衍生品投资活动。

第十五条【人才队伍建设】 国际业务部应加强国际化经营人才的培养，

选聘境内外优秀管理人员，建立健全派出人员管理制度，对派出人员出国前开展必要教育培训，帮助派出人员了解当地法律法规、安全环境等知识，增强派出人员遵法守法以及安全风险防范意识和能力。

第四章 境外经营合规管理要求

第十六条【对外贸易中的合规要求】 确保经营活动全流程、全方位合规，全面掌握关于贸易管制、质量安全与技术标准、知识产权保护等方面的具体要求，关注业务所涉国家（地区）开展的贸易救济调查，包括反倾销、反补贴、保障措施调查等。

第十七条【境外投资中的合规要求】 确保经营活动全流程、全方位合规，全面掌握关于市场准入、贸易管制、国家安全审查、行业监管、外汇管理、反垄断、反洗钱、反恐怖融资等方面的具体要求。

第十八条【对外承包工程中的合规要求】 确保经营活动全流程、全方位合规，全面掌握关于投标管理、合同管理、项目履约、劳工权利保护、环境保护、连带风险管理、债务管理、捐赠与赞助、反腐败、反贿赂等方面的具体要求。

第十九条【境外日常经营中的合规要求】 确保经营活动全流程、全方位合规，全面掌握关于劳工权利保护、环境保护、数据和隐私保护、知识产权保护、反腐败、反贿赂、反垄断、反洗钱、反恐怖融资、贸易管制、财务税收等方面的具体要求。

第五章 附则

第二十条【解释权】 本制度由国际业务部负责解释。

第二十一条【生效日期】 本制度自发布之日起生效。

23.2.2 境外机构经营行为规范

在境外机构合规风险频发，合规政策陆续出台的大背景下，规范境外机构的经营行为，完善境外合规管理是至关重要的。以下是境外机构经营行为规范，仅供参考。

境外机构经营行为规范

第一章 总则

第一条【目的】 为了规范境外机构经营行为，提升境外机构的服务能力，为企业提供投资决策的参考，控制投资风险，促进企业健康发展，特制定本规范。

第二条【适用范围】 本规范适用于各级分、子公司（以下简称"各级子公司"）以投入资产、权益等方式，获得境外所有权、控制权、经营管理权及其他相关权益的投资活动。

第三条【基本原则】 境外机构要以和平合作、开放包容、互学互鉴、互利共赢为指引，以共商、共建、共享为原则，与所在国（地区）有关机构、企业开展务实合作，实现共同发展。

第四条【相关概念】 本规范所称境外机构，是指出资监管企业、委托监管企业及其各级子公司在我国境外以及香港特别行政区、澳门特别行政区和台湾地区依据当地法律出资设立的独资及控股企业。

第二章 职责分工

第五条【集团企业】 集团企业依法对境外机构履行下列监督管理职责：

（1）制定境外国有资产监督管理制度，并负责组织实施和监督检查。

（2）组织开展出资监管企业境外国有资产产权登记、资产统计、清产核资、资产评估等基础管理工作。

（3）督促、指导出资监管企业建立健全境外国有资产经营责任体系，落实国有资产保值增值责任。

（4）依法监督、管理出资监管企业境外投资、境外国有资产经营管理重大事项，参与协调处理境外企业重大突发事件。

（5）组织开展境外企业重大资产损失责任追究工作。

（6）法律、行政法规以及国有资产监督管理有关规定赋予的其他职责。

第六条【境外机构负责人】 境外机构负责人是集团企业所属境外机构监督管理的责任主体，依法履行下列监督管理职责：

（1）依法审核决定境外机构重大事项，组织开展境外机构资产基础管理工作。

（2）建立健全境外机构监管的规章制度、内部控制和风险防范机制。

（3）建立健全境外机构经营责任体系，对境外机构经营行为进行评价和监督，落实资产保值增值责任。

（4）负责或者配合上级单位开展境外机构重大资产损失责任追究工作。

（5）协调处理境外机构突发事件，保障境外机构生产和人员安全。

（6）法律、行政法规有关规定赋予的其他职责。

第三章 合规诚信经营

第七条【履行国内申报程序】 境外机构应按照相关规定，主动申请备案或核准。

（1）境外投资涉及敏感国家和地区、敏感行业的，须获董事会核准；其他情形的，须申请企业备案。

（2）不得以虚假境外投资非法获取外汇、转移资产和进行洗钱等活动。

第八条【依规承诺对外融资】 境外机构拟使用中国金融机构信贷保险的项目，在未取得有关金融机构出具的承贷、承保意向函前不得作出对外融资或保险承诺。

第九条【开展公平竞争】 境外机构在经营过程中应遵循以下要求：

（1）坚持公平竞争，坚决抵制商业贿赂，不得向当地公职人员、国际组织官员和关联企业相关人员行贿。

（2）不得串通投标，不得诋毁竞争对手，不得虚假宣传业绩或采取其他不正当竞争手段进行竞争。

第十条【履行合同约定】 境外机构与境外相关方订立书面合同，须明确双方权利与义务，并严格按照合同履约。不得以欺诈手段订立虚假合同。

第十一条【保证项目和产品质量】 境外机构应认真执行所在国（地区）有关项目及产品质量管理的标准和规定，加强项目质量管理，严控产品质量。

第十二条【保护知识产权】 境外机构应根据所在国（地区）法律、相关条约的规定，认真开展知识的创造、运用、管理和知识产权保护工作。

（1）根据境外业务发展需要，适时办理专利申请、商标注册、著作权登记等，明确商业秘密的保护范围、责任主体和保密措施。

（2）尊重其他组织和个人知识产权，依法依规获取他方技术和商标使用许可。

第十三条【消费者权益保护】 境外机构应依法保护消费者权益，避免侵犯消费者隐私，不得有虚假广告、商业欺诈等行为。

第十四条【依法纳税】 境外机构应按照所在国（地区）法律法规纳税，不得偷税漏税。

第十五条【维护国家利益】 境外机构应维护国家主权、安全和社会公共利益，维护国家与有关国家（地区）关系。

第十六条【避免卷入别国内政】 境外机构应避免卷入当地政治、经济利益集团的纷争，不介入当地政治派别活动。

第四章 审批与报告

第十七条【重大事项审批】 境外机构有下列重大事项之一的，应当按照法定程序通报股东（大）会等决策机构核准。

（1）集团所直接持有股权的境外经营主体增加或者减少注册资本，合并、分立、解散、清算、申请破产或者变更企业组织形式。

（2）年度财务预算方案、决算方案、利润分配方案和亏损弥补方案。

（3）发行企业债券或者股票等融资活动。

（4）超过授权范围的收购、股权投资及股权处置行为。

（5）理财业务以及开展金融衍生业务。

（6）对外担保、对外捐赠事项。

（7）超出授权范围的资产处置、产权转让。

（8）开立银行账户。

（9）依照相关规定须由集团企业批准的其他重大事项。

第十八条【重大事项报告】 境外机构发生以下有重大影响的突发事件，应当立即报告集团企业。影响特别重大的，应通过集团企业在24小时内向上级单位报告。

（1）银行账户或者境外款项被冻结。

（2）开户银行或者存款所在的金融机构破产。

（3）相当于本企业净资产30%以上的重大资产损失。

（4）发生战争、重大自然灾害、重大群体性事件，以及危及人身或者财产安全的重大突发事件。

（5）受到所在国（地区）监管部门处罚产生重大不良影响。

（6）受业务贸易投资所在国（地区）政治因素影响产生的重大事件和因国有企业身份在国家安全审查、反倾销反补贴调查、反垄断等方面遭受的特殊风险事件等。

（7）其他有重大影响的事件。

第五章 责任追究

第十九条【责任追究】 境外机构有下列情形之一的，集团企业应当按照我国法律、行政法规以及国有资产监督管理有关规定，追究有关责任人的责任。

（1）开展列入负面清单禁止类的境外投资项目的。

（2）违反规定从事非主业投资或开展列入负面清单特别监管类的境外投资项目的。

（3）未按规定进行风险评估并采取有效风险防范措施而对外投资或承揽境外项目的。

（4）违反规定存在不正当经营行为，不顾成本和代价进行恶性竞争的。

（5）违规为集团之外的企业或者个人进行融资或者提供担保，出借银行账户的。

（6）越权或者未按规定程序进行投资、调度和使用资金、处置资产的。

（7）内部控制和风险防范存在严重缺陷，造成严重后果的。

（8）会计信息不真实，存有账外业务和账外资产的。

（9）通过不正当交易转移利润的。

（10）挪用或者截留应缴收益的。

（11）未按本规范及时报告重大事项的。

（12）未按本规范规定履行有关报批程序的。

（13）违反集团其他相关规定，未履行或未正确履行职责造成国有资产损失或其他严重不良后果的。

第六章 附则

第二十条【解释权】 本规范由董事会负责解释。

第二十一条【生效日期】 本规范自发布之日起生效。

第24章

企业合规——合规管理运行

24.1 制度、机制与应对

24.1.1 合规行为规范

合规行为规范是企业"以人为本"管理思想的体现,目的是全面提高员工素质,提升员工合规意识,对员工的良好合规行为习惯产生激励和强化的作用。以下是合规行为规范,仅供参考。

合规行为规范

第一章 总则

第一条【目的】 为进一步规范企业依法合规开展经营活动,根据相关法律法规、监管规定,结合企业实际情况,特制定本规范。

第二条【适用范围】 本规范适用于企业各部门全体员工以及代表各部门从事经营活动的第三方。

第二章 职责分工

第三条【企业管理层职责】 企业管理层在合规行为规范过程中,履行以下职责:

(1)管理层积极推动本规范的实施,并通过行动表明其遵守本规范的承诺。

(2)管理层应带头遵守本规范的合规要求。

(3)在开展任何生产经营活动时,管理层应向员工强调遵守道德标准和合规要求的重要性和必要性。

(4)积极发现和应对任何违反本规范的行为,并保护举报不合规行为的员工。

(5)对所有员工进行年度合规绩效考核,各部门协同合规管理部,根据各部门的实际情况,制定具体的合规绩效考核标准。

第四条【员工职责】 员工在合规行为规范过程中,履行以下职责:

(1)遵守其岗位职责和工作活动所涉及的法律法规及合规要求,并执行本规范。

(2)举报任何已知或可能违反本规范的行为。

第三章 合规行为要求

第五条【坚持诚信合规】 在诚信合规方面,员工应遵循以下要求:

(1) 坚持诚信合规工作,认真履行合规相关法律法规、政策文件。

(2) 不得实施任何可能导致企业陷入违法嫌疑的行为或被明令禁止的不合规行为。

(3) 不得非法获取单位财物,不得滥用职权。

第六条【维护公平竞争】 在公平竞争方面,员工应遵循以下要求:

(1) 不得违反《中华人民共和国反不正当竞争法》和《中华人民共和国反垄断法》等维护市场公平竞争的法律法规及合规要求。

(2) 不得与竞争对手串通或共同参与具有不正当目的或影响的行为,包括串标、形成价格联盟、破坏投标程序、分割市场或限制产品生产产量等。

第七条【防止腐败贿赂】 在腐败贿赂方面,员工应遵循以下要求:

(1) 严禁员工向任何人提供可能被认定为贿赂的任何物品。员工应充分认识到各部门在商业上的成功应基于市场竞争力、业绩以及产品质量、服务质量和技术质量。

(2) 不得直接或间接为获取不正当利益提供、许诺金钱、服务、礼物或其他有价值的物品等任何形式的贿赂,包括不得支付融通费,不得通过雇佣提供贿赂,不得违反企业"捐赠赞助管理制度"的规定以"捐赠赞助"的形式提供贿赂等。

(3) 在与政府或其附属机构开展业务时,特别是在寻求政府批准、特许、准入或相关审批的情况下,员工不得直接或通过他人提供、许诺金钱、服务、礼物或其他有价值的物品等任何形式进行贿赂。

第八条【禁止内幕交易】 在内幕交易方面,员工应遵循以下要求:

(1) 任何员工知悉企业内幕信息后,对内幕信息负有保密责任,不得以任何方式向任何单位或个人泄露尚未公开披露的信息。

(2) 企业禁止任何知悉证券交易内幕交易信息的员工利用内幕信息从事或建议他人从事证券交易活动。

(3) 任何员工违反企业内幕交易信息保密管理制度,擅自泄露内幕交易信息或由于失职导致内幕交易信息泄露,给企业造成严重影响或损失时,将受到纪律处分、经济处罚并承担法律责任。

第九条【回避利益冲突】 在利益冲突方面,员工应遵循以下要求:

（1）员工应避免自身或亲属与本单位及其相关方产生利益冲突。

（2）员工应基于企业的最佳利益进行独立判断和合理决策，不得受与潜在或现有的供应商、分包商、代表、聘用员工、客户、竞争对手或监管者的关系影响。

第十条【保守商业秘密】　在商业秘密方面，员工应遵循以下要求：

（1）所有员工应遵守企业保密规定，保守本单位和业务合作伙伴的商业秘密，禁止向他人泄露商业秘密。

（2）任何员工无权擅自对外提供涉密信息，确因工作需要对外提供涉密信息的，须按规定履行审批程序。

（3）未经同意，严禁使用本单位的商业秘密进行技术开发、投资、合作和从事生产经营活动。

（4）知悉商业秘密的人员在调岗、辞职、退休离岗前，应办理交接手续，与单位签订保密协议，承担保密义务。

第四章　咨询、举报与违规处理

第十一条【咨询举报情形】　员工面临下列情形时，应及时、主动地向合规管理部咨询或举报。

（1）对某种行为的合规性存在疑问。

（2）特定情形下难以判断如何遵守本企业合规要求。

（3）业务合作伙伴、同事的行为违反相关法律法规及本单位合规要求。

（4）企业或个人受到外部的合规调查、质询或举报。

（5）其他任何与合规相关的问题或情况。

第十二条【咨询举报渠道】　任何部门、员工或业务合作伙伴，若知晓任何违反或疑似违反企业合规政策、相关法律法规和其他要求的情况，无论情节是否严重，可实名或匿名向合规管理部通过以下渠道进行咨询或举报。

咨询举报电话：×××。

咨询举报邮箱：×××。

第十三条【举报人员保护】　应对举报人身份、举报内容及后续调查人、证人、调查情况等进行严格保密。任何单位和个人不得以任何借口和手段阻止、压制举报人进行举报，也不得打击报复举报人、调查人、证人及其亲属。对于举报不合规行为或积极提出合规建议，为企业避免重大损失的员工，应给予奖励。

第五章 附则

第十四条【其他说明】 有员工违反本规范的,根据"违规问责制度"给予相应处分。

第十五条【解释权】 本规范由合规管理部负责解释。

第十六条【生效日期】 本规范自发布之日起生效。

24.1.2 风险识别预警制度

风险识别预警是管理合规风险的一个重要手段,其作用是为企业的管理运行提供有关风险信息,使企业能够更好地应对风险。以下是风险识别预警制度,仅供参考。

风险识别预警制度

第一章 总则

第一条【目的】 为了及时识别企业管理运行中的潜在合规风险并进行预警,保障企业安全、稳定运营,特制定本制度。

第二条【适用范围】 本制度适用于企业合规管理运行过程中的风险识别预警工作。

第三条【相关概念】 本制度涉及以下 2 个概念。

(1) 风险偏好和风险承受度是指企业应明确愿意承担哪些风险,并明确风险的最低限度和不能超过的最高限度。

(2) 合规风险数据库是指企业合规风险信息形成过程中相关数据的集合,是合规风险预警信息筛选、发布的重要来源。

第二章 风险管理机构与职责

第四条【风险管理委员会职责】 企业成立风险管理委员会,主要成员包括合规管理部、风险管理部、法务部、财务部等。风险管理委员会负责制定和审查风险识别预警制度及其实施细则,并对风险预警信息进行研究分析,提出防范和化解风险的建议。

第三章 合规风险数据库

第五条【法律法规库】 合规风险识别、评估、预警需要实时跟踪相关法律法规、监管规定、行业准则、国际条约外部规则修订及规则适用变化的情况,并对照企业自身的经营管理情况,分析外部规则变化可能给企业具体业务或事项造成的影响。

第六条【企业规章制度库】 企业规章制度是合规管理的基础，也是合规风险预警信息发布的重要依据之一。企业依照规章制度经营管理，企业规章制度的合规性是企业首要的合规风险，规章制度不合规，合规管理也就无从谈起。

第七条【内部风险事项案例库】 对内部已发生的风险事项（如最近三年或五年发生的风险事项）进行分析、总结，建立内部风险事件案例库，有助于企业在汇总风险预警信息时提炼具有普遍性、典型性的合规风险。

第八条【外部风险事项案例库】 对其他同行业典型性合规风险案例进行梳理、分析、总结，有助于企业对照企业自身情况提炼适于已用的合规风险信息。

第四章 合规风险识别管理

第九条【内部合规风险因素】 本企业应当关注的内部合规风险因素一般包括以下内容：

（1）人员素质因素。高级管理人员职业操守、员工专业胜任能力、团队精神等。

（2）管理因素。经营方式、资产管理、业务流程设计、财务报告编制与信息披露等。

（3）基础实力因素。财务状况、经营成果、现金流量等。

（4）技术因素。研究开发、技术投入、信息技术运用等。

第十条【外部风险因素】 本企业应当关注的外部风险因素一般包括以下内容：

（1）经济因素。包括经济形势、产业政策、资源供给、利率调整、汇率变动、融资环境、市场竞争等。

（2）社会因素。包括法律法规、监管要求等法律因素，以及文化传统、社会信用、教育基础、消费者行为等。

（3）科技因素。包括技术进步、工艺改进、电子商务等。

（4）自然环境因素。包括自然灾害、环境状况等。

第十一条【风险识别方法】 在进行风险识别时，可以采取座谈讨论、问卷调查、案例分析、咨询专业机构意见等方法识别相关的风险因素，特别应注意总结、吸取企业过去的经验教训和同行业的经验教训，加强对高危型、多发性风险因素的关注。

第五章 合规风险预警机制

第十二条【风险偏好和风险承受度】 根据不同业务特点确定风险偏好和风险承受度，在明确风险偏好与风险承受度时应坚持风险与收益相平衡原则。

第十三条【风险预警线】 对合规风险进行定性定量分析、明确企业风险偏好与风险承受度后，应当设置风险预警上限，并对超过合规风险预警上限的重大风险实施信息报警。

第十四条【风险预警发布】 相关行为或事件触发合规风险时应及时发布预警，由合规管理部牵头发布，业务部门也应当积极参与。

第十五条【风险预警的解除及复盘】 为使合规管理形成有效闭环，每次预警机制解除后都应复盘，从预警机制发出，到措施执行再到预警解除，是否有可改进的地方，并落实到后续操作中。

第六章 附则

第十六条【其他说明】 根据实时修订、变化的相关法律法规、监管规定、行业准则、国际条约等，企业应定期总结和分析本制度的有效性和合理性，结合实际对其不断进行修订和完善。

第十七条【解释权】 本制度由合规管理部负责解释。

第十八条【生效日期】 本制度自发布之日起生效。

24.2 审查、问责与评估

24.2.1 合规审查制度

合规审查制度是企业合规管理中的重要一环，它可以帮助企业遵守法律法规，规范企业行为，保障企业的合法权益。以下是合规审查制度，仅供参考。

合规审查制度

第一章 总则

第一条【目的】 为了保障企业的合法权益，规范企业行为，审查企业合规经营成效，促使企业遵守相关的合规经营规范，特制定本制度。

第二条【适用范围】 本制度适用于集团总部、分支机构的所有部门和人员。

第三条【基本原则】 合规审查应遵循独立、客观、公正、专业的原则，要求评审人员独立履行评估职责，不受其他人员的干涉，严格依照法律法规等规定对企业和员工行为进行专业评价和处理。

第二章 合规管理体系审查

第四条【合规计划审查】 审查企业制订的书面合规计划的针对性、专门性、有效性，以确保企业制定了适当的合规政策和合规程序。重点审查合规计划是否具备以下要素：

（1）建立合规组织体系，如合规管理组织架构、成立合规综合管理部门以及各部门的合规责任。

（2）制定纲领性合规管理规范、合规政策、合规行为准则。

（3）梳理合规风险，针对重点领域制定合规风险管理制度。

（4）明确合规计划承诺完成时限。

（5）建立合规预防体系、识别体系、应对体系等运行机制。

（6）建立其他有利于合规管理的相关制度、措施。

第五条【合规组织体系审查】 审查企业是否搭建完善的合规管理架构，协调管理职能和资源配置，强化各部门合规职责及其组织领导。审查合规组织体系时应注意以下几点：

（1）合规管理组织架构设置合理、明确。

（2）企业主要负责人是企业合规组织体系建设的第一责任人。

（3）将管理层对合规的公开承诺、董事会对合规管理体系建设的监督，《企业章程》加入合规内容。

（4）合规综合管理部门的设置以及职能职责、履职的独立性。

（5）明确其他部门的合规职能职责。

第六条【合规管理规范审查】 合规管理规范是企业合规管理的纲领性文件，包括合规管理组织体系，合规管理的重点领域、环节、人员以及合规管理制度、运行机制等。

合规管理规范的审查重点如下：

（1）是否制定了合规管理办法制度文件，且具有覆盖性、内容完整性。

（2）是否制定专项的合规管理制度、指引、流程。

（3）是否建立合规管理台账制度。

第七条【合规行为准则审查】 合规行为准则是指督促企业员工依法依规履行职责的合规说明书，为员工提供合规行为指引。包括但不限于合规理念、目标、内涵、适用范围、合规刑事标准、违规的应对方式和后果等。

合规行为准则的审查重点如下：

（1）企业是否结合不同岗位风险点制定有针对性、可操作的行为准则，明确员工责任。

（2）企业有无向所有员工发放合规手册并进行有效合规培训。

第三章 合规运行机制审查

第八条【合规预防体系】 合规预防体系是指企业建立的发现、收集、确认、整理合规风险的制度，对合规风险产生原因、潜在后果等进行分析、归纳，并融入常态化管理体系，包括合规风险评估制度、尽职调查制度、合规培训制度、合规文化建设制度等。

第九条【合规风险评估制度】 合规风险评估制度是企业制定的定期对风险分析、合规管理情况进行评估的制度。重点审查企业是否定期进行风险点分析，及时调整合规管理措施；合规管理制度和操作流程是否健全；是否与外部法律法规和准则相一致；是否能够根据外部法律法规和准则的变化及时修订、完善。

第十条【尽职调查制度】 尽职调查制度是指企业对一些重点项目、发展方向进行调查，排除风险隐患的制度。重点审查企业重大项目是否已进行合规审查，是否对第三方合作伙伴的资质和声誉有所了解，对第三方的关系是否进行了持续监控。

第十一条【合规培训制度】 合规培训制度是指企业定期组织员工学习与其工作岗位和职责相关的规定、风险及具体操作规程的制度。重点审查企业是否在实践中向员工传达了合规政策和程序，员工是否理解了这些政策和程序，可以涵盖培训内容、培训形式、培训效果等方面的内容。

第十二条【合规文化建设制度】 合规文化建设制度是指企业将合规文化纳入日常文化建设必要内容的制度。重点审查企业线上线下合规文化布置情况，合规专员是否定期发布合规通报，企业高层是否对合规文化充分宣传和认同。

第十三条【合规应对体系】 合规应对体系是指企业建立的针对违规事件配合行政、司法机关调查的应对措施，并进行合规整改的体系，包括不当行为调查制度、不当行为纠正制度、行政监管应对制度。

第十四条【不当行为调查制度】 不当行为调查制度是指企业内部存在违法犯罪行为时，及时展开彻底的调查制度。

第十五条【不当行为纠正制度】 不当行为纠正制度是指企业对违法犯罪行为发生的原因进行分析,及时采取适当的纠正措施的制度。重点审查企业采取的惩戒措施、补救措施和问责机制,包括对以前合规计划中发现的不当行为进行的纪律处分,以及对合规计划修订的情况。

第十六条【行政监管应对制度】 行政监管应对制度是指企业或企业人员的违法犯罪行为被行政监管部门立案调查后,企业及时形成整改方案和专项合规计划,并与行政主管部门进行有效沟通的制度。重点审查企业有无制定行政监管应对方案,与行政主管部门的沟通、协商机制等。

第四章 合规管理保障审查

第十七条【领导重视度审查】 重点审查领导是否积极参与合规管理工作以及参与讲课的台账资料,合规管理工作有无纳入企业对部门、员工考核评价体系中。

第十八条【合规专项预算审查】 企业加强合规管理,需要投入人力、物力,需要设立合规专项资金。重点审查合规专项资金预算批准情况以及预算的充足性。

第五章 附则

第十九条【解释权】 本制度由合规管理部负责解释。

第二十条【生效日期】 本制度自颁布之日起生效。

24.2.2 违规问责制度

员工违规会引起很多负面影响,如客户投诉、员工流失、企业形象受损等,严重的甚至可能导致企业遭受经济损失或法律责任。因此,企业应制定违规问责制度,对违反规定的员工进行相应的处罚,以确保企业的运作和发展。以下是违规问责制度,仅供参考。

违规问责制度

第一章 总则

第一条【目的】 为增强依法合规经营的自觉性与主动性,加快合规管理长效机制的建立与完善,对违反制度的部门或个人实施责任追究。根据《中华人民共和国公司法》《企业章程》等,结合企业实际情况,特制定本制度。

第二条【适用范围】 本制度适用于合规负责人对企业员工在合规经营过

程中产生的违规行为进行处罚。

第三条【相关概念】 本制度所称经济损失是指企业因员工违规行为或差错而遭受的直接和间接损失。

第四条【基本原则】 违规问责时，应遵循以下基本原则：

（1）实事求是、有错必究的原则。以事实为依据，单位或个人一旦被发现并经查实有违规违纪行为，不论错误大小，是否形成损失，一律追究相关人员的违规责任。

（2）问责与整改相结合的原则。在追究责任的同时，必须把整改落实到位，不能一查了事，避免屡查屡犯。

（3）教育与惩戒相结合的原则。不以惩戒为目的，在惩戒的同时，要加强对违规违纪人员的教育，增强其法律法规知识和合规经营意识。对屡查屡犯，屡教不改的，责令下岗学习，直至测试合格。

第二章 职责分工

第五条【合规管理部】 合规管理部负责违规问责的日常管理工作，主要履行以下职责：

（1）决定是否启动问责程序。

（2）调查取证并出具调查报告。

（3）提出处理建议。

（4）做好上级管理部门交办的问责事项，接受上级合规管理机构的检查和督导。

第六条【人力资源部】 人力资源部负责实施对被问责人的岗位调整或行政处分等问责方式。

第七条【监察部门】 监察部门负责监察合规问责程序的启动与合规措施的执行是否符合相关规定。

第八条【合规委员会领导】 合规委员会领导负责问责事项的审批。

第三章 问责范围、措施与责任划分

第九条【问责范围】 员工有下列情形之一的，应实施问责：

（1）企业有关决议、决策及交办的工作任务，工作不力未能如期完成，给企业造成损失和影响的。

（2）擅自改变或未执行上级领导的决定，给企业造成损失和影响的。

（3）工作不认真，玩忽职守、失职、渎职、办事拖拉、相互推诿、扯皮，延误工作，造成客户投诉，给企业带来经济损失，使企业声誉受到影响的。

（4）在服务过程中，以权谋私，故意刁难服务对象，服务态度恶劣，造成客户投诉的。

（5）其他违反国家法律法规和企业管理制度规定的行为。

第十条【问责措施】 根据违规情节及其影响程度，有以下问责措施：

（1）经济问责措施。扣除相应绩效奖金、降低职级级别、责令赔偿经济损失。

（2）纪律问责措施。通报批评、警告、降职、撤职、解除劳动合同、开除，降职、撤职应并处降低职级级别的经济问责措施。

（3）其他问责措施。谈话提醒和限期自查整改等。

第十一条【责任划分】 问责实行过错责任原则，根据合规管理过错责任分为直接责任人和相关责任人。

（1）直接责任人。直接实施违规违纪行为的人员。

（2）相关责任人。由于不履行或不正确履行自己的职责而对直接责任人的违规违纪行为及其后果负有一定责任的人员。包括相关制约人、内部监督检查责任人、领导责任人等。

第四章 问责要求

第十二条【情节较轻、较小损失】 对于没有主观恶意、情节较轻、损失轻微或较小、未引发监管或媒体关注、未导致企业重大风险等一般违规行为，可适用通报批评、警告的纪律问责措施，可并处扣除 3 个月以下绩效奖金，责令赔偿经济损失等经济问责措施。

第十三条【情节较重、一般损失】 对于没有主观恶意、情节较重、造成一般经济损失、引发监管关注度不高、未引发市级影响力以上媒体关注、未导致企业重大风险等较重违规行为，可适用警告、降职、撤职的纪律问责措施，可并处扣除 3~6 个月绩效奖金，降低工资级别，责令赔偿经济损失等经济问责措施。

第十四条【严重违规】 严重违规行为，可适用降职、撤职、解除劳动合同等问责措施，并处扣除 7~12 个月绩效奖金，降低工资级别，责令赔偿经济损失等经济问责措施。严重违规行为包括但不限于以下内容：

（1）员工存在徇私舞弊、以权谋私、滥用职权、弄虚作假、侵占企业财产等行为。

（2）员工违反外部法律法规及企业禁止性规定，后果和不良影响重大，或引发具有市级影响力以上媒体关注。

（3）严重或多次违反企业制度，经批评教育但整改不力，导致企业经营管理风险并造成恶劣影响。

（4）因违规行为导致监管部门对企业作出行政或监管处罚措施。

（5）因违规行为导致企业产生较大经济损失或赔偿责任。

第十五条【特别严重违规】 特别严重违规行为，予以解除劳动合同或开除，并适用赔偿经济损失等经济问责措施。特别严重违规行为包括但不限于以下内容：

（1）泄露或传递内幕信息，违规越权发送交易指令，通过项目输送利益等行为。

（2）违反外部法律法规及企业禁止性规定，主观存在重大过错，或造成的影响恶劣。

（3）被监管部门施行监管措施。

（4）被监管部门施行自律处分。

（5）被依法追究刑事责任。

第十六条【从重处理】 有下列情形之一的，视情节及影响度，从重或加重处罚。

（1）情节恶劣或多次违规的。

（2）造成不良后果后未及时采取有效措施，导致风险扩大、影响升级的。

（3）对违规事项反思不足，推卸责任的。

（4）管理层领导直接违规，或疏于管理职责的。

（5）知悉或应当知悉某类违规行为曾被问责，仍实行同类违规行为的。

（6）其他应当从重或加重处理的行为。

第十七条【从轻处理】 有下列情形之一的，视违规情节及其影响程度，从轻、减轻或免除处理。

（1）违规行为发生后及时采取措施，避免损害的发生，或明显减轻、避免损害结果的。

（2）违规行为发生后主动赔偿全部损失的。

（3）违规后主动向企业坦承问题或者举报他人违规行为且属实的。

（4）开拓、创新业务过程中出现创新失误并及时纠正的。

第五章 问责程序

第十八条【问责启动】 合规管理部通过信息来源，发现需要问责的事项时，经领导审批通过后，启动问责程序。下列情形可以作为合规管理问责的信息来源。

（1）各业务条线、各分支机构日常业务检查发现的问题。

（2）其他人员、组织提出的附有相关证据材料的举报、控告、申诉。

（3）新闻媒体和舆论监督的事实与建议。

（4）其他有关问责的信息来源。

第十九条【调查取证】 根据领导批示，合规管理部应当在3个工作日内展开调查工作，并向领导提交问责调查报告。调查报告应当包括过错行为的具体事实、基本结论等内容。

第二十条【审核决定】 领导根据问责调查报告，依据相关制度规定，作出审核、审批决定。

（1）根据问责调查报告决定不予追究责任的，应将决定书面告知被调查的问责对象，并书面告知提出问责批示或建议的有关部门或个人。

（2）根据问责调查报告决定予以追究责任的，应当以书面形式，在作出处理决定后5个工作日内，由问责管理部门向被问责人送达处理决定书。处理决定书应当列明错误事实、处理理由和依据，并告知被问责人有申请复核调查的权利。

第二十一条【申诉复议】 被问责人对处理决定不服的，可自收到处理决定书之日起15个工作日内申请复议。在作出受理复议申请决定后，问责管理部门可根据复议申请的内容，请示领导，指定或派出人员进行复议调查，复议决定为最终决定。

第二十二条【问责决定实施】 人力资源部、监察委员会负责涉及对被问责人岗位调整或行政处分问责的实施。

第二十三条【问责决议】 问责决定实施后，应形成合规问责决议，合规问责决议应包含违规事实、违规后果、责任分析、问责依据及问责措施等具体内容。问责决议应以发文形式公示，发文内容应与问责决议内容一致。

第二十四条【资料存档】 问责相应文件由合规负责人存档。

第六章 附则

第二十五条【解释权】 本制度由合规管理部负责解释。

第二十六条【生效日期】 本制度自颁布之日起生效。

24.2.3 合规评估制度

合规评估是企业根据法律法规要求和其他适用要求对其活动、产品和服务的管理现状进行分析，找出问题，从而规避相应的风险，进行自我改进的一种管理措施。以下是合规评估制度，仅供参考。

合规评估制度

第一章 总则

第一条【目的】 为了确保企业的业务活动符合法律法规、行业标准和企业规定，保护企业的声誉和利益，提高企业的合规水平和管理能力，特制定本制度。

第二条【适用范围】 本合规评估制度适用于企业的所有业务活动和部门，包括但不限于销售、采购、人力资源、财务、信息技术等。

第三条【相关概念】 本制度所称合规评估是指对企业的业务活动进行法律法规、行业标准和企业规定的评估，发现问题并提出改进建议的过程。

第二章 职责分工

第四条【合规管理部】 合规管理部是合规评估工作的主要执行部门，履行以下职责：

（1）确定合规评估的范围和目标，明确需要评估的合规风险和重点领域。

（2）确定评估方法和工具，制订评估计划和时间表，分配评估任务和责任。

（3）收集和整理与合规相关的信息，包括企业的政策、流程、制度、文件、记录等，以及相关法律法规、行业标准、监管要求等。

（4）对收集到的信息进行分析和评估，确定企业存在的合规风险和潜在问题，制定相应的改进措施。

（5）编写合规评估报告，内容包括评估结果、风险分析、改进建议、实施计划和时间表等，向企业高层领导和相关部门汇报评估结果。

（6）跟踪和监督企业实施改进措施的情况，及时发现和解决问题，确保企业的合规风险得到有效控制和管理。

第三章 合规评估程序

第五条【制订合规评估计划】 企业每年制订合规评估计划，明确评估的时间、范围、方法和参与人员，由合规管理部负责制定和实施。

第六条【确定合规评估方法】 合规评估方法包括但不限于问卷调查、面谈、文件审查等,合规管理部根据合规评估的重点和关注点确定具体的合规评估方法。

第七条【明确合规评估标准】 合规评估标准包括法律法规、行业标准、企业规定等,根据合规评估的范围和重点确定具体的合规评估标准。

第八条【实施合规评估】 根据相关要求组织实施合规评估,发现问题及时记录,检查合规评估的内容是否已覆盖了所有需要注意的法律法规要求。

第九条【合规评估报告】 合规评估报告包括合规评估结果、问题和建议等,由合规管理部编制和提交给企业领导层和相关部门,报告形式和内容根据合规评估的范围和重点确定。

第四章 合规评估内容

第十条【法律法规合规】 评估企业的业务活动是否符合相关的法律法规,包括但不限于劳动法、税法、环保法等。

第十一条【行业标准合规】 评估企业的业务活动是否符合相关的行业标准,包括但不限于质量标准、安全标准、环保标准等。

第十二条【企业政策合规】 评估企业的业务活动是否符合企业的制度和规定,包括但不限于财务活动、人力资源活动、信息技术活动等。

第十三条【风险管理合规】 评估企业的风险管理是否符合企业的要求和标准,包括但不限于风险识别、风险评估、风险控制等。

第十四条【合规文化建设】 评估企业的合规文化建设是否符合企业的要求和标准,包括但不限于合规意识、诚实守信、责任担当、风险管理等。

第五章 评估结果处理

第十五条【问题整改】 合规评估报告中提出的问题由相关部门负责整改,合规管理部对整改情况进行跟踪和监督。

第十六条【改进建议】 合规评估报告中提出的改进建议由相关部门负责制定和实施,合规管理部对改进情况进行跟踪和监督。

第十七条【监督审查】 合规管理部对合规评估结果进行监督和审查,确保问题整改和改进建议的有效性和持续性。

第六章 附则

第十八条【解释权】 本制度由合规管理部负责解释。

第十九条【生效日期】 本制度自发布之日起生效。

第25章

企业合规——合规管理保障

25.1 制度保障

25.1.1 合规考核评价制度

合规考核评价制度有助于企业及时发现合规问题并进行整改。同时，各部门负责人也应按照合规考核结果进行自我反思，提出改进建议，以便更好地适应企业发展需求。以下是合规考核评价制度，仅供参考。

合规考核评价制度

第一章 总则

第一条【目的】 为了规范企业管理行为，建立科学的合规管理机制，加强对违反规定行为的管理和监督，提高企业合规经营水平，确保企业合规经营，特制定本制度。

第二条【适用范围】 本制度适用于企业所有的业务人员和管理人员的考核评价工作。

第三条【基本原则】 将合规考核评价纳入企业薪酬管理体系，遵循公平、公正、公开的原则，以客观指标和明确的分值来评价被考核人员履行岗位职能的合规情况。

第四条【评价依据】 合规考核评价以企业"合规行为规范"（详见24.1.1）为依据，对员工违反"合规行为规范"的各项要求的行为，按照考核标准，实行累计计分管理。

第二章 职责分工

第五条【人力资源部】 人力资源部在合规考核评价工作中，履行以下职责：

（1）参照本制度要求实施考核评价管理。

（2）对合规管理部考核工作给予指导。

（3）调查、处理被考核人员申诉。

（4）汇总考核结果，并运用考核结果做出相应薪资、岗位的调整。

第六条【合规管理部】 合规管理部在合规考核评价工作中，履行以下职责：

（1）根据不同岗位和职责设置合规考核评价标准表。

（2）负责合规考核评价的组织实施和日常管理。

第三章 合规考核评价标准

第七条【考核总分】 合规考核评价以季度为周期进行评分，总分为20分，评分不结转下季度。周期内遇岗位调整的，评分继续有效。

第八条【减免扣分】 员工自查发现的问题，主动汇报的免予扣分。员工有突出贡献的，可向合规管理部提出书面申请，经人力资源部审批通过后进行减免扣分。

第九条【加重处理的情形】 属下列情形的，可根据实际情况按考核标准的2～4倍加重处理。

（1）主观故意的违规行为。

（2）屡查屡犯的违规行为。

（3）授意、指使、强令员工进行违规操作的。

（4）无正当理由未按要求落实整改的。

第十条【加分处理的情形】 属下列情形之一的，可根据实际情况按考核标准酌情进行加分处理，按年度进行加分，但年度内累计加分最高不得超过5分。

（1）年度内被评为先进集体的，集体中每名成员加1分。

（2）年度内被评为先进个人的，对每名先进个人加2分。

（3）在工作中发现问题及时提出并挽回不可预测的经济损失的，每人每次加1分，但累计加分最高不超过5分。

（4）举报违法违规事件或举报违法违规进行业务操作的人员，经查证属实的，对举报者每次加1分，但累计加分最高不超过5分。

第四章 合规评价组织与实施

第十一条【合规考核方式】 采用定量和定性相结合的方式进行考核。企业人力资源部将考核内容和标准以及相应的考核方案发送至各部门，各部门根据考核方案进行自查，并将考核结果上报人力资源部。

第十二条【合规考核实施】 合规管理部按照"合规行为规范"，对被考评对象进行评分认定，填写"合规考核评分表"。

第十三条【合规考核结果】 合规考核结束后，将合规考核评价结果反馈给被考核对象。被考核对象对结果有异议的，可在接到合规考核结果5个工作日内向合规管理部提出书面复审申请。合规考核结果是员工绩效考核的重要依据，对员工的晋升、加薪等方面都有重要影响。

第五章 合规考核结果应用

第十四条【领导班子综合考核的标杆作用】 合规考核结果将作为为企业领导班子综合考核的重要标杆。在领导班子的绩效评定、奖励惩戒等方面有重要作用，帮助决策者考虑其在合规管理方面的表现和成效。

第十五条【企业经营业绩的指南针】 合规考核结果将作为企业经营业绩考核的重要指标。不仅影响企业的年度奖金、项目经费等方面，还将引导企业调整和优化经营策略、管理方式等，从而提高企业经营业绩，增强企业风险防范能力。

第十六条【干部选拔任用的风向标】 在干部选拔任用过程中，将充分参考合规考核结果。对于在合规管理方面表现优秀的干部，将优先考虑提拔任用；对于存在合规问题的干部，则需要深入调查、审慎任用。

第十七条【违规处罚】 对于存在严重合规问题的人员或行为，将根据问题的性质和严重程度，采取相应的惩戒措施。包括警告、限期整改、罚款及依法追究相关责任人的法律责任等。

第六章 附则

第十八条【解释权】 本制度由人力资源部负责解释。

第十九条【生效日期】 本制度自发布之日起生效。

25.1.2 合规报告管理制度

合规报告能够揭示企业一定时期内的合规管理运行情况，使管理人员了解合规工作中的问题，总结经验，提升合规工作效率。以下是合规报告管理制度，仅供参考。

合规报告管理制度

第一章 总则

第一条【目的】 为及时、准确掌握企业的合规状况，规范合规报告行为，更好地推动企业合规工作的开展，特制定本制度。

第二条【适用范围】 本制度适用于对企业各部门合规报告工作的管理。

第三条【基本原则】 合规报告应遵循及时、全面、完整、真实、准确等基本原则。

第四条【报告种类】 合规报告根据报送时间可分为定期合规报告和不定

期合规报告。

（1）定期合规报告。指各部门就报告期内本部门的合规现状及变化、规章制度建设与完善、经营管理中的违规事件和主要合规缺陷、合规工作组织与实施、合规工作目标与实现等情况作出的报告。定期合规报告分为季度报告、半年报告和年度报告。

（2）不定期合规报告。指各部门在经营管理过程中发生的某类重大突发性违规事件、合规缺陷或重要合规信息及对外部监管部门检查出具的书面监管意见的及时报告。

第二章 职责分工

第五条【合规管理部】 合规管理部为合规报告管理的牵头部门，负责本制度的执行、监督和维护，并根据工作需要对本制度进行必要的调整和完善。

第六条【各部门职责】 各部门要结合本部门的实际情况，明确报告途径、报告所涉及岗位以及相关人员的职责和要求。

第三章 合规报告的内容和程序

第七条【合规报告的内容】 合规报告应当及时、准确、完整地反映企业存在的合规风险事项，包括但不限于以下内容：

（1）违反法律法规、行业规定、企业规章制度等的风险事项。
（2）涉及商业贿赂、利益输送等腐败风险事项。
（3）涉及知识产权、商业秘密等侵权风险事项。
（4）涉及安全生产、环境保护等社会责任风险事项。
（5）涉及劳动用工、反垄断等市场风险事项。
（6）合规文化建设情况以及对加强合规管理的建议和要求。

第八条【合规报告程序】 合规报告应当按照规定的程序进行上报和处置。企业应建立健全合规报告的流程和机制，明确各级领导干部、职能部门和工作人员的报告程序和责任。

企业应当建立合规报告的信息化管理系统，实现合规报告的信息化、智能化管理。信息化管理系统应当具备数据采集、分析、监测和预警等功能，提高合规报告工作的效率和准确性。

第四章 报告的时间与形式

第九条【定期合规报告时间】 各管理部门定期合规报告的报送时间分别为季度、半年度、年度终了后次月7日内。如发生重复报告，则仅报送半年报或年报。

第十条【不定期合规报告时间】 原则上为发生重大突发性违规事件、合规缺陷或重要合规信息后及时报告。视具体缓急情况，各部门可先口头报告，后补充提交书面报告，并通过 OA 办公系统报送电子版报告。书面报告和电子版报告上报时间不超过事发后 2 个工作日。

第十一条【合规报告形式】 各管理部门报送合规报告的主送部门为合规管理部，各部门须报送书面报告，并通过 OA 办公系统报送电子版报告。

第五章 合规报告的监督与考核

第十二条【建立健全监督机制】 企业应当建立健全合规报告的监督机制，对各级领导干部、职能部门和工作人员的合规报告工作进行监督和检查。

第十三条【报告应用】 将合规报告工作纳入企业的绩效考核体系，对各级领导干部、职能部门和工作人员的合规报告工作进行考核评价。考核结果应当作为企业选拔任用、评优评先的重要依据之一。

第十四条【违规责任处理】 为明确责任，各部门经理和主管分别为直接责任人和管理责任人。报告失实、不及时、不完整以及不准确，造成经济损失和不良影响的，企业将对照"违规问责制度"（详见24.2.2）相近或类似条款对有关责任人进行处罚。

第六章 附则

第十五条【解释权】 本制度由合规管理部负责解释。

第十六条【生效日期】 本制度自发布之日起生效。

25.2 队伍保障

25.2.1 合规培训管理制度

合规培训是指为了确保企业遵守法律法规、行业准则和内部规定而开展的培训活动，是企业经营管理中不可或缺的一部分，有效降低企业风险，提高员工素质，促进企业发展。以下是合规培训管理制度，仅供参考。

合规培训管理制度

第一章 总则

第一条【目的】 为了提高企业合规工作管理水平，加强合规人员专业技能，完善合规文化，特制定本制度。

第二条【适用范围】 本制度适用于企业及各分支机构全体员工。

第三条【基本原则】 合规培训应遵循以下基本原则：

（1）全员培训原则。合规培训应涵盖企业全体员工，让全体员工意识到合规管理是经营管理的一件要事，树立全员合规的经营理念。

（2）持续性原则。企业应持续进行合规培训工作，让合规成为普遍性做法。

第二章 职责分工

第四条【合规管理部】 合规管理部在合规培训中，履行以下职责：

（1）负责企业的全部合规培训，对合规培训实施及效果负责。

（2）制定合规专业课程的培训大纲。

（3）收集并提供合规专业培训信息。

（4）确定部门内部讲师人选，并配合、支持内部培训工作。

第五条【人力资源部】 人力资源部在合规培训中，履行以下职责：

（1）联系、组织或协助合规管理部完成合规培训课程的实施。

（2）检查、评估合规培训的实施情况。

（3）负责对各项合规培训进行记录并存档相关资料。

（4）追踪考查培训效果。

第六条【各分支机构】 各分支机构负责在企业总部合规管理部的统一安排和指导下积极开展分支机构的合规培训工作。

第三章 培训组织体系

第七条【培训对象】 培训对象按照管理层级的不同可分为企业高级管理人员、中层管理人员和普通员工。按照岗位的不同，主要培训对象包括高级管理人员、新入职员工、高风险部门和关键岗位人员、合规管理人员和业务人员。

第八条【培训师资】 企业合规培训讲师包括企业总部首席合规官、合规负责人，各分支机构专职合规管理岗位工作人员、各级机构专职培训人员、各级机构业务主管人员、外部聘请的相关专业人士等有资格人士。

第九条【合规培训频次】 合规培训每年度不少于2次（上半年1次，下半年1次）。

第四章 培训内容

第十条【法律法规、政策及规章制度】 组织员工学习法律法规、监管政策和企业的规章制度，使各项规定根植于员工意识。

第十一条【合规案例】 积极开展依法合规和案件防范教育，一方面通过正面典型事例，用先进的合规文化来教育、引导和规范员工的思想行为；另一方面利用反面案例进行警示教育，通过分析案例成因、剖析风险点，提高员工遵纪守法的自觉性。

第十二条【专项合规培训】 积极开发针对新进员工、高级管理人员、合规人员及各垂直领域不同层级、不同序列员工的专项合规培训，为各职能部门、各机构提供合规培训支持。

第五章 培训方式与时限

第十三条【合规培训方式】 各级机构应采取下列多种或全部方式，对员工进行必要的合规培训。

（1）定期举行专题现场培训。

（2）企业总部、分部定期组织视频培训。

（3）定期通过企业晨会进行教育和培训。

（4）召开工作座谈会、研讨会等对参会人员进行培训。

（5）通过下载企业专栏资料组织员工开展自学活动。

（6）邀请内部专职人员或监管部门专家对机构全员进行培训。

（7）参加外部监管部门组织的专项培训。

（8）联合社会培训机构开展培训活动等。

第十四条【培训时间】 各岗位员工应接受每年不少于规定时长的相关培训，培训时间要求如下：

（1）合规负责人。以参加外部单位组织的合规培训为主、自学为辅，人均年度培训时间不少于35个小时。

（2）业务岗位人员。参加企业总部及分支机构组织的定期培训，人均年度培训时间不少于25个小时。

（3）各级机构管理人员。参加企业内外部培训，人均年度培训时间不少于20个小时。

（4）新入职员工。将合规知识纳入新员工培训课程系列，并对相关合规知识培训效果进行考试评估。

第六章 培训效果评估

第十五条【培训效果测试】 企业总部通过提交报告、网上测试、各业务环节履职合规性抽查等多种形式对企业全员进行相关知识和实务测试。各分支机构以纸质面试题、上机操作、现场问答、知识竞赛等形式对员工合规工作水平进行评估。

第十六条【培训效果分析】 企业总部和各分支机构应对综合培训效果进行有效分析评估，以促进和改善今后的培训工作。

第七章 附则

第十七条【解释权】 本制度由合规管理部负责解释。

第十八条【生效日期】 本制度自发布之日起生效。

25.2.2 合规文化管理制度

由于企业人员素质参差不齐，违规现象时有发生，极易产生各种风险。因此，必须加强合规文化建设，强化内控管理，规范业务操作，提高员工素质，保证企业的持续稳定经营。以下是合规文化管理制度，仅供参考。

合规文化管理制度

第一章 总则

第一条【目的】 为加强企业合规文化管理，把合规文化提上企业战略管理日程，同时加强员工对企业合规文化的认知程度，特制定本制度。

第二条【适用范围】 本制度对企业合规文化建设、发展的内容与推行做出规定，是企业开展合规文化工作的依据。

第三条【相关概念】 本制度所称合规文化是指企业成员在长期发展过程中形成的依法合规的思想观念、价值标准、道德规范和行为方式。

第四条【管理目标】 企业合规文化管理的总体目标是增强员工合规意识，提升企业美誉度，增强企业综合实力，具体目标如下：

（1）培育企业合规理念，健全企业规章制度体系、内控合规体系和案件防控机制。

（2）增强员工主动合规意识和执行力，真正使合规文化渗透到业务操作各环节，贯穿于经营管理的全过程。

第二章 职责分工

第五条【董事会】 董事会在合规文化管理中，履行以下职责：

（1）审议确定合规文化核心内容。

（2）审批合规文化发展规划。

第六条【合规管理部】 合规管理部是企业合规文化的归口管理部门,在合规文化管理中,履行以下职责:

(1)研究和制定合规文化核心内容。

(2)制定合规文化发展规划。

(3)制订合规文化年度工作计划。

第七条【人力资源部】 人力资源部在合规文化管理中,履行以下职责:

(1)制定企业对内对外的宣传规范,并监督执行。

(2)对企业合规文化重要议题进行相关研究。

(3)开展企业对内对外合规文化宣传活动,组织企业合规文化活动。

第八条【其他部门】 各部门应配合人力资源部完成合规文化构建与宣传工作,并给予大力支持。

第三章 合规文化建设

第九条【合规文化体系设计】 合规文化体系设计包括合规文化理念设计、合规文化制度设计、合规文化相关物质设计。

第十条【合规文化知识的宣传教育】 企业通过印发合规文化宣传资料、举办合规文化培训班等方式普及合规文化知识,培训合规文化建设骨干,邀请有关专家与领导、员工座谈,征集企业合规文化建设意见和建议。

第十一条【合规VI手册】 企业邀请专业企业设计企业合规VI手册,并印制成册发放到各部门。企业通过把合规文化建设与宣传的有机结合,选1~2个试点部门进行规范建设,取得成功后向全企业推广,从而统一全企业形象识别系统。

第十二条【员工合规手册】 充分发挥各要素系统的作用,建立完善合规行为识别系统,编制员工合规手册,大力宣传企业的合规文化规范和理念。

第四章 合规文化推行

第十三条【合规文化宣导】 合规管理部与人力资源部召开合规文化发布实施大会,并进行合规文化的宣导工作。

第十四条【活动开展】 各部门严格按照合规文化运行手册、员工行为守则、企业形象实施细则等相关要求开展活动。

第十五条【问题整改】 在推行合规文化过程中,各部门如遇到问题,应及时向人力资源部合规文化负责人汇报,必要时由人力资源部对文件进行整改。

第十六条【合规文化培训】 人力资源部负责安排合规文化全员培训工作,

各部门负责自行安排本部门培训工作。

第十七条【合规文化宣传】 人力资源部应定期或不定期举办各类活动加强合规文化宣传,在企业内部实施合规文化考核制度,在企业外部利用各类传媒手段宣传企业合规文化。在合规文化宣传工作中应从以下几方面提高宣传工作质量。

(1)明确宣传目的,把握宣传分寸,禁用夸大之词、虚浮之语。

(2)发扬大胆开拓、勇于创新的精神,精心策划、设计宣传内容、形式,充分利用网络、杂志、公益活动等宣传平台。

(3)相关人员应提供宣传所用素材、资料,并积极参与宣传活动。

第十八条【合规文化评估】 人力资源部可邀请企业内外部各界人士对合规文化内容和宣传效果进行全面的评估工作,制定"合规文化评估报告",并根据"合规文化评估报告"提出的意见和建议对合规文化构建改进措施进行有效修订报总经理审批通过后执行。

第五章 附则

第十九条【解释权】 本制度由人力资源部负责解释。

第二十条【生效日期】 本制度自发布之日起生效。